ALEXANDRE PILENCO

Les Mœurs
du
Suffrage Universel
en France
(1848-1928)

—

> Le suffrage universel est, par excellence, un instrument de moralisation ou de démoralisation, suivant qu'il fonctionne bien ou mal.
>
> (M. Barhaut. Chambre, 13 janvier 1878.)

EDITIONS DE LA " REVUE MONDIALE "

45, Rue Jacob — PARIS (VI*)

1930

LES MŒURS DU SUFFRAGE UNIVERSEL EN FRANCE (1848-1928)

DU MÊME AUTEUR :

Les mœurs électorales, régime censitaire (1928), aux « Editions du Monde
moderne » . . . .   Frs 15

ALEXANDRE PILENCO

Les Mœurs

du

Suffrage Universel en France

(1848-1928)

> Le suffrage universel est, par excellence, un instrument de moralisation ou de démoralisation, suivant qu'il fonctionne bien ou mal.
>
> (M. Baïhaut. Chambre, 13 janvier 1878.)

EDITIONS DE LA " REVUE MONDIALE "
45, Rue Jacob — PARIS (VI°)

1930

AVANT-PROPOS

Le suffrage universel a-t-il besoin d'être réhabilité ?

L'auteur ne le pense pas, encore que les attaques contre cette institution magnifique, base de toute démocratie, se multiplient avec un acharnement chaque jour accru. Fascistes de droite et de gauche s'efforcent de discréditer sinon le principe, du moins les mœurs qui l'ont accompagné.

A la vérité, ce ne sont pas des accusations précises, ce sont des injures qui sont lancées. Répétées à satiété par des démagogues intéressés, répandues dans l'opinion, elles finissent par prendre corps à l'instar d'une théorie politique : les électeurs ? — des poires ; les réunions électorales ? — des parlotes ; le parlementarisme ? — régime des incompétences...

Qu'en est-il en fait ? L'auteur, afin de répondre à cette question, a voulu dresser un bilan.

Il a dépouillé un assez grand nombre de do-

cuments enfouis dans les archives et les bibliothèques.

Au passif du suffrage universel, il a inscrit toutes les malversations principales qu'il a pu enregistrer : on ne gagne rien à cacher la vérité.

Mais aussi, à l'actif de cette institution — car elle a un actif et on n'y prête pas assez attention — il a inscrit, en les mettant bien en relief, les progrès réalisés en matière de mœurs électorales par la démocratie française depuis 1881, date de la publication de la loi moderne sur la Presse.

Le lecteur confrontera les deux postes et jugera si le solde en est bénéficiaire.

L'auteur, quant à lui, estime que les progrès des mœurs électorales en France, depuis cinquante ans, ont été tout simplement éblouissants.

Si l'on en juge par la vigueur avec laquelle la démocratie française a lutté pour la réalisation des scrutins probes et éclairés, on doit faire confiance pour un avenir fécond et glorieux de la République.

Paris, janvier 1930.

PREMIERE PARTIE

Les mœurs électorales

du

suffrage universel autoritaire

1848-1881

CHAPITRE I

Les Electeurs

La République

C'est dans l'espace de trois jours que la Monarchie fut balayée par la Révolution de 1848. Aucun historien n'en a donné une description plus saisissante que Molière, celui du « 3me bataillon, 5me légion » :

Le 24 février 1848, je croyais tout fini, Paris était tout en réjouissance nationale, les illuminations, depuis le pavé jusqu'au sixième étage, rendaient Paris éblouissant de lumière de la chute du ministère, quant tout à coup, le cri aux armes se fait entendre, cinquante cadavres de tous sexes venaient de tomber sous une fusillade qui part du ministère des affaires étrangères ; au même instant le tocsin sonnait, la fusillade ne décessait pas près des Halles aux Innocents, au jour chacun se mit à faire des barricades, en moins d'une heure, huit mille sont élevées, chacun rivalise de zèle ; honneur à ces braves citoyens qui construirent les moyens de défendre nos droits par les armes, mais cette fois, le cri n'était plus « à bas les ministres », c'était « à bas Louis-Philippe », « à bas le traître ». Agréez tous mes vœux les plus sincères pour votre bonheur et une République vertueuse.

(Affiche) *Braves ouvriers de Paris*, Belleville, impr. de Galban, 25 février 1848, Delvau, Murailles, I, p. 37.

L'enthousiasme provoqué par les événements de Février fut indescriptible. Il paraît que la République avait été encore plus belle sous Louis-Philippe que sous Napoléon III; il avait suffi qu'elle fût proclamée pour que l'on crût toutes les difficultés politiques définitivement aplanies. C'était un optimisme béat, d'une niaiserie bête.

> Frères, je n'ai plus de vie et de pensée que pour la République. Chaque jour je m'endors heureux, libre et fort. Lorsque l'inspiration vient me visiter, je m'élève par la méditation au-dessus du présent et je cherche à m'initier aux mystères de l'avenir. Et je ferme les yeux, frappé d'éblouissement. Je vois nos riantes fertiles campagnes baignées de lumière, parées de moissons abondantes. Je vois nos forêts reboisées, étendant sur la croupe des montagnes leur majestueuse immensité. Je vois nos rivières répandant dans les pays qu'elles sillonnent des sources de fertilité et de richesses dont on n'a point encore profité. Je vois la misère s'enfuir à pas précipités et se diriger vers les empires que le despotisme gouverne. Le crime a disparu d'entre les hommes. La Fraternité préside aux relations des citoyens confondus par l'Egalité.
>
> (Affiche) *Epître aux Parisiens sur la Régénération de la France*, par le citoyen Paul, imprimerie de Bautruche, *Ibidem*, p. 89-92.

> Bonheur, mais un bonheur réel, plus de déceptions, plus d'angoisses, plus de pauvres, tous frères, des baisers à la veuve et du pain à l'orphelin. Je dis aussi que j'insiste pour l'ordre ou instruction morale, pour que chaque citoyen puisse vivre de l'immortalité et du bonheur divin, de la combinaison de l'intelligence, de la vie du cœur, de la poésie de l'âme, enfin, du mystère que l'on sent dans sa poitrine, qui se révèle à chaque instant, se devine, mais ne s'explique pas. Alors encore une fois, le complément de cette régénération, Messie du monde entier et foyer de l'évangile.
>
> . **(Affiche)** Armand Marchand, Tapissier. *Pro-*

fession de foi du peuple organisé ; justice et rai-
son. Impr. de Jules-Juteau et Comp., *Ibidem*, p.
124-125.

La ferveur des néophytes avait quelque chose de
mystique. C. Boutereau, professeur de géométrie à
Beauvais, lançait une profession de foi dans laquelle
il disait que le principe républicain était de nature
« supérieure et providentielle »; la « simple mise
en question de ce principe est un attentat contre les
décrets éternels de la Providence » (1). Du reste,
« en politique comme en religion, en mathématique,
en physique, etc., il y a une vérité, il n'y en a a
qu'une seule; deux vérités ne peuvent se conce-
voir » (2).

Comme programme d'action, on se rabattit sur la
formule léguée par la grande Révolution, d'autant
plus qu'elle était acceptable pour tout le monde :
de Berryer à Cabet. Liberté, Egalité, Fraternité;
ces trois principes, que l'on fit peindre en hâte sur
les frontons des édifices publics, n'étaient-ils pas
suffisants pour résoudre les difficultés? Quel serait
le téméraire qui oserait s'inscrire en faux contre la
devise tripartite, contre les interprétations sédui-
santes qu'on en fournissait dans les brochures électorales? La liberté... « est le droit pour tous de faire
tout ce qui ne porte pas atteinte aux lois éternelles
de la morale » (3). « L'égalité, c'est l'égale possi-

---

(1) *Aux choses nouvelles, des hommes nouveaux...*, Murailles, I, p. 401.
(2) Lb., 53, 1026.
(3) En interprétant le principe de la liberté, un journal légitimiste (*L'Echo du Midi*) demandait — puisque « la
République n'est pas seulement une belle théorie, mais
une institution admirable quand elle est loyalement appliquée » — que ce principe fut mis en pratique, en premier
lieu, pour garantir la liberté des viticulteurs :
« L'affranchissement du vin : savez-vous que c'est une
œuvre de haute moralité, que c'est un acte d'économie

bilité pour tous d'arriver à la fortune et au bien-être, par le travail et le mérite »... « Fraternité enfin, cette universelle et cordiale union qui fait d'un peuple une famille où les forts protègent les faibles » (4). E. Sue, qui se présentait comme candidat de gauche, annonçait que sa profession de foi serait « simple » : « Application de l'immortel principe de la liberté, de l'égalité et de la fraternité » (5). M. de la Rochejacquelin lui faisait écho, la formule étant, selon lui, toute chrétienne et devant « être adoptée avec ivresse par tous les honnêtes gens » (6). La « Commune » n'avait pas d'autre programme: « Oh, Liberté! Eclaire leur intelligence; Egalité, développe leur jugement; Fraternité, épure leurs cœurs, et que notre bannière devienne celle sur laquelle nous inscrivons cette magnifique trilogie, symbole de la divinité » (7).

La République est la liberté, la fraternité et l'égalité. On s'était vite aperçu du vague de cette formule. Des essais furent faits pour en interpréter le sens et la portée. Tâche difficile, écueil formidable pour les politiciens débutants. La plupart eurent recours au lieu commun qui leur paraissait résoudre toutes les difficultés.

Un journal sérieux et se piquant d'être progressiste (*La Démocratie pacifique*) trouvait possible de

---

politique. Taxer le vin, c'est mettre à prix le sang de l'ouvrier, car c'est à lui qu'il doit la vigueur; et c'est de cette boisson salutaire dont les deux tiers de la nation resteraient privés sous l'ère que nous inaugurons sans arrière-pensée! »

(*Echo du Midi*, 12 mars 1848.)

(4) (Affiche) *Aux électeurs du département de Seine-et-Oise*, Murailles, I, p. 388.

(5) Murailles, II, p. 293.

(6) Lb. 53, 1324, p. 5.

(7) 5 avril 1848.

débuter par le programme dont voici les premières et les dernières lignes :

> Les principes sont proclamés, la voie est ouverte, il n'y a qu'à suivre. Chaque jour les peuples abattent les vieilles entraves et moissonnent des libertés nouvelles. L'œuvre de Dieu s'accomplit autour de nous. Eclairons, fécondons, protégeons. La France doit au monde un exemple sublime. Elle s'est montrée rayonnante de générosité après avoir fait éclater sa colère. Il faut qu'elle se couronne aujourd'hui d'une divine auréole de dévouement, de concorde et de fraternité. Et qu'elle rende la liberté si féconde que tous les peuples se fassent bientôt libres et heureux à son image... Il faut que l'accord sympathique des cœurs, l'esprit de concorde et de fraternité soient mis à l'ordre du jour de la République.
>
> Tous les hommes sont frères. Les riches sont les frères des pauvres, comme les pauvres sont les frères des riches. Les égoïstes sont des infirmes. C'est par la générosité que le peuple doit les traiter et les guérir.
>
> (*Démocratie pacifique*, 19 mars 1848).

M. Charles Lesseps, président du Club Républicain de la Fraternité, expose, avec la contre-signature de M. Edme Buffault, secrétaire dudit club, les idées que lui ont inspirées les trois principes : « La sympathie, la mutualité entre les hommes, entre les peuples ; le dévouement substitué à l'égoïsme, le désintéressement à la cupidité, la paix à la guerre ; la défense du faible, l'amour du pauvre ; la grande association des cœurs et des sentiments pour le bien-être et le bonheur de tous ; le respect réciproque, l'observation bienveillante de la justice » (8).

----

(8) Ch. Lesseps, *Exposé des principes*, etc., impr. Félix Malteste et Cie, Paris, 1848, Lb. 53, 952-A.

Les candidats modestes suivaient l'exemple d'en haut. Le maire de Calais, commissaire du gouvernement, M. Le Beau, avocat, annonçait :

> Je serai bref ; dans les grandes et solennelles circonstances où nous sommes, peu de paroles, beaucoup d'actes :
> Dévouement au pays ;
> Dévouement à la cité ;
> Dévouement à vous tous !

(Ern. Le Beau, *Habitants de Calais*, etc., 1848, impr. D. le Roy).

Enfin, un humble curé de province renchérissait : « La vérité, dit le Christ aujourd'hui, c'est que tous les hommes sont hommes et que tous les hommes sont frères ». Et il esquissait le programme de son action future en qualité de député : « Admis dans l'Assemblée Nationale, je lui demanderai un ciel nouveau, une nouvelle terre... Je me sens brûler d'amour pour la vérité de Christ. Si mon cœur se renversait, ce qui est au fond monterait jusqu'aux cieux! » (9).

Le plus curieux dans ce déluge de lieux communs est qu'on avait essayé d'en justifier l'opportunité. Le lieu commun, l'insuffisance de toute connaissance politique deviennent subitement une qualité, presque une nécessité. Voici comment on échafaudait le raisonnement aboutissant à ce résultat.

La tâche de l'Assemblée Constituante sera on ne peut plus élémentaire; « un simple règlement », insinuait la Société Meusienne; il suffira d'abattre toutes les entraves posées à la liberté par les régimes précédents pour que le nouvel état de choses se constitue pour ainsi dire de soi-même. Pour ce travail de pur déblaiement, « les représentants du peuple n'auront point besoin de connaissances spécia-

____

(9) Dieudonné, p. 304.

les en politique » ; le « simple bon sens » suppléera
à tout le reste (10).

Viennent ensuite les variations sur le thème du
simple bon sens : « âme ardente », « courage »,
« honnête homme », « homme de cœur ». Ce fameux
cœur figure dans la plupart des documents. « Les
grandes idées viennent du cœur... On ne sait point
encore ce que pèsera dans les destinées du monde
l'homme de cœur » (11). Un candidat dans le Var
reconnaissait que tout son programme politique se
réduisait à ce cœur : « Si le talent, si la science me
font défaut, il est une chose dont je vous réponds et
qui ne faillira jamais : c'est le cœur » (12). La profession de foi de M. Henri Martin obtenait l'honneur d'une citation élogieuse dans *L'Indépendant*:
« L'esprit est bon ; la science et l'éloquence sont
bonnes ; la richesse n'est pas mauvaise quand on en
use bien ; mais il y a quelque chose de mieux ; Louis-
Philippe et ses partisans ont eu tout cela, et ils
sont tombés ! Et ils ont mérité leur chute ! Il y a
quelque chose qui est au-dessus de l'esprit, de la
science et de la richesse, c'est le sens droit et le
bon cœur. La République doit être le règne des braves gens et des hommes de bonne volonté » (13).

Peut-être, cette chasse à la simple vertu n'était-
elle pas aussi ridicule qu'elle nous semble aujour-
d'hui. N'oublions pas que la totalité des hommes
d'Etat qui se présentaient alors devant les électeurs
avait été le produit de deux régimes renversés par
des révolutions. Quoi de plus naturel, dans ces conditions, que la masse des électeurs se méfiât de ces

----

(10) Manifeste de la Société Meusienne, Murailles, II,
p. 344.
(11) Lb. 53, 1117.
(12) Ortolan, *Concitoyens du Var...*, Murailles, II, p.
291.
(13) *Indépendant*, 9 avril 1848.

« revenants » et cherchât « ces hommes modestes qui se cachent comme l'humble violette et qui, pour répandre leur parfum, ont besoin qu'on aille les découvrir ». Le patriotisme « sans se prôner comme un spécifique médical, s'effarouche, au contraire, de la vanterie ; mais, ainsi que l'ouvrier habile, il se présente avec son chef-d'œuvre à la main, quand on fait appel à son mérite, en répondant : « Me voici » (14). Que les noms de ces violettes « sortent de l'urne à leur insu et, même, pris à l'improviste, ils ne songeront pas à conspirer ; ils s'efforceront de se rendre dignes d'un suffrage qu'ils n'auront pas capté par l'intrigue ».

Il faut chercher des « obscurs ». Mais l'obscurité « commande un sentiment de réserve » ; il s'agit à tout prix de le vaincre. On procède par exhortations : « quand il s'agit de monter à l'assaut, le danger est tel qu'on peut se présenter sans craindre de paraître présomptueux ; en un mot, la Patrie aujourd'hui en appelle à tous les courages ; que la crainte de pécher contre la modestie n'arrête pas les hommes de cœur afin qu'il ne soit pas dit que nous sommes peu propres au mécanisme du système républicain ». Qu'ils se présentent donc les hommes qui, la main sur le cœur, se sentent à l'épreuve du sophisme ; peut-être, les plus simples sont les meilleurs (15).

Bref, c'est le *leit-motiv* de la vertu, si en vogue sous la première République. La vertu est chantée même en vers. Un « savant » de province explique qu'il vient de se faire professeur de lycée, car « cet état fut toujours un refuge au malheur ».

----

(14) Anonyme, *Aux électeurs*, Paris, 1848, Lb. 53, 1285.
(15) Warnod, secrétaire spécial du Club démocratique central de la Garde Nationale, *Objet des clubs*, impr. de **Marc Aurel**, 1848, **Lb. 53, 1065.**

Il a quitté la Touraine pour se fixer « à Paris,
au quartier Madeleine » :

> « Levez-vous, hommes purs et paraissez sans
> [feinte
> Offrez-vous à nos choix, et sans art et sans
> [crainte,
> La République veut trouver ses élus ;
> Des talents s'il se peut. Mais toujours des
> [vertus » (16).

La propagande de la nullité politique se faisait
avec un tel acharnement qu'un journal aussi pon-
déré que le *Constitutionnel* crut devoir jeter un cri
d'alarme.

> Si l'expérience acquise... est un titre d'exclusion
> sous ce régime-ci ; si les patriotes ignorants doi-
> vent obtenir une part importante dans les choix
> du pays, parce qu'ils ont les lumières du cœur,
> nous ne cachons pas que de telles prédications élec-
> torales nous inquiéteraient sérieusement sur les
> destinées de la France.
>
> (*Constitutionnel*, 14 avril 1848).

LES RÉPUBLICAINS

Tout le monde étant républicain et la République — une simple question de bon sens, n'importe
qui peut prétendre à devenir député. Il suffit d'a-
voir un peu de présomption et beaucoup d'ambi-
tion. « La révolution est-elle faite? Non, elle est à
faire. J'arrive à la Constituante, cette révolution
se fera ! » annonçait un candidat dans le Var (17).
C'est en cascades que les candidats descendirent
dans les rues. « Les candidats semblent sortir de

------

(16) (Affiche) *Aux électeurs du département de la Seine,*
Murailles, II, p. 111.
(17) *Electeurs du Var...,* Murailles, II, p. 103.

terre, comme des vers après la pluie, et à les en
croire, il n'y aurait que la peine de les prendre,
les yeux bandés. On dirait que cette France, aux
frelons l'autre jour, ne compte plus que des abeil-
les se disputant à l'envi la tâche de remplir les
rayons de la patrie » (18). « Oh, le tohu bohu!
Oh! le dédale! Par où entrer, de quel côté s'enfuir et qui, dans ce marché, ce conflit, ce gâchis,
pourrait se reconnaître?... Les issues encombrées,
les places prises; des courtiers d'élections dans les
rues, au coin des boulevards, sur les ponts, sur les
routes; des comités partout recrutant des voix, des
délégués, des membres, des hommes généreux, pleins
de bons sentiments, me serrant la main, me caress-
sant de l'œil... » (19).

Un tri s'imposait. Un tri grandiose, méthodiquement organisé.

Deux méthodes sont préconisées avec un succès
presque égal. Les uns veulent que l'examen des candidatures soit une affaire de conscience individuelle; les autres cherchent à faire intervenir la
collectivité.

La méthode individuelle doit être entourée de
précautions, qu'un auteur expose avec force détails. L'électeur doit d'abord s'assurer qu'il possède lui-même toutes les qualités qui peuvent garantir un choix judicieux. « Ces qualités sont nombreuses et il est rare, très rare, qu'un même individu les réunisse toutes » (20). Un électeur digne
de ce nom doit « être doué d'une grande force de
caractère », de façon à ne pas se laisser influencer
par « les démagogues et la foule en effervescence »;

------

(18) J. Maillotin, *Le sens commun. A propos des élections,* Paris, 1848, p. 6.
(19) Pamphlet électoral, Angers, 1848, Lb. 53, 793.
(20) *Le guide politique, examen critique et raisonné,*
1848, impr. Lb. 53, 1066.

il faut aussi qu'il soit « probe, impartial et exempt
de tout esprit de parti » ; il lui est utile « d'avoir
horreur de la publicité et du mensonge » et de
posséder « des opinions bien arrêtées ». Fort de
ce bagage, l'électeur commencera par condamner
sa porte à tous ceux qui l'obsèdent « de supplica-
tions et de caresses » ; car il courrait le risque de
céder « par complaisance ou par lassitude ». Il
doit aussi se garder de demander les avis des gens
qu'il considère comme lui étant supérieurs en lumières : « ce serait abjurer le caractère d'électeur » et donner, « en quelque sorte, deux voix à
la personne qu'on aura consultée ».

Ce motif de recueillement et de réclusion volon-
taire au moment où l'on procède au choix de son
candidat revient très souvent dans les brochures
de cette époque. « L'électeur véritable — dit M.
F. Colson (21) — s'il veut être à la hauteur de son
mandat, doit s'enfermer dans le sanctuaire de sa
conscience, se préserver des instigations de l'intérêt privé, des influences locales, en un mot de toutes les insinuations qui seraient étrangères à l'honneur national ». Il doit fuir ses parents, ses amis,
toutes ses prédilections. Il faut surtout, qu'il « ait
la dignité de ne s'inspirer que de lui-même et de
ne pas se ravaler à l'état de machine inintelligente,
en acceptant des bulletins tout faits qui « le plus
souvent ne sont suggérés que par des coteries ».
« Que son seul, son grand, son infaillible dictateur
soit sa conscience ».

« Les clubs ont du bon, j'ajouterai même du
fort bon, car on n'y (sic) dissèque pas mal l'histoire
des particuliers qui veulent nous représenter », ex-

____

(21) *L'A. B. C. républicain ou éléments de constitution.*
Sèvres, au bureau du journal *L'Echo de Sèvres*, 1848, Lb.
53, 1131.

plique que M. J. Maillotin (22). « M'est avis qu'il y
a beaucoup à gagner en instruction dans certains
clubs; dans ces temps où l'ouvrage n'est pas dru,
j'en pris ma bonne part de ces discours de clubs ».
Mais « on y parle trop souvent comme à des avo-
cats qui sont ferrés à tout comprendre; d'aucuns
brouillons vous y troublent la tête qui n'est pas très
claire déjà ». Donc, le citoyen averti ne prêtera
qu'une oreille distraite à ce qui se dit dans ces
clubs. « A défaut de grande compréhension, nous
avons toujours notre bon sens; va donc pour le
bon sens, et voyons ».

Une autre brochure essaie d'approfondir la question des moyens qu'il faut appliquer pour aboutir
à un bon choix de candidats. En suivant les conseils
de l'auteur, « on est sûr d'obtenir des résultats
précis et concluants » (23), car sa méthode est basée « sur les mathématiques ».

Pour remplir dignement ses fonctions, le député
doit avoir « de l'équité, des mœurs louables, de la
conscience, de la probité, de la délicatesse, de la
raison, du jugement et du savoir ». Il est évident
que « tous les hommes ne peuvent pas posséder l'ensemble des qualités indiquées ». Il faut donc faire
une moyenne : par exemple, comme on en établit
une dans les écoles. Supposons — dit l'auteur, imperturbable — que nous assignerons à chaque qualité lorsque nous la trouverons chez un candidat
« dans toute sa perfection », cinq points. En com-
parant deux ou trois hommes à la fois, il sera facile
de dire, combien de points ils méritent pour chacune
des qualités requises. Ensuite, il n'y aura plus qu'à
totaliser. La brochure se termine par un tableau

---

(22) *Le sens commun, A propos des élections générales*,
Paris, 1848, Lb. 53, **1273**.
(23) Lb. 53, **1643**.

que l'auteur a établi pour comparer Bossuet à un
« Girard » de ses connaissances.

	Equité	Morale	Conscience	Probité	Délicatesse
Bossuet. . .	5	3	3	3	3
Girard . . .	2	2	2	3	2

	Raison	Jugement	Savoir général	Savoir utile à l'Etat
Bossuet. . .	4	3	2	2
Girard . . .	3	2	2	1

De cette façon, Bossuet obtient 28 points et Girard, 19 ; Bossuet est « celui que vos devoirs, vos
droits et vos intérêts vous ordonnent de choisir »,
conclut l'auteur. Et il termine sa brochure en donnant une liste de dictionnaires biographiques en
vogue : c'est là qu'on puisera les renseignements
nécessaires pour les candidats que l'électeur ne
connaît pas personnellement.

Quant à la méthode collective, elle est préconisée
sous toutes les formes possibles et imaginables.

Les plus téméraires n'hésitent pas à proposer des
réunions préparatoires copiées sur l'exemple d'A-
thènes. « Le peuple souverain de chaque canton et
de chaque quartier de Paris se réunirait sur la
plus grande place publique du chef-lieu, du canton ou du quartier » et procéderait à un scrutin
préparatoire, destiné à déterminer les candidatures
définitives : tel est le projet de Corteuil, « victime
de la législation coupable des pouvoirs déchus »
(24). Seule, cette procédure héroïque pourra paraly-
ser les influences des anciens censitaires; car les
aristocrates sont connus dans tout le département,
tandis que les suffrages républicains, tout nombreux
qu'ils sont, se disperseraient et se perdraient si on
ne les concentrait pas, au préalable, sur ceux « qui
n'ont pas été hommes publics » par la faute du régime précédent.

____

(24) (Affiche) *Peuple souverain...*, Murailles, II, p. 770.

Poussée jusqu'à ses dernières conséquences, cette idée d' « agora » aboutit au projet de rassembler sur le Champ-de-Mars toute la population de Paris (25), de façon à ce que toutes les cabales soient déjouées par le bon sens des électeurs discutant au grand jour. Cette immense assemblée préalable « mettra fin à l'orgie vaine des professions de foi et aux proclamations affichées au coin des rues ».

On s'aperçut vite que ce moyen ne donnait aucun résultat. C'est alors que naquirent : les clubs, les comités électoraux et les syndicats électoraux.

LES CLUBS

On a beaucoup dénigré les clubs issus de la Révolution de 1848 et, selon nous, c'est à tort. Dans ces clubs, on fut naïf, souvent ridicule, parfois violent. Mais cet effort d'organisation était souverainement dicté par les circonstances, et il fut empreint d'un très bel élan de sincérité politique.

Il est d'autant plus facile de ridiculiser les clubs de 1848 que, pendant la période qui suivit les événements de juin 1848 et qui aboutit à la réaction de 1850, on vit naître une nuée d'opuscules qui dénigraient systématiquement les clubs. Or, certains des arguments employés par d'Alméras, notamment, sont ineptes. Ne prétend-il pas avoir entendu un orateur demander que « tous les ouvriers soient remplacés par des chiens savants chargés de surveiller les usines » ? Il est indigné d'avoir entendu le citoyen Muré, candidat admis par le Club des Amis Fraternels, dire que « ce n'est point d'orga-

------

(25) Manifeste d'un clubiste, 1848, impr. Napoléon Chaix et Cie.

niser le travail qu'il s'agit : il faut organiser l'oisiveté par la multiplication infinie des machines... Il faut que l'homme soit entouré d'agents mécaniques qui, sur un signe de sa main, enfantent des prodiges... »

Les clubs de 1848 furent loin d'être parfaits. D'une façon abstraite, l'auteur de la brochure « *La royauté de l'élection* » (26) avait certainement raison quand il demandait que « la jeunesse des ateliers et des écoles qui peuple les clubs, fasse l'apprentissage du silence, car, chez un peuple libre, écouter et se taire constitue le plus haut degré de maturité politique ; les mœurs républicaines réprouvent ces débauches de la gueule ». Mais n'était-il pas trop pressé ? Il est facile d'écrire sur la réserve « qui est la politesse des républiques », sur « le devoir des clubs de s'y conformer, car ils sont les salons de la pensée ouverts à ceux que les riches repoussaient des leurs » : mais avait-on le droit de demander un tel effort aux muets d'hier ? Nous essaierons donc de relever surtout le rôle positif des clubs révolutionnaires de 1848.

Ce rôle positif n'a pas été tenu sans tâtonnements pénibles.

Un club. Un endroit où l'on parle. Où l'on fait de la politique en favorisant la discussion. Jusqu'à ce point tout le monde était d'accord. Mais après ?

« Le club est une réunion de frères associés dans une seule et même pensée : le bonheur de son semblable, le bonheur de l'humanité. Le club, c'est le droit d'épancher sur tous, pour la félicité générale, tous les bons sentiments comprimés trop longtemps dans un cœur généreux. C'est l'expansion d'un

____

(26) Anonyme, impr. de E. Brière, Paris, 1848.

amour patriotique et fraternel » (27). Dans cette citation, c'est le mot « s'épancher » qui est le plus typique; avant 1848, il avait été interdit de causer en public; on laissera donc partir le trop plein de ce qui fut pendant si longtemps « comprimé ». Ce sera un endroit où il ne sera pas interdit de prononcer des discours, et où on « recouvrera la dignité humaine ».

Le club sera-t-il un simple lieu de discussion, ou bien, en même temps, un centre d'action? Et, en cas de réponse affirmative... de quel genre d'action?

En souvenir de 1791, certains clubs voulaient s'ériger en force publique : tant pour la protection du territoire du pays que pour la lutte éventuelle avec les réactionnaires. Le président du Club démocratique de la Meurthe, le citoyen A. Turck, reçu en audience par un des membres du Gouvernement, le 1er avril 1848, annonçait solennellement à M. Barthélemy Saint-Hilaire que son club « saurait au besoin défendre contre l'étranger la liberté conquise par les efforts héroïques de Paris » (28). Les clubs qui estimaient que leurs membres étaient autant de combattants bénévoles contre les menées de la réaction étaient très nombreux. L'un d'eux promettait à chaque nouvel adhérent de province une recette lui permettant de fabriquer « 10 kgs de poudre de guerre par heure ». Celui des Droits de l'Homme et du Citoyen, tenant ses séances publiques au Conservatoire des Arts et Métiers, distribuait ses filiales par arrondissements stratégiques, « quartiers et centuries »; ces filiales étaient désignées par des numéros d'ordre et leurs bureaux

----

(27) Manifeste du Club de la Concorde démocratique de la ville de Montmirail, 1848, Montmirail, impr. Brodard, p. 3.

(28) Club démocratique de la Meurthe, impr. Félix Malateste et Cie, 1848.

étaient formés « d'un chef, d'un sous-chef et de quatre décurions » (29). Chaque membre devait avoir chez lui un fusil et une certaine quantité de cartouches. Du reste, un de ces clubs prenait le titre significatif de « Club de l'Homme armé ». Un peu plus tard, le Comité Central Electoral (bonapartiste) sous le prétexte que le général Cavaignac aurait formé le projet de séquestrer le prince Napoléon, avait formé une garde armée qui veillait jour et nuit aux environs de l'Hôtel du Rhin, place Vendôme. Ce fut l'embryon de l'organisation qui exécuta le coup d'Etat du 10 décembre. Le gouvernement provisoire avait pendant longtemps protesté — platoniquement — contre « les armes mêlées aux délibérations ».

Plus modestes furent les clubs qui entendaient surveiller la future Assemblée Constituante. Le peuple n'ayant pas abdiqué « sa souveraineté créatrice », les clubs auront à « contrôler » l'Assemblée Nationale et à juger les projets qui lui seront soumis. « L'ordre social doit s'édifier par cette seconde Assemblée Nationale, toujours permanente, toujours agissante » (30) ; les membres des clubs doivent devenir « les censeurs naturels, mais éclairés » des futurs députés (31).

Plus modestes encore sont ceux qui cherchent à stimuler l'éducation politique des masses. Dans ce domaine, l'effort fourni a été immense; le champ d'action l'était, du reste, aussi. Il ne fallait pas songer à procéder d'une façon systématique; le temps faisait défaut ainsi que les instructeurs qualifiés. On avait songé, à un certain moment, à réu-

---

(29) Règlement de la Société, etc., 1848, impr. Napoléon Chaix et Cie.

(30) Club républicain des Travailleurs libres, 1848, impr. Gratiot.

(31) Oublin, *Opinions sur les clubs*, impr. Cordier, 1848.

nir aux chefs-lieux les instituteurs d'arrondisse
ment pour leur faire passer un cycle abrégé d'ins
truction civique ; mais ce projet était irréalisable
« L'instruction n'est pas encore à tous. Mais le sen
timent qui vaut autant et plus encore, qui devin
si sûrement, le sentiment ne leur manque pas ; c'es
par le sentiment que vit et se manifeste le peu
ple ! » (32). On se réunira et on s'efforcera de fair
jaillir les sentiments, le fameux bon sens. « Nou
convions tous les hommes de tête et de cœur de
nous apporter leurs lumières et à coopérer à cette
œuvre toute patriotique » de la lutte contre l'igno
rance (33). « Nous avons tous besoin d'être éclairés » avoue le président du Club National Républicain (34). « Comment le serons-nous si nous ne
nous réunissons pas pour nous communiquer nos
idées ? » Le Club des Ouvriers de l'Avenir cherchait
à organiser l'enseignement des masses populaires
de façon à ce que le contact des membres du club
avec le peuple fut « doublement fécond » : pendant
les leçons que l'on donnerait « à l'extérieur », des
« lumières jailliraient spontanément » et seraient,
séance tenante, « assimilées par les membres du
club » (35). Le club de l'Union Fraternelle présente une initiative plus hardie encore : « un enseignement mutuel des ouvriers par les ouvriers,
sous la direction de Voissard fils aîné » (36). Le
club « Voix du Peuple » s'intitulait « Club-Ly-
cée, dirigé par des prolétaires »(37).

---

(32) Club de l'Homme armé, impr. Claye et Taillefer,
1848.

(33) Club des Droits et des Devoirs de l'homme, Murailles, I, p. 385.

(34) Club, etc., Belleville, impr. Galban, 1848.

(35) Club des Ouvriers, etc., 1848, impr. Poilet et Cie,
p. 2.

(36) Club de l'Union, etc., 1848, impr. de Chassaignon.

(37) Club Lycée, etc., impr. Wittersheim, 1848.

La vie de certains de ces clubs fut courte. Ainsi il en fut du « Comité central des écoles » qui publia un appel (38) pour constituer « un intermédiaire entre les Ecoles et le Club central » et qui prétendit, dans cet appel, « que la tâche n'est point difficile, car elle ne demande que du dévouement »; nous n'avons pu reprouver aucune trace de son activité. Telle aussi « l'Association de l'Emancipation Intellectuelle » dont l'intention (39) était d'ouvrir « des cours gratuits pour les illettrés, qui, grâce à une méthode éprouvée y pourront acquérir toutes les connaissances qu'ils voudront », et, en premier lieu, « la possibilité d'écrire eux-mêmes leur bulletin de vote le 23 avril prochain »; cette association a-t-elle jamais fonctionné?

D'autres, au contraire, eurent une activité assez féconde. Citons le Club des Amis du Peuple (Raspail, salle de la rue Montesquieu). Ses séances furent très fréquentées (à certains jours, il y avait plus de 3.000 auditeurs, et on devait fermer les grilles bien avant huit heures du soir) : on y procédait fort rarement à des discussions régulières, tout se réduisant à des conférences non contradictoires prononcées par Raspail, qui enseignait « l'art de souffrir ». « Je n'exagère rien — expliquait un citoyen de Montargis qui avait tenu, lors de son passage à Paris, d'aller voir ce « coupeur de têtes » — en vous disant que sa tenue, son ton, sa figure, son langage sont plutôt évangéliques que démagogiques; il tient beaucoup plus de Fénelon que de Danton ».

La désignation des candidats à l'Assemblée Nationale venait se greffer tout naturellement sur le problème de l'instruction civique des électeurs. Les clubs s'adonnèrent à cette tâche avec un succès iné-

_____

(38) Murailles, I, p. 316.
(39) Voir Lb, 53, 1780, impr. Bonaventure et Ducessois.

gal. Mais dans ce domaine aussi, l'expérience manquait totalement tant aux organisateurs qu'au public. On commença par des projets grandioses d'enquête publique sur tous les antécédents des candidats. « La vie politique et la vie privée des candidats appartiennent à la discussion ; toute question pourra leur être posée, comme toute explication leur sera ouverte » (40). Mais ce procédé ne donna lieu qu'à des conversations banales : les candidats qui briguaient le futur scrutin étaient obscurs, leur passé politique et privé avait un caractère terne et insignifiant ; leur défilé devenait une « perte de temps ». Les comptes rendus les moins malveillants sont obligés de faire des relations comme celle-ci : « Le citoyen Gonon manifeste le désir d'une constitution à peu près semblable à celle des Etats-Unis ; mais, sur quelques interpellations qui lui sont adressées, il y renonce facilement disant qu'apparemment il n'était pas suffisamment éclairé sur cette constitution... Le citoyen président interroge le candidat sur les faits qui l'ont fait emprisonner et lui fait observer qu'il n'est connu de personne. L'assemblée passe à l'ordre du jour » (41).

Pour rendre ces enquêtes plus productives, on imagina de faire passer aux candidats un examen public de civisme. Un questionnaire fut élaboré, résumant les problèmes qui semblaient être les plus brûlants. « Quelles sont vos vues sur l'organisation du travail ? Comment entendez-vous l'organisation de l'armée ? Quel doit être son rôle maintenant et plus tard ?... » et ainsi de suite, avec des variantes plus ou moins fantaisistes : « Etes-vous un républicain de bonne foi ? »... « Qu'espérez-vous de la liberté ? »... « Politiquement que voulez-vous

(40) Club démocratique central de la Garde Nationale, Paris, impr. Marc Aurel, p. 1.
(41) Commune de Paris, 7 avril 1848, p. 4.

faire ? »... « Que pensez-vous de la propriété et de l'hérédité comme principes ? ». Les candidats honnêtes donnaient des réponses aussi sincères qu'insuffisantes : « Le citoyen Bonnefonds demande au candidat comment il entend l'organisation du travail. Le candidat répond qu'il y aurait outrecuidance de sa part à vouloir trancher en quelques mots une question aussi grave, que les hommes éminents ne sont pas encore parvenus à résoudre » (42). C'était un sage.

Malgré tout ce qu'il y avait de naïf dans ces questionnaires rédigés à la hâte, ils jouèrent, dans l'éducation politique du pays un rôle important. Les réponses se cristallisaient, amenant graduellement la formation de solutions-types admises par l'ensemble des membres et pouvant être transformées en corps de doctrine politique, en profession de foi collective, en programme de parti. Le grand mérite des clubs était d'avoir voulu, d'avoir méthodiquement cherché à devenir ces organismes nécessaires que nous appelons aujourd'hui partis et qui faisaient totalement défaut lors des élections de 1848. C'est avec un étonnement mêlé de respect que l'on trouve dans un prospectus émanant d'un club obscur (« Club des Ouvriers de l'Avenir ») un passage qui ne serait pas dépaysé dans les programmes de nos partis.

> L'action intérieure du club a pour objet de créer des vues d'ensemble et de faire en sorte que devant le public le club paraisse avec tout l'avantage d'un groupe organisé, capable d'influer sur les masses, de diriger leur opinion dans le sens jugé le plus utile. L'organisation de la vie intérieure du club est indispensable à son action sur le public, à ses rapports avec la province, avec les autres sociétés de Paris.
>
> (Club, etc., impr. Poilet et Cie, Lb 53, 1095).

____

(42) Commune de Paris. 1er avril 1848, p. 3.

Certains essais dans ce sens nous font sourire. Le Club de Popincourt, reprenant les motifs de la Déclaration des droits de l'homme votait solennellement et imposait à ses candidats des paragraphes comme ceux-ci : « La loi ne peut défendre que ce qui est nuisible à la société ; elle ne peut ordonner que ce qui lui est utile (art. 17) »... « Toute institution qui ne suppose pas le peuple bon et le magistrat corruptible est vicieuse (art. 19) »... « Les aristocrates sont des esclaves révoltés contre le souverain de la terre, qui est le genre humain, et contre le législateur de l'univers qui est la nature (art. 38) ».

Mais ces déclarations, une fois votées, étaient considérées « comme un engagement d'honneur » de tous les affiliés. La Société électorale démocratique des Bouches-du-Rhône faisait signer, à chacun de ses membres, un engagement ainsi conçu : « Je promets et je jure de maintenir dans son intégrité le programme de la Voix du Peuple » (43).

Ces engagements étaient sanctionnés de peines disciplinaires. A Colmar la Société républicaine introduisait dans ses statuts des dispositions détaillées sur les rappels à l'ordre et les censures prononcées par l'assemblée générale ; trois censures consécutives entraînaient l'exclusion (44). L'Association cantonale républicaine de Saint-Amand insérait dans son règlement l'article 9 ainsi conçu : « La Société se réserve le droit d'exclure de son sein ceux de ses membres qui auraient commis quelque acte notoire d'incivisme ou d'improbité depuis la proclamation de la République » (45).

____

(43) Association des ouvriers, etc., Marseille, impr. Nationale, 1848, Murailles, II, p. 39.

(44) Règlement, etc., Colmar, impr. Veuve Decker, art. 12.

(45) Association, etc., Saint-Amand, impr. Raviart, Lb. 54, 1466.

La solidarité républicaine de la Sarthe exigeait que ses membres versassent des cotisations régulières, cinquante centimes par personne, avec répartition de 11,3 centimes pour frais de cercle de lecture, autant pour la propagande et 11,4 pour des dépenses générales (46).

L'idée de discipline de parti, tout entière, est contenue dans ces dispositions embryonnaires.

LES COMITÉS ÉLECTORAUX

A côté des clubs, tantôt se superposant, tantôt allant de pair, se multipliaient les comités électoraux. Nous nous réservons de les étudier plus complètement dans un ouvrage ultérieur (47).

Les comités électoraux avaient fonctionné, d'une façon sporadique sous les deux régimes censitaires. Il n'y avait donc qu'à continuer les habitudes déjà prises. Deux façons d'agir sont possibles pour la création des comités électoraux. On peut organiser la masse des électeurs soit par en bas, soit par en haut.

Par en bas, en commençant par les communes. « Que les citoyens zélés, dans tous les cantons provoquent la formation des comités électoraux », écrivait le commissaire de Saône-et-Loire (48). « Le temps des vieilles querelles est passé : l'union la plus complète régnera entre les vrais républicains ; il s'agit d'asseoir sur des bases solides et inébranlables la République française ». Grâce à cette union, chaque comité désignera les plus dignes ; ensuite, il « se mettra en rapport avec tous les autres comités communaux de l'arrondissement » et, finale-

(46) Règlement, etc., Le Mans, 1848, impr. Tousch, Lb. 54, 1463.
(47) *Les partis politiques en France*, en préparation.
(48) Murailles, I, p. 355.

ment, on s'entendra sur le choix à faire dans le département.

En pratique, il en était tout autrement. Certes, la majorité du pays professait à cette époque déjà, des sentiments nettement républicains. Mais la grande masse des électeurs se trouvait sous l'emprise des gros propriétaires d'abord, des curés ensuite. Illettrés, ignorants et passifs, les paysans n'étaient pas de taille à mener à bonne fin une entreprise aussi formidable que la formation des comités républicains dans toutes les communes du pays. Que l'on ne nous accuse point de vouloir calomnier les masses. Les journaux d'extrême-gauche, les représentants de la nuance jacobine et autoritaire du républicanisme français, étaient les premiers, en 1848, à déplorer la nullité des paysans. « En beaucoup d'endroits — se plaignait la *Commune de Paris* (24 mars 1848) — la vie politique n'existe pas encore, le mouvement intellectuel est à peu près nul. Aucune feuille politique ne pénètre dans ces cantons arriérés, à peu près retirés du monde. Les préjugés gothiques conservent encore une certaine puissance, les idiomes du passé laissent subsister la nuit morale... Les efforts des instituteurs primaires, ces martyrs de notre époque, ne rencontrent pas les sympathies du besogneux campagnard, absorbé tout entier par les soins de son champ et de son fumier ».

Les citations de ce genre peuvent être multipliées à l'infini. « Dans les campagnes — lisons-nous dans le deuxième numéro du *Bulletin de la République* (presque officiel) — une tyrannie savante a étouffé toute spontanéité. Les malheureux paysans deviendront à leur insu les marchepieds des ennemis qui les oppriment. Le peuple ne sait pas ». « Tous ces cerveaux habitués à l'inertie, à l'insouciance politique comprimés systématiquement d'ailleurs par

les anciens pouvoirs, se seront-ils affranchis tout-à-
coup de leur humble indolence (49) ». « Vassaux de
la misère, ils sont encore attachés à la glèbe de l'ignorance; les préjugés et les vieilles superstitions les
enveloppent; ils sont comme des métaux que la
rouille dévore, comme le granit chargé de mousse »
(50). Mais pourquoi s'attarder aux campagnes?
Un témoin oculaire ne nous raconte-t-il pas avoir
vu dans un club parisien un membre attaquer tous
ceux qui n'étaient pas des ouvriers et s'écrier:
« l'aristocratie de l'intelligence est abolie » ! (51).

Les comités communaux ne fonctionnèrent que
bien exceptionnellement.

Organiser par en haut. Tous les commissaires
furent d'accord pour demander que dans chaque
département il se formât un comité électoral républicain ; les conseillers municipaux de la gauche
s'adjoignaient des journalistes républicains et for-
maient des cellules électorales « du droit qu'ils
tiennent de leur patriotisme » : on allait au plus
pressé, se réservant de régulariser ensuite la situation assez délicate. Mais cela ne fut pas facile.

La génération, pour ainsi dire, « spontanée »
des comités de département provoqua, les premiers
jours, des protestations. On avait beau déclarer
qu'une réunion aurait lieu « au théâtre et, en même
temps, sur la place du Ralliement » pour charger,
loyalement et légalement en plein jour, « face au
soleil » les futurs commissaires du choix des candidats : un comité parallèle, n'ayant rien de commun avec celui de face au soleil, s'établissait le
lendemain dans l'Hôtel-de-Ville (52). Il fallait donc

---

(49) *Démocratie pacifique*, 26 avril 1848.
(50) *La Réforme*, 14 mars 1848.
(51) A. Hermitte, *Instructions à tous les partis au sujet
des élections prochaines*, aux Auteurs Réunis, Paris, 1848.
(52) F. Grille, *Pamphlets électoraux*, n. 6, Lb. 53 793.

commencer par lutter dans le chef-lieu lui-même. Ce qui n'était pas facile, car la base légale pour cette lutte manquait. « Des deux choses l'une : ou bien, ces (autres) comités veulent atteindre le même but que nous et alors ils sont inutiles, puisque des comités honorables (sic) sont déjà formés partout en nombre suffisant, ou bien ils veulent atteindre un but opposé, et alors ils doivent être considérés comme ennemis » (53). On sent, combien hésitante était cette argumentation. La situation devenait tout à fait embrouillée quand l' « autre » comité n'était pas conservateur, mais, bien au contraire, socialiste : le recours à l' « investiture » du commissaire (54) du gouvernement n'était qu'un pis aller, car les commissaires eux-mêmes avaient été pris au hasard des circonstances, dans les deux nuances représentées dans le sein du gouvernement provisoire.

Les relations avec les organisations centrales, fonctionnant à Paris, n'étaient que superficiellement ébauchées et provoquaient à tout instant des protestations. « S'imagine-t-on que tout l'esprit de la France est confiné entre les murs de sa capitale, et qu'il n'y a au delà qu'ignorance et bêtise? »

Encore plus difficile était l'établissement des relations à cause des petites jalousies communales. « Comprenez que le chef-lieu est intéressé à faire seul toutes les nominations du département ; dans ce but, il essayera de vous affaiblir en vous divisant » (56). « Les comités de la grande ville iront chez vous recueillir des voix pour leurs candidats

---

(53) Comité central républicain des élections d'Eure-et-Loir, Murailles, I, p. 390.

(54) A. Cabasse, Epinal, Murailles, II, p. 399.

(55) Un républicain, Corbeil, 10 novembre 1848, Lb. 54, 2203.

(56) E. Vidal, *Simples observations aux électeurs des campagnes*, Bordeaux, impr. Justin Dupuis et Cie, 1848,

et n'en donneront pas une seule aux vôtres en
échange ». Les plus petites communes avançaient
des célébrités locales et s'indignaient qu'aucun
« des candidats n'appartînt à l'arrondissement de
Pithiviers, dont les intérêts risquaient ainsi de rester sans défenseur » (57). Les plus modestes exi-
geaient que l'ensemble des candidats du chef-lieu
se rendît dans chaque commune et y exposât leurs
professions de foi, ce qui, avec les communications
défectueuses, était irréalisable. Les réactionnaires,
profitant du désarroi des comités centraux, inon-
daient les campagnes de tracts délibérément démagogiques. « N'êtes-vous pas, comme moi, las de
rendre des saluts, d'épeler des noms qui n'étaient
auparavant connus ni d'Eve ni d'Adam ; on ne
peut plus sortir de chez soi, ni s'asseoir près du
foyer, sans être poursuivi, assiégé, escaladé par ces
beaux messieurs. Qu'est-ce tout ce manège-là ?
C'est le comité républicain de l'Aube qui nous envoie des listes et des hommes en vous disant :
« Prenez les ; vos voix ou vos têtes » ! Nous prend-
on pour des imbéciles ? Parce qu'ils sont profes-
seurs de ceci, inspecteurs de cela, s'imaginent-ils
que nous nous laisserons plumer par eux, là tout
bonnement ? Le peuple n'est pas si bête » (58).
De Lamennais jugeait utile de se faire l'écho des
imputations de ce genre : « Etes-vous ou n'êtes-
vous pas libres. La première fois que vous exercez
votre droit politique, on vous met dans la main une
liste que vous n'avez ni discutée, ni même pu lire
et on vous dit impérativement : « Jetez cela dans
l'urne ! » (58 bis).

L'organisation par en haut ne donna donc aussi

---

(57) Dieudonné, p. 291.
(58) *Un paysan de l'Aube, républicain dans l'âme*, etc.,
Murailles, II, p. 195.
(58 bis) *Débats*, 26 avril 1848.

que de pauvres résultats. On sait combien de légitimistes parvinrent à se faire élire à la Constituante.

LES SYNDICATS

On avait aussi essayé de mettre au service des élections l'idée syndicale. Puisque la révolution avait été faite surtout par les bons « ouvriers » de Paris, la conséquence logique de ce fait indéniable s'imposa à l'opinion publique dès les premiers jours de mars 1848. « Nous seuls, soldats des barricades, nous seuls, nourriciers de la nation, nous seuls, vrai peuple enfin, nous pouvons sauver la patrie et la liberté... Il faut que la blouse de l'ouvrier entre sans honte et sans crainte dans l'Assemblée Nationale » (59).

Mais la notion de l' « ouvrier » n'était pas encore étudiée comme elle l'est à présent. On se contentait de dithyrambes. « Oh ! les ouvriers ! quel dévouement ! quel cœur ! quel sentiment et quelle dignité surtout ! Enfin, il faut m'arrêter... » (60). Selon un des publicistes, le programme des « ouvriers » se réduisait aux formules suivantes : « Respect à la loi, à la propriété ; appui à la République ; à chacun ses œuvres ; la vie privée, la vie politique, tout doit être honorable ; l'abus de confiance est une escroquerie, l'escroquerie est un vol de confiance ». Et cela paraissait déjà menaçant aux bourgeois terrifiés par l' « émeute » de février.

La formation des syndicats rencontre de grosses difficultés que les artisans de première heure ne surent pas vaincre ; cela ne fut pas, du reste, de leur faute. Les prémisses nécessaires d'une action syndicale vigoureuse et saine n'étaient pas encore données.

----

(59) *Ouvriers...* (affiche), Murailles, II, p. 468.
(60) *Pensées d'un ouvrier*, Murailles, I, p. 153.

L'idée de classe n'était pas encore ébauchée. Les ouvriers étaient désignés comme « pauvres » ; le suffrage universel étant le contraire du suffrage censitaire, cette notion de pauvreté apportait un argument de plus en faveur des « ouvriers ». L'indigence figure dans beaucoup de professions de foi comme un véritable titre à l'élection. « Sans fortune, il prendra les intérêts du pauvre » (61). « Si vous nommez rien que des riches, ils ne changeront pas les lois qui sont en leur faveur » (62). « Je suis républicain et je suis pauvre... Voilà pourquoi je vous prie de me nommer représentant à l'Assemblée Nationale » (63).

Les pauvres, on plaide leur cause par des arguments qui sont bien différents de ceux que l'on emploierait actuellement. Des tracts entiers sont consacrés à la démonstration de cette vérité qu'il n'est point impossible de former un homme d'État avec un homme d'humble origine ; telle, cette énumération naïve de Moïse fermier, Noë berger, Confucius charpentier, Mahomet ânier, l'empereur actuel du Maroc brocanteur et ainsi de suite jusqu'à Murat, roi de Naples, fils d'un aubergiste (64). Un cultivateur qui déclarait se porter à la députation dans la Manche plaidait sa cause en expliquant que, tout roturier qu'il était, il descendait des ancêtres ayant participé à la première croisade « sous le nom d'écuyers, de compagnons, de sergents d'armes » et n'ayant jamais été ni serfs ni esclaves « comme tant l'ont supposé et le supposent peut-être encore par erreur » ; que l'on ne pouvait

----

(61) (Affiche) « *Nommons tous Turbi...* », Murailles, I, p. 439.

(62) (Affiche) *Aux conscrits, les imprimeurs de Boussac*, Murailles, II, p. 121.

(63) (Affiche) *Aux électeurs du département de Corrèze*, Murailles, II, p. 268.

(64) Murailles, I, p. 425.

donc pas le considérer comme inférieur à ceux qui
avaient été anoblis sur « les champs de Cotentin
et de l'Avranchi du Bocage ». (65). « Les manchons
de notre charrue ne nous ont point enlevé la dignité
de caractère ; nous sommes encore plus nobles
qu'eux, bien plus anciennement qu'eux ».

Mais à côté de ces excentricités, le principe d'é-
lection de classe fait, ingénument, son apparition :
« Les travailleurs sont faciles à tromper ; il leur
faut de véritables représentants et pour que ces
représentants leur inspirent confiance, il faut qu'ils
soient choisis dans leurs rangs ; s'il en était autrement, ils seraient encore des bâtards sans protecteur naturel à l'Assemblée » (66).

L'idée de lutte de classe était encore moins comprise. Les soi-disant ouvriers ne venaient pas demander un droit ; c'est presque en quémandeurs,
humbles et dociles, qu'ils posaient leur candidature. « Ainsi donc, hommes de la bourgeoisie, nous
voulons votre salut aussi bien que le nôtre. Nous
nous devons des concessions mutuelles. Vous devez
renoncer à votre omnipotence et, en retour, nous
vous ouvrirons nos rangs : vous serez les bienve-
nus dans ce banquet de reconciliation des intérêts
jusqu'alors hostiles... Il faut envoyer au sein de
l'Assemblée Nationale des travailleurs, ces flétris,
ces stigmatisés, ces parias de notre civilisation.
Ouvriers ! osez donc choisir dans notre sein une
partie de vos mandataires ! » (67).

La lutte de classe présuppose — c'est Lénine
qui nous l'a enseigné avec le plus d'insistance —
une action révolutionnaire. Or, en, 1848, tout le
monde était d'accord pour dire que les procédés ré-

---

(65) Bellée, *Profession de foi politique*, impr. de Gui-
raudet et Jouaust, 1848, Murailles, II, p. 134.

(66) Circulaire du candidat Frogier, Dieudonné, p. 299.

(67) Brucker et Gratien, *Des élections*, Lb. 53, 1116.

volutionnaires, une fois les barricades enlevées, n'étaient plus de mise. La gauche libérale insistait sur ce point pour tranquilliser l'opinion publique, nourrie pendant deux régimes, de racontars funambulesques sur les méfaits de 1793.

C'était donc un des principaux atouts des républicains de répéter à tout venant que la période révolutionnaire avait été bel et bien close dès la chute du régime de juillet. Tracer une ligne de démarcation très nette entre 1793 et 1848 — tel était le refrain de toutes les brochures du gouvernement, la nuance Ledru-Rollin comprise.

« Les républicains de 1793 avaient à agir au milieu d'abus amoncelés durant quatorze siècles ; ils luttaient, démolissaient et édifiaient sous le feu d'une guerre civile à la fois et d'une coalition européenne » ; en présence de difficultés inouies ils durent se rallier à la maxime du salut public : « La République de 1848 n'a aucune de ces terribles nécessités à subir » (68). L'établissement du nouveau régime étant plus retardé par les souvenirs de la terreur que par tous les efforts des souverains, on n'aura recours qu'à des procédés « prudents et modérés » (69). « La révolution de 1789 se sentait faible et menacée; elle se fit un rempart de l'échafaud. La révolution de 1848, calme et noble dans sa force, a, pour première œuvre, brisé l'instrument de supplice » (70). « Jette donc bien loin derrière toi, ô peuple, toutes ces artificielles terreurs que l'on cherche à t'inspirer en évoquant les

---

(68) Manifeste de la Société Meusienne, impr. Lacrampe et Fertiaux, 1848, p. 1.

(69) (Affiche) Bernard d'Harcourt, *Citoyens électeurs de l'Aube*, Murailles, II, p. 237.

(70) *Dialogue républicain*, Paris, 1848, impr. Bonaventure et Ducessois.

souvenirs d'un passé qui fut grand, mais sombre et sanglant ; 1793 ne sera et ne peut être qu'une date terrible ; mais, dans l'ordre du temps, la même date ne revient jamais deux fois » (71).

Mais la gauche soi-disant révolutionnaire ne professait pas d'autres idées. Cabet lui-même, le terrible Cabet, publiait le 25 février une affiche d'où l'idée révolutionnaire était bannie solennellement :

Aux communistes icariens

Travailleurs nos frères.

Fidèles à nos principes de fraternité, d'humanité et de modération, de justice et de raison, crions toujours et partout : *Point de vengeance !* Point de désordre, point de violence, point d'oppression pour personne ! mais fermeté, clairvoyance et prudence, afin d'obtenir justice pour tous !

Point d'atteinte à la Propriété ! mais inébranlable persévérance à demander tous les moyens que peut accepter la justice pour supprimer la *misère* : notamment en adoptant un système démocratique d'inégalité successivement décroissante, et d'égalité successivement croissante.

(Murailles, I, p. 46).

Les communistes de province faisaient écho à leur chef : « Nous comprenons que nous n'avons plus d'excuse en demandant aujourd'hui la menace à la bouche (72). Inclinons-nous fièrement devant les suffrages de la majorité, même devant les erreurs qui tiennent à l'imperfection humaine ».

De ce côté aussi, on n'avait donc que de purs parlementaires. Il n'y avait pas en France, à ce

____

(71) Archilogue, *La République et pas de Prince pour Président*, Paris, 1848, impr. E. Thunot et Cie.
(72) (Affiche) *Les compagnons maréchaux de Lyon, République...*, Murailles, II, p. 182.

moment, de terrain propice à l'éclosion de l'idée de lutte de classe.

Les syndicats se formèrent sans qu'une directive précise présidât à leur naissance. On errait à l'aventure.

Il y eut beaucoup de zèle, mais peu de résultats tangibles. Les projets les plus baroques se forment sous l'égide d'une idée qui n'a pris de la consistance que beaucoup plus tard. Toutes les professions arrivent au pas redoublé avec leurs candidats.

Les artistes dramatiques expliquent que la République « sera toujours notre mère prévoyante » ; « et je vous le demande — ajoute leur circulaire — qui de nous ne chérit pas sa mère ? » (73). Les artistes non dramatiques rappellent au public les siècles de Périclès, des Médicis et de Louis XIV pour demander à l'art la place qu'il doit occuper dans l'acte constitutif d'un grand peuple. On s'efforcera donc d'élire « un littérateur, un architecte, etc., un représentant d'arts plastiques, un artiste dramatique, un musicien et un artiste industriel » (74). Un cercle des beaux-arts se forme pour examiner les candidatures artistiques. Les médecins du département de la Seine annoncent que quatre docteurs, dont les noms suivent, « ayant obtenu la pluralité des voix », ont été déclarés « candidats du corps médical du département de la Seine » (75). Les métiers suivent l'exemple donné par les lettrés. « Supposons que les cordonniers, carrossiers, selliers et tous ceux qui travaillent aux cuirs, nommassent (sic), pour les représenter, un membre pris dans l'une ou l'autre profession ».

---

(73) Professions de foi du Bureau du Club républicain des Artistes dramatiques, impr. Jules Juteau et Cie, Lb. 53, 1167.

(74) (Affiche) *A tous les Artistes*, Murailles, II, p. 14.

(75) (Affiche) Murailles, II, p. 511.

On arrivera de cette façon à présenter des candidats qui « sauront discuter et approfondir les questions d'organisation du travail » (76).

Les garçons grainetiers surgissent avec une réunion constitutive qui aura lieu place des Petits-Pères, « avec de l'ordre, sans chants, ni extravagances » (77). Les cuisiniers et pâtissiers se rassemblent passage de l'Opéra, à la Taverne, « pour nommer un de leurs membres comme candidat pour la députation » (78). Les suffragettes emboîtent le pas : mais comme elles ne sont pas électrices, elles se contentent de débuter par des offrandes patriotiques en attendant mieux : telles, les sages-femmes (79), les domestiques femmes (80).

Où s'arrête la fantaisie électorale ? Un certain Bissette « aspirait — on ne sait trop pourquoi — à l'honneur de former le syndicat des Noirs et d'en être le représentant à l'Assemblée » (81). Isidore Debrie, huissier à Breteuil, préconisait la représentation de ceux qui étaient médaillés pour avoir retiré leurs semblables des « flots, des flammes et des édifices croulants » (82). M. Ferdinand Berthier, président de la Société centrale républicaine des sourds-muets de France, sourd-muet lui-même, publie un appel aux clubs parisiens en demandant à leur patriotisme de le « porter sur la liste des trente-quatre concitoyens que vous allez élire » : « toutes les classes (sic) de la société ne doivent-

---

(76) Forçade, *Conseils et avis aux travailleurs pour les élections prochaines*, Toulouse, impr. de Bonnal et Gibrac, 1848, Lb. 53, 1647.

(77) *Appel aux garçons grainetiers*, impr. Jules Juteau et Cie, Lb. 53, 906.

(78) *Les citoyens...*, impr. de Soupe, Lb. **53**, 800.

(79) Madame Voilquin, etc., *Madame...*, Lb. 53, 1108.

(80) F. Chenard, *Appel*, etc., Lb. 54, 419.

(81) Murailles, II, p. 10.

(82) Murailles, I, p. 424.

elles pas être représentées à la nouvelle Chambre ? » (83). Et M. Alphonse Esquiros placarde une affiche pour dire que la voix des sourds-muets « doit être portée à l'oreille de la Nation » et que M. Berthier est tout indiqué pour représenter « la France sourd-muette ». Enfin (84) un Marseillais, M. H. Guiraud, qu'on avait licencié de la garde nationale à cause de sa petite taille, convoque le syndicat de « tous ceux dont la taille est exiguë » à une réunion constitutive, car « je ne suis pas le seul à être petit et beaucoup de parias de mon espèce doivent se trouver à Marseille » (85).

L'effort le plus sérieux pour organiser les ouvriers sur les bases syndicales fut tenté par L. Blanc. Le 19 mars 1848, M. Moriot faisait paraître, en la signant avec Maricourt et Ch. Huet, une affiche qui indiquait que les « assemblées par corps d'état étaient reconnues comme les plus propices à la manifestation de véritables sentiments patriotiques des ouvriers de Paris » (86). Les ouvriers majeurs étaient donc invités, toutes choses cessantes, de se réunir en corps d'état et d'élire des candidats « provisoires » en nombre égal aux délégués près la commission des travailleurs siégeant au Luxembourg. Les candidats provisoires entendraient l'exposé de principes fait par les « aspirants » et choisiraient ensuite les « candidats définitifs ». Un règlement publié le 16 avril 1848 précisait la marche à suivre par l'assemblée générale des délégués des ouvriers : permanences ; chaque profession présente un seul candidat ; examen des opinions de ces candidats ; ensuite, une assemblée générale procédera à

----

(83) F. Berthier, *Aux Clubs*, etc., Murailles, I, p. 443.
(84) Murailles, II, p. 60.
(85) H. Guiraud, *A la Garde Nationale*, etc., Murailles, II. p. 474.
(86) Murailles, II, p. 457.

un scrutin portant sur vingt noms, et cela sans discussion aucune ; les noms définitivement arrêtés seront affichés, répandus partout et ainsi de suite. Une proclamation du 22 avril aux « travailleurs leurs frères » invitait les ouvriers à « abdiquer toute susceptibilité de candidature entre divers corps d'état » et convoquait les adhérents à une réunion au Champ-de-Mars, le 23 avril à six heures du matin. On connaît la suite.

Certains départements qui avaient voulu imiter cet exemple ne surent pas sacrifier l'élément syndical à mi-chemin ; c'est ainsi, par exemple, que la liste élaborée par le Club des travailleurs de Saint-Pierre-lès-Calais maintint jusqu'au bout la nécessité d'envoyer à l'Assemblée : un ouvrier de l'industrie, un ouvrier des corps d'Etat, un ouvrier de la navigation et deux ouvriers des champs, c'est-à-dire des cultivateurs (87).

Le choix des candidats

Toutes ces organisations électorales : clubs, comités et syndicats, avaient à procéder au fameux tri des candidats : initiative sans précédent. « Tout le monde est républicain aujourd'hui — se plaignait un politicien de province (88), à les en croire, on pourrait prendre parmi eux indistinctement ou s'en rapporter au hasard pour former la liste ; chacun prétend porter le bonheur et la prospérité de tous ».

Il fallait commencer par éliminer les réactionnaires s'affublant de l'étiquette républicaine. A cette époque, tout le monde était républicain. Les professions de foi des Falloux (qui se proclamait répu-

____

(87) Murailles, II, p. 93.
(88) Dr. Rodrigues, *Ce que veut le peuple*, Lodève, 1848 impr. de Grillières.

blicain *par nature*), des Montalembert (légitimiste du peuple et droit divin des nationalités), des Faucher sont là pour le prouver. M. Roucher allait dans les clubs populaires prêcher l'organisation du travail, c'est-à-dire le socialisme du « tout par le peuple et pour le peuple ». M. Fialin de Persigny désirait affranchir le peuple de la servitude de la misère, etc. Les *dii minores* emboîtaient le pas. Madame Leclerc, née Letoussé, dite Montaigu, publiait à Lisieux un « petit catéchisme républicain » (89), dans lequel elle commençait par prétendre que la République *n'avait jamais cessé d'exister* (même en France) et cela « dès l'origine de la civilisation ». Car, pour elle, un républicain est « celui qui honore son Dieu, sert sa patrie et se soumet à la loi ». La « marque » à laquelle on peut reconnaître un vrai républicain est simple : c'est celui qui « soulage son père et sa mère » et « protège l'innocence de tout son dévouement ». Une affiche anonyme (90) réduisait la notion de la République à encore moins de chose : les républicains sont ceux qui protestent contre toute idée de divorce ; « quand l'ouvrier prend une femme, c'est pour mourir avec elle ; il ne la jette pas au rebut, lui, quand il en a assez ». Enfin, l'*Assemblée nationale* traçait ce programme passe-partout : « La République pour nous, c'est l'ordre, le respect des personnes et des propriétés, la marche normale de toutes les fonctions sociales, l'activité agricole, le mouvement commercial » (91). Et elle ajoutait : « Personne ne veut pour la France la République des Etats-Unis qui renferme des esclaves, ni celle de la Suisse plus arriérée dans certains cantons que certaines monarchies de l'Europe ».

____

(89) Lisieux, 1848, imp. Durand.
(90) Murailles, II, p. 545.
(91) *Assemblée Nationale*, 1er mars 1848.

En province, ce camouflage des réactionnaires prenait l'ampleur d'un mouvement stratégique de très grande envergure. M. Ernest-Stanislas de Girardin donna l'exemple: « républicain » comme tant d'autres épaves du régime de juillet, il réduisait tout son programme à cinq mots : « Nationalité(?) ordre, liberté, égalité, fraternité » (92). Dans l'Aube, « un paysan républicain dans l'âme » recommande la candidature de M. Masson, maître des requêtes, « acceptant franchement la République et ayant une grande connaissance des affaires administratives ». « Des gens vous diront : mais M. Masson a servi la légitimité. Eh, non ! il a simplement servi son pays sous la légitimité » (93). Il existe une affiche vendéenne (94) que l'on ne peut pas lire sans être profondément ému : « Je me lève au sein de la nuit pour vous écrire, préoccupé que je suis de vos plus graves intérêts. Que ne puis-je pas vous voir tous et vous dire de vive voix, sans réserve, tout ce que mon désir, mon besoin de vous être utile, m'inspire. On fait courir dans les campagnes des bruits étranges contradictoires et sinistres »... « Il y a République et République ; la fausse et la vraie. Pour certains fous et rêveurs, la République a un président héréditaire et ce président (je veux trancher le mot) est Henri V »... « Ne votez pas les suggestions d'aucun parti ancien, d'aucune coterie ; ne prenez le bulletin d'aucune main fatale, d'aucun coureur inconnu et pervers, qui veut vous égarer, vous séduire ; d'aucun de ces conseillers astucieux et perfides qui vous

----

(92) *Aux habitants du département de la Charente*, Murailles, II, p. 118.

(93) Affiche, Troyes, impr. Anne-André, Murailles, II, p. 198.

(94) *Le Commissaire du Gouvernement de la République à ses concitoyens*, Lb. 53, 1142.

flattent bassement pour vous opprimer demain, qui ne prêchent que l'erreur et se glissent dans l'ombre ».

Pour parer à ce danger — il était immense, comme les événements le prouvèrent en 1850 — on essaya d'opposer les républicains d'aujourd'hui à ceux d'hier. « Jadis nos pères disaient à ceux qui briguaient leurs suffrages : qu'avez-vous fait pour être pendu si la monarchie revenait ? » En appliquant ce principe on demandait que la République soit « défendue, soutenue par tous les Français, mais elle ne doit, elle ne peut être établie que par des républicains de vieille date ». « Si le mandat électif était confié à certains républicains nouveaux, des grands dangers naîtraient aussitôt » (95). « Dans quel but, dans quel intérêt irait-on choisir des hommes que l'avènement de la République a certainement contrariés dans leurs doctrines, dans leurs espérances, dans leurs préjugés ? » (96).

La formule des républicains d'hier n'était pas du goût de la réaction camouflée. Elle éliminait toute la gauche dynastique et, à plus forte raison, le juste milieu et le reste de la droite. De grands efforts furent donc faits pour laisser tomber toute distinction « artificielle » entre divers républicains. « Quand le peuple vainqueur, du haut des barricades voyait passer un ennemi vaincu et blessé, lui criait-il : républicain du lendemain, rends-moi compte de tes œuvres ? » (97). M. Duvergier de Hauranne s'efforçait de prouver qu'il « n'est pas vrai que, pour concourir loyalement, franchement à l'établissement d'une république en France, l'ancienne opinion libérale ait beaucoup de sacrifices à faire ». Car cette opinion libérale « n'a jamais

(95) *National*, 20 mars 1848.
(96) *National*, 23 mars 1848.
(97) Jules Frey, *Aux électeurs*, Murailles, II, p. 70.

cherché à substituer une dynastie à une autre, elle n'a voulu que l'établissement d'un gouvernement régulier » (98). *L'Assemblée nationale*, légitimiste, ouvrait ses cartes d'une façon plus franche. « Qu'avez-vous besoin que le candidat proclame son amour pour la République ? On peut aimer un homme parce qu'il vous est sympathique, on n'aime pas un système inconnu avant que le temps n'en ait prouvé la bonté. N'oubliez pas que le serment est aboli ; vous n'avez pas le droit de le rétablir sous une autre forme » (99).

La formule des républicains de la veille avait un autre inconvénient. Les rigueurs de la police de Louis-Philippe avaient forcé les républicains (vrais) à être excessivement prudents : le nombre de ceux qui « avaient *souffert* » pour leurs convictions étaient des plus restreints : « Nous ne pouvons pas, malheureusement, trouver dans leurs rangs des hommes célèbres en assez grand nombre pour nous représenter » (100). On devait donc se contenter d'un titre plus modeste : « Ceux qui ont toujours *défendu* ces principes ». Or, rien n'est plus vague que cette formule. M. Carpentras aîné, peintre, avait bien imaginé de demander à tous les candidats qu'il s'engageassent, « s'il était nécessaire, de mourir sur leurs sièges, plutôt que de consentir à une réaction quelconque. » (101). Mais, décidément, cette formule n'était pas sérieuse.

Donc, nouveaux tâtonnements... Tout le monde ne pouvait pas se flatter d'avoir été « convention-

---

(98) *Siècle*, 16 mars 1848.

(99) *Assemblée Nationale*, 22 mars 1848.

(100) Gratien Lacombe, **Des Élections**, Paris 1848, impr. Mme Lacombe.

(101) Murailles, I, p. 447.

nel et un des treize rédacteurs de la Constitution républicaine de l'an III » (102).

Force était donc de se rabattre sur des titres moins claironnants. On peut en établir toute une gamme, d'intensité pour ainsi dire descendante. Rue Destrem se glorifie d'être le fils de Destrem, membre de la Législative et du Conseil des Cinq Cents ; « son âme n'est point dégénérée dans mes entrailles » (103).

Le dessinateur Fomberteaux (Eugène), a souffert pendant six ans dans les cachots du gouvernement déchu : il considère que cette circonstance est un sûr garant de sa capacité d'être législateur (104). M. Bonhomme avait été « flagellé publiquement à tous les coins de Lisbonne, par le soi-disant roi du Portugal, surnommé à juste titre le Néron de la Lusitanie » (105). Henri Bonnias avait « conspiré, lutté, combattu contre les deux branches des Bourbons » et cela pendant trente ans : par la parole, par les journaux, par les livres, comme publiciste et comme homme d'action (106).

Les journées de février fournissent des arguments à ceux qui y ont participé. « Je suis entré le premier dans la Chambre et, frappant le parquet de la crosse de mon fusil, j'ai dit : « Il n'y a plus de députés, nous sommes les maîtres. » J'ai ensuite armé mon fusil et l'ai dirigé sur le centre

---

(102) (Affiche) A. C. Thibaudeau, *Aux citoyens électeurs du département des Bouches-du-Rhône*, impr. Barlatier-Feissat et Démouchy, Murailles, II, p. 33-34.

(103) (Affiche) *Aux électeurs du département de l'Aube*, Murailles, II, p. 275.

(104) (Affiche), *Aux électeurs du département de l'Allier*, sans indication de l'imprimerie, Delvau, II, p. 340.

(105) (Affiche) *Aux électeurs du département de l'Yonne*, Murailles, II, p. 419.

(106) (Affiche) *Aux électeurs du département de la Seine*, sans imprimerie, Delvau, I, p. 442.

gauche, prêt à faire feu » (107). Dorme fils constate simplement qu'il a affronté la mitraille (108). Un ancien huissier rappelle modestement qu'en septembre 1840 il avait assisté à un banquet réformiste, présidé par Cormenin, et que ce geste lui avait valu depuis, des « chicanes injustes et vexatoires du parquet » (109). Nicolas Cirier, imprimeur, avait chanté une « Marseillaise typographique », le 6 février 1848, dans une goguette à Corbeil, et cela, après avoir, au préalable, ceint une belle écharpe, « un mètre bleu, un mètre blanc et un mètre rouge » (110). Carmignac Descombes aîné rappelait aux électeurs qu'en 1847, il avait écrit des « choses sévères » à un haut fonctionnaire de la Charente, et cela dans le *Constitutionnel* du 27 octobre (111). E. D. Demay se glorifie de ce fait que tout un peloton, à son commandement, présenta les armes et mit le genou à terre devant l'arbre de la liberté, à Dijon (112).   Enfin, un clerc de notaire raconte qu'un jour que son patron lui avait dit de rechercher le dossier des biens *volés* à un client (ancien noble, « biens nationaux »...), il fut pris d'une telle rage qu'il saisit un buste de Bourbon, « je crois de Charles X, et je le brisais en mille éclats » (113).

Il restait encore une marche à descendre ; la profession de foi du citoyen Montaudon nous en four-

---

(107) Société fraternelle centrale, Paris, impr. du Populaire, 1848.

(108) (Affiche) *Aux électeurs du département des Bouches-du-Rhône*, sans imprimerie, Murailles, II, p. 48.

(109) Murailles, II, p. 420.

(110) Murailles, II, p. 26.

(111) (Affiche) *Aux électeurs de la Charente*, impr. Ardant frères, Murailles, II, p. 158.

(112) (Affiche) « *C'est tout...* », Murailles, I, p. 408.

(113) *Aux prolétaires du département de l'Oise*, impr. Lacombe, Murailles, I, p. 407.

nit un exemple : « Aucun antécédent politique à faire valoir, mais aucun à retracter. » (114).

Cette pente était glissante. En fin de compte, elle nous ramène aux motifs purement personnels, tant en vogue sous la Restauration (Voir *Les Mœurs électorales en France*, Régime censitaire, p. 130).

« Dans les graves circonstances, où nous nous trouvons, ce serait lâcheté de ma part de refuser le concours de toutes mes facultés... Je viens donc m'offrir comme candidat à la Représentation nationale », annonce un médecin de province (115), M. Champesme. Pour M. E. Colson, le mandat législatif n'est pas une fonction, mais « un sacerdoce » : cela ne suffit-il pas ? M. Giraldon, graveur, pense que les révolutions se font nécessairement par des jeunes gens, passionnés, actifs et ardents ; mais, pour « établir définitivement un gouvernement régulier, « il faut des hommes d'une capacité toute différente » ; ceux-ci doivent être « sages et réfléchis », donc assez âgés ; M. Giraldon, lui, a passé la cinquantaine ; aux électeurs de conclure (117).

Très vite, les électeurs sentirent qu'ils avaient besoin de points de repère supplémentaires.

Décidément, on ne pouvait pas suivre le conseil de cet auteur anonyme qui, à Angers, le 18 mars 1848, invitait ses concitoyens à rédiger la liste des treize députés assignés au département de la façon suivante : « Un républicain, un communiste, un orléaniste, un légitimiste, un bonapartiste, un montagnard, un girondin, un absolutiste, un ultra-montain, un gallican, un protestant, un panthéiste, un athée. »

---

(114) (Affiche) *Habitants de la Creuse*, Murailles, II, p. 200.

(115) Murailles, II, p. 232.

(116) L'A. B. C. etc., Ville d'Avray, Lb. 53, 1131.

(117) Murailles, II, p. 87.

Mais il fut encore plus difficile de trouver ces points de repère supplémentaires : l'absence des partis constitués enlevait toute possibilité d'avoir des garanties suffisantes.

LES PROGRAMMES D'ACTION.

Il ne suffit pas de se dire républicain ; il faut, en plus, représenter un programme ou, au moins, une promesse d'action. Tout le monde n'avait pas l'audace d'annoncer par affiches que « ma candidature aurait cela de bon qu'elle empêcherait de moins dignes encore à s'asseoir à une place éminente » (118).

Quel programme ? Quelle action ?

C. J. Amyot, avocat à la Cour d'appel de Paris, explique qu'il a passé toute sa vie à cultiver une « science profonde et mystérieuse, celle des insectes nuisibles à l'homme » ; cela lui a permis de contempler, pendant de longues heures, au Muséum, « les œuvres du Créateur » (119) et de se préparer au mandat législatif. A. M. Delasiauve, médecin de l'hospice de Bicêtre, pense que l'étude de la folie et des fous lui a « ouvert un horizon sans limites, qui comprend toutes les questions vitales sur lesquelles repose notre société nouvelle, l'affermissement des institutions républicaines et l'avenir de la liberté » (120). Le candidat Coulvier-Gravier, administrateur d'un bureau de bienfaisance, s'était surtout consacré « à une vocation toute particulière, celle d'observer les astres et principalement les mé-

---

(118) Nicolas Cirier, *Citoyens*, etc., Murailles, II, p. 25.

(119) (Affiche) Proclamation aux citoyens du département de l'Aube, « Les maires sont invités à publier dans leur commune la présente proclamation », impr. E. Bautruche, Murailles, II, p. 220.

(120) (Affiche) *Aux citoyens électeurs du département de l'Eure*, impr. Bautruche, Murailles, I, p. 176.

téores ignés » (121). Ménecier fils est auteur d'un ouvrage sur l'encaissement des effets de commerce par les receveurs généraux, ce qui lui permet d'estimer qu'il possède « la raison et l'énergie des amis de l'ordre » (122).

Viennent finalement ceux qui promettent de faire aboutir une réforme déterminée. A en juger par les documents que nous avons dépouillés, ce sont les candidats les moins sérieux.

M. Huet Dubignon se faisait fort de « proposer un système financier qui permettra de payer entièrement la dette publique et en même temps au moins la moitié des créances particulières » (123). M. Dépréaux Boileau s'engageait « à réduire de 400 millions au moins le budget, sans désorganiser aucun service et à rappeler, par ses conseils, le numéraire »; en attendant, il annonce que sa devise est : « Pas de bavards, mais écoutez ceux que l'on nomme laconiques: to by (*sic*) or not to by, that is the question ». M. Thierry Tollard estime qu'il sera capable de remédier à tous les maux en supprimant les « marchands agioteurs de blé »; mais, pour une raison que nous ignorons et qui pouvait être personnelle, il ajoute soigneusement que cette réforme ne s'appliquera « qu'au froment seulement » (124). Victor Durand, licencié en droit, annonce que lui et les autres candidats proposés par lui « font abandon à l'avance des trois quarts de l'indemnité accordée aux représentants en faveur de la Société républicaine de bienfaisance » (125). Tout le reste

------

(121) (Affiche) *Aux électeurs du département de la Seine*, impr. de Crapelet, Murailles, II, p. 74.

(122) Murailles, II, p. 30.

(123) *Aux électeurs du département de la Seine*, Murailles, II, p. 109.

(124) *Rapport présenté* etc., impr. Chassaignon, Lb. 53, 1758.

(125) (Affiche) Murailles, I, p. 389.

se réduit, chez lui, à la formule : « La République basée sur la liberté et la raison ». M. F. D. Demay veut faire des économies :   « Aux représentants du peuple, 10 à 15 fr. par jour ; 25 fr., c'est trop, beaucoup trop. En dehors, point de traitements au delà de 6.000 fr. ; à ces conditions seules, la corruption cessera d'être possible » (126). Par contre, M. Delcloque cherche à augmenter l'assiette de l'impôt : « Application aux voitures de luxe des droits qui frappent celles publiques ou de louage » (127). Enfin, M. Calland voit les choses en grand : « Tout est à refaire ou à créer d'après les idées de justice et de prévoyance sociale ». Il propose donc: « des crèches pour l'enfance, des asiles pour la vieillesse et des chauffoirs pour les voyageurs » (128).

---

(126) (Affiche) Murailles, I. p. 410.
(127) (Affiche) Murailles, II, p. 235.
(128) (Affiche) Murailles, II. p. 144.

CHAPITRE DEUXIEME

L'action du Gouvernement

La terminologie

C'est dans deux sens différents, quoique connexes que l'on parle des candidatures officielles. Pour la clarté de l'analyse qui suit, nous allons opposer, l'une à l'autre, les deux acceptions d'un terme, devenu ambigu.

Au moment des élections, le gouvernement annonce à qui désire le savoir, que tel homme politique se présente comme son « supporter », comme partisan de sa politique, comme député qui a soutenu le gouvernement ou qui s'engage à l'avenir à voter pour lui. La situation, du reste, ne change pas si la déclaration en question émane du candidat lui-même. C'est ainsi qu'à Evron, en 1914, une affiche portait, en guise de programme, ces seuls mots « candidat du gouvernement ». Ceci constitue la première acception du terme « candidature officielle ».

On donne souvent à ce même terme une portée plus restreinte. En prenant *pars pro toto,* on appelle candidat officiel celui qui est non seulement désigné, mais encore *favorisé* par le gouvernement et dans le sens le plus large : aidé, poussé, secondé, imposé, appuyé par des abus de pouvoir et des forfaitures. Cette signification péjorative est la plus usuellement employée.

Dans la première acception, la candidature officielle est inévitable tant que les partis politiques n'ont pas été définitivement constitués. Le candidat qui est l'adversaire de l'opposition (nous sommes obligés ici d'employer cette circonlocution) n'a, pour désigner sa couleur politique, que l'investiture du gouvernement, tant que l'organisation électorale des partis fait défaut. Le gouvernement n'étant pas l'émanation d'un parti politique ou d'une coalition de partis, le contrôle électoral ne peut se faire autrement qu'en laissant aux candidats la faculté de s'appeler candidats du gouvernement et à ce dernier la possibilité de donner son placet.

Un ministre de Mac-Mahon parle des « candidats officiels de *l'opposition*, et du « candidat *officiel* du prétendant qui se dresserait en face du Président de la République » (*Journal Officiel*, 1877, p. 7415). Rouher mentionnait l'opposition qui « contracte des engagements » avec les *candidats officiels* de ses comités », tout autant que le gouvernement les contracte avec les siens (*Moniteur*, 1864, p. 67).

L'opposition elle-même n'a jamais contesté sérieusement au gouvernement le droit de suppléer aux partis politiques inexistants ou défaillants par des candidatures officielles.

C'est ainsi que Thiers, un des chefs de l'opposition, « accordait » les candidatures officielles au gouvernement, car, « dans tous les pays libres un gouvernement a toujours eu ses préférences et les a toujours manifestées ». L'orateur avouait « avoir un profond respect pour la nature des choses » : « quand je vois une chose se produire invariablement sous toutes les formes, dans tous les temps, je la reconnais et je me soumets à elle ». Son argumentation était celle que nous avons donnée plus haut.

> Quand une opinion est arrivée au gouvernement, — est-ce que parce qu'elle est arrivée au gouvernement, elle perd le droit de se faire valoir et de se défendre ? Non, l'opinion qui était dans l'opposition et qui arrive au gouvernement, n'est pas frappée d'inertie parce qu'elle se saisit du pouvoir. Voici les fondements des candidatures officielles (*Moniteur*, 1864, p. 66).

L'opinion de Thiers — ministre du Roi, chef de la campagne de 1834 conduite à coups de candidatures officielles — serait-elle suspecte ? Celle de Jules Simon, républicain sincère, nous prouvera que même en 1863 au moment où la lutte contre la pression des préfets battait son plein, un leader de l'opposition, tenu à la plus méticuleuse des réserves, n'hésitait pas à reconnaître la légitimité des candidatures officielles, sauf à protester contre la pression administrative.

> Je vous avoue que je suis pas ennemi des candidatures officielles (*Mouvements divers*). Je dis que je n'en suis pas ennemi. Je n'admets pas beaucoup la position d'un gouvernement parfaitement désintéressé dans les luttes électorales, cela me paraît assez irréalisable. Il y a très réellement, en présence du scrutin, des citoyens qui sont très résolus à défendre le gouvernement. Il y en a d'autres qui sont moins résolus, ou, si vous le voulez, qui ne sont pas résolus du tout. Dans cette simple situation là, si le gouvernement vient dire aux populations : Voilà trois candidats qui se présentent. Celui-ci me convient, il est avec moi, c'est mon homme. Celui-là me laisse indifférent, et quant au troisième, il me déplaît, je n'en veux pas. Si le gouvernement fait cela, messieurs, moi et je ne parle que de moi, moi je ne le blâme pas (*Moniteur*, 1864, p. 1392).

Dans l'autre sens, péjoratif celui-là, la candidature officielle n'est qu'un vulgaire délit. On a fait deux révolutions pour protester contre la pression électorale du gouvernement; une bonne partie des séances du Corps Législatif ont été remplies de discours dénonçant les préfets : juridiquement parlant, il aurait suffi d'invoquer devant les tribunaux l'article 39 du décret de 1852 ainsi conçu :

> Ceux qui par voie de faits, menaces ou violences contre un électeur soit en lui faisant craindre de perdre son emploi ou d'exposer à un dommage sa personne, sa famille ou sa fortune l'auront déterminé à s'abstenir de voter, ou auront influencé son vote seront punis d'un emprisonnement d'un mois à un an et d'une amende de 100 à 1.000 fr. La peine sera du double si le coupable est fonctionnaire public.

La pression administrative n'est jamais avouée : elle ne peut l'être. On ne s'inculpe pas soi-même, surtout au parlement. Nous ne connaissons qu'un seul bénéficiaire de la pression administrative qui eut le triste courage d'avouer que l'élection de son ami M. Calvet-Rogniat avait été précédée « d'une certaine pression administrative regrettable » et qui prétendit que cette pression était « excusable » puisque « employée en cas de légitime défense (...contre les soi-disant agissements de la gauche, de la fameuse Union libérale; *Moniteur*, 1869, p. 1560).

LE PRINCIPE DE LA CANDIDATURE OFFICIELLE

Tous les régimes qui se sont succédé en France depuis 1848 ont pratiqué la candidature officielle. Tous sans aucune exception (1). Il n'entre pas dans

---

(1) M. Spuller (*Histoire*), p. 38, affirme que la II° République ne mérite pas le reproche d'avoir pratiqué la can-

le cadre de cette étude de juger ni de condamner. Notre but est d'étudier un cas des mœurs électorales sans avoir à préciser le rôle exact que chacun des régimes a joué dans l'histoire de cette malheureuse question.

En 1848, le ministre de l'intérieur adressait aux commissaires deux circulaires dont la première disait : « les élections sont votre grande oeuvre ; c'est de la composition de l'assemblée que dépendent nos destinées. » « Le gouvernement doit-il agir sur les élections ou se borner à en surveiller la régularité ? — Je n'hésite pas à répondre que sous peine d'abdiquer ou même de 'trahir, le gouvernement ne peut se réduire à enregistrer des procès-verbaux et à compter des voix ». Il demandait donc que les commissaires lui fissent parvenir les listes des candidats choisis par les comités électoraux, de façon à ce que « je puisse, après en avoir conféré avec mes collègues du gouvernement provi-

---

didature officielle. « La candidature officielle n'était pas encore pas inventée à cette époque ». M. Spuller, certainement, n'était pas au courant des pratiques de la Restauration et de la monarchie de Juillet ; de toutes façons, son jugement n'est pas conforme aux documents de l'époque de 1848. *Le National* avait bien publié le 17 mars 1848 un long article qui est empreint d'une foi naïve dans les bienfaits inhérents au suffrage universel ; l'historien ne verra dans ces lignes que l'expression d'un espoir qui ne s'est point réalisé. « Grâce au ciel, le temps est passé de ces ténébreuses pratiques, de ces menées immorales et corruptrices, et le gouvernement actuel a bien prouvé qu'il n'en avait pas besoin. Aujourd'hui la lice électorale est ouverte à plus de dix millions d'électeurs. Imagine-t-on une manière de séduire ou d'intimider dix millions d'électeurs? Les départements les moins peuplés en donneront pour le moins cinquante mille. Que les plus habiles préfets de l'ancienne administration nous disent comment ils s'y prendraient pour créer au milieu d'eux une majorité factice, pour leur faire déclarer autre chose que ce qu'ils pensent, pour leur faire vouloir autre chose que ce qu'ils veulent en effet. »

soire, désigner à votre attention les noms de ceux sur lesquels vous pourrez appeler spécialement les suffrages des citoyens ».

Les instructions que Ledru-Rollin envoyait à des commissaires individuels n'étaient pas conçues dans des termes différents ; peut-être sont-elles encore plus énergiques. Le 20 mai 1848, il écrivait au commissaire du gouvernement provisoire en Corse : « Vous devez appuyer de toute votre influence ouvertement, officiellement, toutes les candidatures sincèrement républicaines et combattre avec la plus grande énergie celles qui seraient hostiles au nouvel ordre des choses » (2).

Dans le Bourbonnais le représentant de la République recevait les instructions suivantes : « Aucun effort ne doit être négligé pour que les hommes envoyés à l'Assemblée Nationale soient énergiquement et résolument dévoués aux principes républicains » (3).

Et à une délégation venue pour le consulter au sujet des élections, il disait : « Il faudrait être insensé pour croire que le gouvernement ne devait pas intervenir dans les élections, se faire désigner les candidats et les appuyer par tous les moyens possibles, de manière à avoir une assemblée profondément démocratique » (4).

Presque en même temps J. Favre envoyait à Marseille les instructions suivantes, concernant la candidature de Thiers : « Elle doit être combattue par tous les moyens possibles, et le gouvernement provisoire attend de vous que vous fassiez les plus grands efforts pour qu'elle échoue » (5).

---

(2) *Moniteur*, 1870, p. 301.
(3) Mauve, *Le Bourbonnais sous la seconde République*, Moulins, imprimerie du Progrès Social, 1909, p. 22.
(4) *Assemblée Nationale*, 30 mars 1848.
(5) *Moniteur*, 1870, p. 301.

Ces instructions ministérielles tombaient sur un sol qui s'assimilait avec avidité les semences du pouvoir autoritaire. N'oublions pas que les fonctions des commissaires provisoires étaient fort mal définies et que la fameuse instruction sur les « pouvoirs illimités », signée par Ledru-Rollin dans un moment d'aberration, n'avait jamais été définitivement rapportée. En s'en inspirant, le commissaire de l'Aveyron ordonnait aux fonctionnaires « de prendre le salut public pour seul guide » (6) ; celui de Rodez arriva au chef-lieu « ceint d'un grand sabre et tenant en main des pistolets » (7) ; enfin, celui de l'Yonne sommait le sous-commissaire de Tonnerre de se rendre immédiatement à Auxerre en y amenant « le peuple de Tonnerre », afin « d'anéantir à jamais la faction bourgeoise » (8).

En appliquant de telles idées aux élections, on peut aller fort loin. Le commissaire de l'Allier révoquait 200 maires et envoyait à leurs successeurs une circulaire indiquant l'opinion du gouvernement « sur les candidats d'une liste de huit noms joints à la circulaire ». Cette opinion est des moins ambiguës : « toute autre candidature serait un moyen de division d'entre les républicains et une *trahison* envers la République » (9).

A Rouen on fut encore plus énergique :

> Les instituteurs des communes de l'arrondissement ont été convoqués et réunis ; là, un des secrétaires de l'administration leur a exposé la nécessité où ils étaient de voter pour la liste de la préfecture ou de perdre leur place ; il n'y aurait pas à balancer... Puis, séance tenante, et après les

(6) *Constitutionnel,* 7 avril 1849.
(7) *Echo du Midi,* 26 avril 1848.
(8) *Assemblée Nationale,* 18 avril 1848.
(9) *Constitutionnel,* 28 mars 1848.

avoir placés ainsi entre ces deux extrémités, il leur a fait signer un engagement collectif de voter dans le sens de l'administration (*Constitutionnel*, 25 avril 1848).

Dans les Deux-Sèvres, le commissaire général écrivait le 19 avril 1848 : « Des instructions seront données aux maires, aux juges de paix et aux instituteurs. Des invitations seront faites aux desservants et aux percepteurs pour que tous ces fonctionnaires usent de leur influence en faveur des candidats qui seront définitivement sous notre patronage » (10).

Le commissaire de la Vendée répète mot pour mot les formules léguées par la Restauration :

> Quoi, chaque parti, chaque secte a son action libre, chaque opinion a son organe et le Gouvernement qui a fondé la République n'aurait pas le droit de désigner ceux qu'il croit les plus propres à faire prévaloir les grands principes sur lesquels reposent la sûreté, la dignité, la prospérité de l'Etat et des familles ?
>
> Quand tout s'agite autour de lui, quand tout remue et s'intrigue, seul il serait muet et désarmé dans cette grande lutte ?
>
> Une telle prétention serait exhorbitante, elle serait dérisoire, absurde. Il n'y a point de sophisme ou de paradoxe qui me puisse arrêter ; point de dangereux ménagements, point de fausse pudeur, point de vains scrupules qui me puissent fermer la bouche ou briser ma plume. Je suis venu dans la Vendée au nom du gouvernement républicain, et de tous mes efforts, j'y dois, j'y veux soutenir les candidats de la République (*Le commissaire de la République à ses concitoyens*, Napoléon, chez C. Leconte, 1848, L b 53, 1233).

Enfin à Toulouse le commissaire Barousse, après avoir destitué un maire récalcitrant, tient le lan-

______

(10) *Moniteur*, 1870, p. 301.

gage suivant : « Du reste, j'en agirai de même envers tous les fonctionnaires placés sous mes ordres. Je les casserai comme verre s'ils ne votent pas pour nos candidats et n'appuient pas nos listes. Quant aux desservants placés dans les paroisses de mon arrondissement, au lieu de leur envoyer leurs mandats, je les ferai appeler et s'ils ne veulent pas marcher avec nous, je les priverai de leur traitement et j'en ferai un don patriotique à la République.

« — Mais c'est donc la loi des suspects que vous voulez ? lui aurait répondu son interlocuteur.

« — Ah ! Que ne l'avons-nous aujourd'hui ? Comme je l'appliquerais demain ! » (11).

Quand ces déclarations ne suffisaient pas, les commissaires n'hésitaient pas à avoir recours à la fraude ou à l'intimidation. Le commissaire de la Meurthe annonce ouvertement aux fonctionnaires de son département que « la liste de nos candidats sera distribuée sur un papier dont la couleur sera indiquée la veille de l'élection » (12). Rouher n'a donc pas défiguré la vérité en prétendant au Corps Législatif en 1855 qu'un commissaire avait acheté tout le papier jaune de son département et avait obligé les fonctionnaires à voter avec ce papier. Du reste, le commissaire de Montauban était allé plus loin. A un de ses administrés, qui voulait savoir si l'Assemblée Nationale reconnaîtrait, éventuellement, les mandats des députés de la droite, il répondit sans broncher : « Ils n'arriveront pas; car il y a un pont à passer, et au-dessous du pont il y a la Seine » (13).

Après la fin des élections de 1848, les commissaires durent envoyer des rapports sur la marche du

______

(11) *Constitutionnel*, 25 avril 1848.
(12) *Assemblée Nationale*, 22 avril 1848.
(13) *Assemblée Nationale*, 14 avril 1848.

scrutin. La plupart de ces rapports, pour une cause inconnue, ont disparu des Archives. Mais ceux qui y figurent (en nombre très limité) suffisent pour établir, comment les commissaires avaient compris leur mission et quel en avait été le but. Voici, par exemple, le rapport d'un commissaire général en date du 27 avril 1848 :

> Cette lettre vous arrivera probablement lorsque vous avez été instruit du succès que nous avons obtenu — il a été plus complet et nos adversaires sont dans la stupeur de l'imposante majorité obtenue... — J'ai d'après vos ordres, dissimulé autant que possible le but principal que je me proposais.

Emile Olivier écrivait de Marseille, le 29 avril 1848 : « Nous pouvons nous féliciter d'avoir empêché l'élection de Thiers et de Reybaud ; nous avons eu une peine infinie à y arriver » (14).

Mais c'est au commissaire des Hautes-Alpes qu'il a été réservé de préciser dans un rapport qui a survécu à l'autodafé, nous ne savons par quel miracle, combien la candidature officielle était enracinée dans les esprits des représentants de l'idée républicaine et combien la mentalité était pareille pour la gauche et pour la droite.

Ce commissaire raconte avec force détails (15), par quels avatars il a dû passer dans l'exercice de sa mission et comment il avait été « roulé » par ceux-là même en qui il avait entière confiance. La situation dans les Hautes-Alpes se présentait de la façon suivante : lors des élections de 1846, le parti de M. A. avait été battu par le parti de M. D. Arrivant à Gap, le commissaire tint conseil avec les

---

(14) Archives Nationales, Bouches-du-Rhône, 4.
(15) Archives Nationales, 26 et 28 avril 1848.

représentants de l'opposition qui avait succombé aux dernières élections censitaires. On lui expliqua que M. D..., nommé député, avait fait procéder à de multiples révocations de fonctionnaires et que le meilleur moyen de faire triompher la cause républicaine serait de « balancer » tout ce monde-là. Ce qu'il fit. Mais, ce faisant, il ne s'était pas aperçu que tous les nouveaux nommés appartenaient à la coterie de M. A... Le jour des élections fut un jour de désastre complet pour le commissaire-candidat. « Dans une ville où j'avais eu un sous-commissaire et un juge de paix nommés par moi, j'ai eu 58 voix, pas même les voix administratives; sur ces 58 voix, plus de la moitié (30) me furent données par la maison centrale. » Comment un tel fait a-t-il pu se produire ? Après coup, le commissaire se l'explique fort bien. « Les nouveaux venus, amis ou créatures de M. A..., n'ont vu en moi que la doublure de M. A..., et ont pris le mot d'ordre de lui. » Et il poursuit son récit : « M. L., juge de paix révoqué à Chorges, est un homme franchement républicain, rempli de bons et nobles sentiments, généralement aimé et estimé; je l'ai remplacé par un nommé Ch..., ivrogne; j'ai déjà été obligé de le révoquer aussi et son successeur ne vaut pas mieux. » M. G... D... a été révoqué à Savines, son seul crime étant d'avoir été nommé par M. D... « Son successeur est un ivrogne, qui m'a fait de belles protestations et m'a trahi. » Et il conclut : « J'avais été trompé par la lutte des élections de 1846, donnant à une coterie la force qu'elle s'est empressé de tourner contre moi. En prenant pour base de mes destitutions les méfaits électoraux de 1846, c'était A. que je vengeais, mon crédit personnel n'en augmentait pas; A..., au contraire devenait une puissance dont j'étais l'exécuteur des hautes œuvres; c'est là ce qui m'a perdu. »

Ce n'est pas tout. Mettant son âme à nu, le commissaire de la République termine son rapport par une série de mesures à prendre pour que les Hautes-Alpes ne se transforment pas en « bourg pourri » ; ces mesures sont au nombre de deux. Premièrement, « comme aucune de mes nominations n'a paru au *Moniteur*, je vous supplie de demander à votre collègue de la Justice de casser, comme non motivés, mes arrêtés du 22 mars 1848 et du 24 avril 1848... Par le même arrêté, le ministre réintégrera les anciens titulaires ». Secondement, il faut combattre les députés victorieux. « Ils vous sont hostiles personnellement, et je prépare des notes qui pourront, dans la possibilité d'une discussion, vous fournir des arguments *ad hominem* ». En même temps, il faut s'arranger, à Paris de façon à ce que « ces trois députés n'aient aucun crédit dans les différentes administrations ». On se croirait absolument à l'époque de Charles X : « Je serai complètement désarmé, continue-t-il, et tous mes efforts seraient inutiles, si un seul de ces trois députés avait accès dans un ministère quelconque. Il est absolument nécessaire que je sois le maître et non l'instrument de ces députés. »

Tous ces agissements étaient d'une portée d'autant plus sérieuse, que la IIe République avait usé de candidatures de fonctionnaires dans une mesure inconnue à tous les autres régimes, tant avant qu'après 1848.

Les candidatures de fonctionnaires furent innombrables : le ministère de la Guerre en fournit 209, celui de la Justice, 342, celui des Finances, 228, et ainsi de suite ; le total fut de 1.140 aspirants pour 900 places disponibles. Nous n'avons pas pu établir le nombre de commissaires qui se portèrent candidats dans les départements où ils étaient nommés ; le chiffre de 150 fut cité un jour au Corps

Législatif (*Moniteur*, 1869, p. 1504), mais il nous suffira d'indiquer que le nombre de commissaires généraux et commissaires élus par leurs administrés fut de 70 et celui des sous-commissaires portés à l'Assemblée dans les mêmes conditions fut de 20 (16). Ni la Restauration, ni la Monarchie de Juillet n'avaient jamais envoyé au Parlement un seul préfet ou sous-préfet en fonctions.

Beaucoup moins de citations seront nécessaires pour la période de l'Empire, car c'est un fait indéniable que la candidature officielle n'avait jamais autant fleuri en France que sous **Persigny** et ses successeurs. Dès les premières élections, celles de 1852, le ministre de l'Intérieur, tout en interdisant aux préfets de « gêner ou d'embarrasser en quoi que ce soit l'exercice du suffrage universel » (17), et en annonçant que « toutes les candidatures doivent pouvoir se produire sans opposition et sans contrainte », indiquait toutefois, que l'Administration devait « faire connaître aux électeurs de chaque circonscription celui des candidats que le gouvernement juge le plus propre à l'aider dans son œuvre réparatrice ». Car, « il faut que les populations sachent quels sont les amis et quels sont les adversaires plus ou moins déguisés de l'Empire ».

Du reste, la doctrine de l'Empire fut, à ce sujet,

----

(16) Ceci malgré la circulaire du 7 avril 1848 qui interdisait aux commissaires de poser leur candidature dans les départements qui dépendaient d'eux : « Laissez-moi vous dire que vous ajouterez à l'autorité morale des résolutions qu'elles vous inspireront en donnant l'exemple de l'abnégation personnelle et de la réserve dans la recherche des suffrages. Ce serait bien mal comprendre, ce serait abaisser votre mission que de la consacrer à faire réussir votre candidature. Votre dignité en souffrirait autant que le pouvoir de la République » (*Moniteur*, 1848, p. 777).

(17) On verra plus loin comment cette formule se présentait en pratique,

d'une netteté pour ainsi dire mathématique. Le président du Corps Législatif la formulait lui-même en indiquant aux députés les limites du débat sur les invalidations.

> Il est bien établi que l'on examinerait seulement les conditions dans lesquelles les élections s'étaient faites, sans plus s'occuper du droit de candidature du gouvernement. Votre droit est d'examiner ces conditions ; mais le droit du gouvernement de choisir les candidats est un droit écrit dans la loi elle-même ; par conséquent, vous ne pouvez pas l'attaquer sans attaquer un principe (*Moniteur*, 1863, p. 1434).

La candidature officielle était considérée par l'Empire comme une institution légale. Elle avait ses idéologues et ses théoriciens. M. Dupont White, qui avait essayé, en 1869, de la combattre par des arguments autres que ceux des républicains, a fort bien résumé la doctrine latente de la candidature officielle.

> 1° Le Gouvernement connaît l'opinion ; il la connaît par ses fonctionnaires ; il n'a pas besoin d'un renseignement tel que le fracas et le tumulte d'élections livrées à elles-mêmes :
>
> 2° Avec des élections libres, le Gouvernement connaîtrait non pas l'opinion, mais les partis ;
>
> 3° Comment le pouvoir renoncerait-il à ses candidats, quand il vient d'accorder à ses adversaires le droit des journaux et le droit de réunion ?
>
> 4° Il faut prévoir ce que pourraît être une assemblée librement élue et les périls, les complications qu'elle apporterait au lieu de remèdes ;
>
> 5° La liberté électorale peut-elle être un expédient ? Pratiquée une fois, ne restera-t-elle pas dans les mœurs, ne s'imposera-t-elle pas à l'avenir? (*Les Candidatures Officielles*, Paris, 1868, Lb 56, 2086).

La Troisième République a débuté, dans la question des candidatures officielles, par des hésitations que l'on ne peut expliquer que par les événements graves qui se déroulaient alors. Gambetta télégraphiait au préfet de Marseille le 3 février 1871 : « Il nous faut subir les élections comme nous avons subi l'armistice... Faisons donc les élections; soyons tous les deux ensemble les élus de Marseille avec d'autres de nos amis. » Au préfet du Tarn, il enjoignait de recommander « à nos amis et aux suffrages des concitoyens » la candidature du général de division Jaurès qui pourrait être « un précieux auxiliaire pour le gouvernement de la défense nationale » **(18)**.

M. Spuller parlait au préfet de la Haute-Marne dans des termes analogues: « Dans les départements envahis, ce sont les maires des villes chefs-lieux qui font fonctions de préfets; mais cela ne veut pas dire que les préfets n'ont pas le droit de se mêler des élections » (Bordeaux, 3 février 1871). Et il ajoutait dans un autre document : « Il faut que la Chambre soit républicaine; il le faut et naturellement, du moment où il le faut, on emploie tous les moyens nécessaires » (*Journal Officiel*, 1876, p. 4944, contesté).

Les agents subalternes abondaient dans le même sens. Ainsi, M. Roche, secrétaire général, télégraphiait de Privas au directeur de la Sûreté publique : « Mon préfet répugne à agir d'urgence avec vigueur; il a des scrupules de conscience; envoyez-lui donc d'urgence des instructions vigoureuses; si le préfet n'est pas à poigne, les républicains seront certainement enfoncés » (Privas, 30 janvier 1871).

Mais les instructions générales données par M. Herold, ministre de l'Intérieur, au moment même

---

(18) *Journal Officiel*, 1877, p. 7414,

des élections, sont rédigées dans des termes irréprochables : « Le gouvernement n'a pas de candidats à recommander ; le temps des candidatures officielles est passé ; le gouvernement se borne à vous dire : choisissez les hommes les plus considérés, les plus indépendants. » M. de Fourtou revient aux anciens errements : « Le Gouvernement n'a pas seulement le droit, il a le devoir de faire connaître au corps électoral les candidats qui soutiennent et les candidats qui combattent sa politique. »

Et le maréchal Mac-Mahon lui-même imitait Charles X : « Vous voterez pour les candidats que je recommande à vos libres suffrages. »

LES CANDIDATS

La campagne électorale commence par la désignation du candidat chargé de représenter les couleurs du Gouvernement. C'est sous l'Empire que le choix des futurs candidats se faisait le plus aisément. Point n'était besoin d'appartenir à un parti, de se faire porter par un comité électoral, d'avoir un programme ou une profession de foi... On postulait un siège au Corps Législatif comme on demande actuellement un bureau de tabac. On s'adressait au ministre de l'Intérieur ou, mieux encore, à l'Empereur lui-même.

« Sire, écrivait la fille d'un général retraité, il y a huit mois, Sa Majesté avait daigné me promettre de trouver une combinaison qui fût une compensation à la mise en disponibilité d'un soldat encore plein de vigueur (19). Depuis huit mois, confiants en les paroles de Sa Majesté, nous attendons, Sire, la décision de son cœur et de sa justice ». Or, il

(19) Archives Nationales, Mlle d'Alphonse à Empereur, 9 novembre 1854, Cher, 5.

vient de se produire une « place vacante » dans le département du Cher : justement, le général estime qu'un siège au Corps Législatif ferait son affaire, etc...

Un autre ancien militaire a lu dans le journal que parmi les candidats du gouvernement figuraient « cinq généraux de brigade comme moi »; alors, « je me suis dit, pourquoi je n'aurai pas la prétention d'être candidat aussi » (20).

Aux considérations personnelles s'ajoutent les influences de personnages. Le général Peyssard, directeur du personnel au ministère de la Guerre, écrit au ministre de l'Intérieur, le 19 avril 1854, que le colonel Paris, retraité, lui paraît tout indiqué pour reprendre la place laissée vacante par de Montalembert : et, pour expliquer cette démarche, il ajoute que le colonel « est à la fois mon oncle et mon père adoptif » (21).

Le général Comte de Goyon, aide de camp du Prince Président, recommande, le 13 juillet 1852, un candidat qui est « mon cousin-germain, fils du frère de ma mère », et indique qu'il se « porte complètement garant » de ce demandeur. Bien entendu le moindre mot approbatif émanant, même indirectement, de l'empereur constitue un gage certain de succès aux élections : des aides de camp abordent le chef d'Etat pendant ses promenades « à cheval » et informent le ministre de l'Intérieur que Sa Majesté « serait enchantée si M. Achille de Clésieux réussissait dans le département des Côtes-du-Nord », car la nomination de M. Clésieux « serait un excellent choix » (22).

L'avocat Cauvain a vu sa demande repoussée en 1852 par l'entremise du secrétaire de l'empereur;

___

(20) Archives Nationales, Yonne, 5, 30 octobre 1853.
(21) Archives Nationales, Doubs, 5.
(22) Archives Nationales, Côtes-du-Nord, 5.

mais « les termes bienveillants de cette réponse dans laquelle Sa Majesté daignait me faire exprimer son regret » étaient tels que M. Cauvain n'hésite pas à renouveler sa demande en 1853, estimant son élection d'ores et déjà assurée (23).

La plupart de ces candidats improvisés ne se soucient même pas de formuler le moindre programme. Le dévouement, — « sans arrière-pensée », ajoutent quelques-uns, — au monarque, « l'amour immuable et invariable pour le Prince », la fidélité à la dynastie ne suffisent-ils pas à légitimer le désir de devenir député ?

Les sentiments nourris à l'adresse de Napoléon doivent être des sentiments de dévotion *personnelle* : soit servilité, soit désir de raffermir le côté purement personnel du pouvoir, les préfets insistent pour obtenir des « déclarations franches et sans réserves de dévouement non pas seulement au président, mais à la personne de Louis-Napoléon » (24). « Il convient que le candidat se dessine nettement dans sa profession de foi et qu'il y déclare franchement ses sympathies personnelles pour l'Empereur » (25).

« Si un dévouement énergique et sans bornes au Prince suffit à toutes choses, écrit un candidat de Montélimar (26), ma conscience me dit qu'à ce sujet je ne dois céder à personne. » Un autre candidat, qui aimerait à se présenter « soit au Calvados, soit dans tout autre département où je pourrais vous servir d'obstacle à un opposant », se montre encore plus modeste : « Homme nouveau, n'ayant

---

(23) Archives Nationales, Yonne, 5, 27 octobre 1853.

(24) Préfet de Loir-et-Cher, Archives Nationales, 26 juillet 1852.

(25) Archives Nationales, Préfet de la Vendée, 17 juin 1853.

(26) Archives Nationales ; Roux de Saint-Paul au ministre de l'Intérieur, 29 janvier 1852.

jamais rempli aucun emploi public, je suis propriétaire, ancien associé d'agent de change et connu depuis mon enfance de M. le Maréchal Exelmans » (27). Enfin, M. Colleville se montre tout à fait humble : « Il ne m'appartient pas de faire valoir les droits que je puis avoir à la confiance publique; je m'en rapporte entièrement à cet égard à l'appréciation de Monsieur le Préfet » (28).

Ceux qui croient devoir faire intervenir des considérations politiques le font avec une gaucherie déconcertante. Le Comte de la Châtre est bref : « Il m'est permis d'espérer que le gouvernement de l'Empereur aura compris le sentiment qui a porté un homme de mon nom et de ma situation à demander une place au Corps Législatif » (29).

« Avoir fait partie de la Maison du roi de Hollande, avoir servi dans la garde impériale et lutté contre M. Duvergier de Hauranne et ses idées parlementaires, sont mes titres », annonce le général de Durante (30). « Je suis trop dévoué au Prince Napoléon pour faire quelque chose qui puisse contraindre ses vues : donc, je mérite d'être porté candidat », ajoute-t-il.

D'autres militaires sont plus explicites. C'est ainsi que nous trouvons dans le dossier Cher, 5, (31), une longue série de documents fournis par le colonel J. M... En voici les plus importants : 1° Une liste de brochures militaires publiées par le colonel et lui ayant valu des témoignages de satisfaction « dont il est porteur »; 2° Une lettre de remerciements de la Junte de Séville pour témoi-

<hr>

(27) Baron d'Arnaud au ministre de l'Intérieur, 29 décembre 1831, Archives Nationales.

(28) Archives Nationales, Calvados, 6, 5 février 1852.

(29) Archives Nationales, Yonne, 5, 22 janvier 1854.

(30) Archives Nationales, Général de Durante au ministre de l'Intérieur 19 janvier 1852.

(31) Archives Nationales.

gner au colonel « tous ses regrets au moment où
elle va le perdre » ; 3° Une espèce de *curriculum
vitæ* qui indique que le colonel « a une droiture de
langage franc et énergique » de sorte que s'il avait
à se rencontrer avec des rouges, « il aurait la cer-
titude d'en être respecté et écouté, et de les ramener ; sans formuler aucun blâme sur la classe des
riches et de la haute noblesse du département, aucun d'eux n'oserait affronter un rassemblement » ;
4° Une grande médaille d'or que l'impératrice a
donnée au colonel ; 5° Une épée que le colonel avait
reçue (en la préférant à d'autres « beaucoup plus
riches ») de la veuve du général Rapp et dont l'histoire avait été contée tout au long dans la « Chro-
nique de Paris », tirage à part sur papier de luxe
ci-joint.

Le ministre, visiblement frappé par tant de titres, inclinait déjà à porter ses préférences sur le
colonel ; mais le préfet lui fit savoir que le colonel
J. M... avait répandu dans le département une bio-
graphie « qui l'a couvert de ridicule » (32). On
chercha à se procurer des renseignements supplémentaires. C'est la Sûreté générale qui fut chargée
de cette mission délicate. Voici le rapport qui fut
remis quelques semaines plus tard au ministre :

> Il est séparé d'avec sa femme depuis très long-
> temps. Elle est d'origine espagnole. Elle a fait, il
> y a un an d'environ, un voyage à Paris, et elle a
> été reçue par son mari, chez lequel elle est descen-
> due et où elle a demeuré un mois. Il l'a ensuite
> reconduite à Bayonne ou à Barcelone. M. M. a
> une maîtresse qui demeure rue Fontaine-St-Geor-
> ges, 25. Cette femme, déjà âgée, exerce sur lui une
> grande influence. Il prend ses repas chez elle et
> l'on dit qu'elle le nourrit fort mal... M. M. n'a pas

-----

(32) Préfet du Cher à ministre de l'Intérieur, 8 décembre 1856.

de fortune. Il n'a qu'un domestique et ne reçoit jamais personne à dîner. Il fait quelquefois voyage en Angleterre (Archives Nationales, fiche, Cher 5).

Il ne fut plus question de la candidature du colonel J. M...

LA MISE EN MOUVEMENT DES FONCTIONNAIRES

En désignant les candidats, on procédait à la préparation des troupes qui devaient prendre le scrutin d'assaut. A l'approche des élections, des coupes sombres étaient faites dans tout le personnel administratif des départements peu sûrs.

Le mauvais exemple avait été donné par la IIe République. L'épuration du personnel après une révolution victorieuse est une mesure qui est de rigueur. « Je n'impose pas, je conseille, disait le commissaire de la Vendée : loin de corrompre, j'épure » (33). Mais cette épuration coïncidait avec l'époque des élections, et la limite entre l'épuration des fonctionnaires, réactionnaires et la nomination d'amis politiques pouvant voter selon les indications du commissaire n'est pas facile à tracer. Voici le jugement que porte un commissaire sur l'œuvre d'un autre commissaire envoyé en Corse :

> A mon arrivée à Ajaccio, jeudi 13 avril dernier, j'avais espéré trouver le terrain déjà préparé par le citoyen commissaire et le citoyen procureur général pour faire fructifier le germe républicain dans toute sa pureté. Quelle ne fut pas ma surprise en voyant qu'ils n'avaient rien fait.
>
> Je me trompe.
>
> Ils avaient largement usé en faveur de leur propre candidature de tous les moyens d'influence

___

(33) *Le commissaire du Gouvernement de la République... à ses concitoyens*, Lb 53, 1233.

que leur donnait la haute position qu'ils tiennent de la République... Ils avaient conservé tous les fonctionnaires amovibles ; et pour se créer d'autres chances favorables dans la lutte électorale ils avaient promis ces mêmes fonctions aux aspirants, qui paraissaient offrir plus de garantie de succès (Archives Nationales, Corse, 5 avril 1848).

Nous nous bornerons à citer un rapport qui constitue un aveu. Dans la Moselle, le commissaire général politique « convoquait le premier président et le procureur général et procédait, d'accord avec eux », à des révocations en masse, car « les décisions supérieures se feront probablement attendre trop longtemps » et « le retard dans les révocations pourrait nuire à la bonne direction de l'esprit public » (34).

Dans le département de l'Hérault, 140 maires furent révoqués pendant la période électorale, révoqués par le commissaire général, candidat lui-même (35). Dans le Puy-de-Dôme, le commissaire se vantait d'avoir « terminé l'organisation de l'arrondissement d'Ambert » : « J'ai révoqué la plupart des juges de paix et les deux tiers des maires et adjoints. »

Mais les véritables hécatombes de fonctionnaires n'apparaissent que sous l'Empire et sous le régime de Mac-Mahon. Les révocations se multiplient d'une manière cynique. Le préfet du Morbihan écrivait à un des maires le 31 août 1877 : « Je viens de procéder à l'installation de M. Leddet nommé sous-préfet à Pontivy par décret du 25 août... Il aura à soutenir, devant les populations de son arrondissement, la candidature de M. de Mun, élu déjà deux fois député de Pontivy » (36).

----

(34) *Journal Officiel*, 1870, p. 301.
(35) *Moniteur*, 1869, p. 1504.
(36) *Journal Officiel*, 1878, p. 10670.

En 1853, le sous-préfet de Villefranche envoyait au ministre de l'Intérieur un rapport qui commençait par ces mots : « En m'envoyant dans l'arrondissement de Villefranche, vous m'avez confié la mission toute spéciale d'y faire triompher la candidature de M. Chevalier » (37).

Vingt ans plus tard, un autre procédé est employé pour obtenir le même résultat. A Bressuire, le sous-préfet avait été révoqué au lendemain du 16 mai : le candidat officiel, M. de la Rochejacquelin, obtient sa réintégration et le lui fait savoir par une dépêche particulière qui est « lancée avant toute information officielle, afin que le sous-préfet n'ignore point à qui il doit son poste » (38). De même, en 1877, en Corse, le préfet n'apprenait les nominations qu'après les intéressés eux-mêmes : « tout se faisait à Paris où se tenait M. Gavini, et quand M. Gavini avait obtenu une nomination, il ne prenait pas la peine d'en informer le premier magistrat de l'île » (39).

Les municipalités sont balayées par dizaines. Dans l'arrondissement de Limoux, en 1877, sept conseils municipaux sont dissous (40). A Orange, à la même époque, toutes les municipalités sauf deux (pour lesquelles on n'avait pas trouvé de remplaçants) sont frappées (41). Les fonctions de commissaires municipaux sont confiées à des gens « que le suffrage universel avait toujours repoussés », parfois, faute de mieux, à des pensionnés du bureau de bienfaisance. Le préfet de la Vendée écrivait au sous-préfet de Fontenay : « Faites venir secrète-

---

(37) Archives Nationales, 24 juillet 1853.
(38) *Journal Officiel*, 1878, p. 10624.
(39) *Journal Officiel*, 1878, p. 4647.
(40) *Journal Officiel*, 1878, p. 561.
(41) *Journal Officiel*, 1878, p. 1211.

ment et adroitement le curé et entendez-vous avec lui pour avoir les noms de 7 individus même inintelligents et impopulaires avec lesquels nous ferons une commission municipale » (42).

Les maires suivaient le sort des municipalités. En 1877, dans l'arrondissement d'Uzès seul, 29 maires et 29 adjoints sont révoqués (43). L'obéissance passive des maires et leur « devoir » de travailler pour les préfets étaient considérés comme une chose naturelle : en 1869, le maire de Saint-Amand, M. B... se permit d'avouer sa sympathie pour le candidat républicain ; cette incartade parut au préfet tellement incroyable, qu'il manda le médecin en chef de l'hospice de Niort de se rendre immédiatement auprès de M. B... et de s'assurer de l'état de ses facultés mentales (44).

Pour les maires, on ne s'en tenait même pas aux formes prescrites par la loi. Le préfet de la Vendée télégraphiait au ministre de l'Intérieur qu'il désire « une fois pour toutes » être autorisé à suspendre, « pour garantir la liberté et la sincérité du scrutin » tous les maires et adjoints de son département. M. de Fourtou se déssaisit d'un droit qui appartenait à lui seul : « Suspendez sans motiver votre arrêté ; j'autorise par avance les mesures analogues qui vous paraîtraient nécessaires en ce qui concerne les maires et les adjoints » (45).

En 1850, le sous-préfet de Bergerac, avait fait procéder purement et simplement à de nouvelles élections municipales à un moment où le conseil municipal était encore en fonctions « parce qu'il y avait danger pour les élections prochaines du con-

---

(42) *Journal Officiel*, 1878, p. 10157.
(43) *Journal Officiel*, 1878, p. 2776.
(44) *Moniteur*, 1869, p. 1573.
(45) *Journal Officiel*, 1878, p. 10154.

seil général » (46). Le ministre de l'Intérieur, après avoir lu son rapport, se contenta d'apostiller en marge : « C'est un peu fort; mais puisque c'est fait... »

Bien entendu, ces mesures n'étaient prises qu'après accord avec le candidat officiel de la circonscription. « M. Alfred de Roux était d'abord, écrit le préfet de la Vendée, assez opposé aux mesures de ce genre; mais il voit maintenant, comme moi, que plusieurs communes lui échapperont si on y laisse la présidence du scrutin à des ennemis déclarés » (47). En cas d' « urgence », le préfet ne se gênait pas de révoquer le maire ou l'adjoint pendant le scrutin en lui faisant quitter le fauteuil de président devant les électeurs assemblés (incident à Vix, en 1877) : l'exprès porteur de l'arrêt de destitution était arrivé « bride abattue » (*Journal Officiel*, 1878, p. 5950).

Après les maires, venaient les instituteurs. Voici la dépêche que le préfet de la Charente-Inférieure envoyait à tous les sous-préfets : « Adressez-moi par courrier de ce soir l'état des instituteurs dont vous demandez le déplacement, en m'indiquant séparément ceux dont le déplacement doit être fait avant ou après les élections » (48). Selon l'avis de l'académie, la révocation de 59 instituteurs, « dont les notes, au point de vue scolaire, étaient irréprochables », avait compromis l'ensemble de l'enseignement primaire dans le département : « Au total c'est une année perdue pour les écoles du dépar-

---

(46) Archives Nationales, 20 novembre 1850.
(47) *Journal Officiel*, 1878, p. 10156. Voir dépêche du préfet des Deux-Sèvres au sous-préfet de Bressuire : « Entendez-vous avec le marquis sur l'opportunité de la révocation urgente de Bernard (maire) », *Journal Officiel*, 1878, p. 10625.
(48) *Journal Officiel*, 1878, p. 5390.

tement ». Le conseil général de l'Aude avait dû voter, en 1877, une subvention de 5.000 fr., afin de boucher les trous faits dans les budgets modestes des instituteurs « transplantés » (49).

L'ensemble de ces déplacements d'instituteurs se faisait, en règle générale, selon les indications des candidats officiels ou de leurs agents électoraux. Les dossiers de la préfecture de la Haute-Loire contiennent trois lettres adressées, coup sur coup, au préfet, par M. Vinay, candidat du maréchal, pour demander la révocation de M. Barthélemy, instituteur à Arlempdes, qui aurait eu l'audace de dire à sa femme qu'il « était engagé avec le parti républicain jusqu'à la tête coupée ». Malgré l'avis contraire de l'inspecteur d'académie, M. Barthélemy fut révoqué (50).

La magistrature n'échappait pas à la règle générale. Pour préparer l'élection de M. de Fourtou à Riberac, le ministre de la Justice procéda à un mouvement judiciaire; le président du tribunal de Riberac fut nommé conseiller à la Cour de Caen; le procureur de la République passa vice-président au tribunal de Limoges; le juge d'instruction reçut aussi de l'avancement et fut remplacé par le « cousin germain » du candidat officiel (51). Le préfet de l'Eure se plaignait amèrement de l'impossibilité dans laquelle il se trouvait d'imposer sa volonté aux magistrats inamovibles qui « ne témoignent pas la plus simple déférence au Gouvernement » et qui « trouvent dans le caractère même de leurs fonctions un avantage dont ils profitent aux yeux de la population »; il déclinait donc toute responsabilité en ce qui concerne les élections et cela tant

____

(49) *Journal Officiel*, 1878, p. 356.
(50) *Journal Officiel* 1878, p. 5686.
(51) *Journal Officiel*, 1878, p. 10588.

que « ces faits n'auront pas été signalés à M. le
ministre de la Justice » (52).

Les juges de paix étaient plus spécialement visés
par les préfets à cause du rôle important qui leur
était dévolu pendant les élections (53). Dès 1870,
nous trouvons une dépêche d'un préfet ainsi conçue : « La fixation des grandes élections rend indispensable la révocation des juges de paix dont
les noms suivent » (54). M. Crémieux se vantait
d'avoir « fauché 600 juges de paix ».

Les fonctionnaires appartenant à d'autres services étaient plus rarement touchés par les hécatombes électorales : mais le principe était le même
pour tout le monde. Aux élections de 1877, M. d'Arras accepta de poser sa candidature à Dunkerque
à la condition expresse que M. Plocq, ingénieur en
chef du port maritime, fût déplacé (il avait le malheur d'être l'ami intime du candidat républicain).
Vingt-neuf ans de services à Dunkerque avaient
fait de M. Plocq le plus grand spécialiste du commerce maritime de la région. On ne pouvait pas le
renvoyer comme un obscur maire. Tout un écha-
faudage est donc construit pour donner satisfaction
à M. d'Arras. Le ministre des Travaux publics
trouve soudainement qu'il lui faut envoyer quelqu'un pour étudier sur place « les procédés sagement économiques et pratiques du commerce et de
l'industrie maritime en Angleterre, en Belgique et

---

(52) Archives Nationales, préfet de l'Eure au ministre
de l'Intérieur, 30 juillet 1852.

(53) Jusqu'où peut aller un juge de paix qui sait que
sa situation dépend du résultat d'un scrutin ? En 1869,
le juge de paix d'Argenton-Château, avait sermonné pendant une demi-heure un électeur qui ne voulait pas voter
pour le candidat officiel. Ensuite, il l'a « congédié comme
un homme dangereux, en disant que s'il se présentait au
tribunal il serait condamné au maximum ». *Moniteur*,
1869, p. 1574.

(54) *Journal Officiel*, 1878, p. 5674.

en Hollande ». Dans toute la France, M. Plocq est seul qualifié pour faire un travail de cette importance intéressant tout l'avenir « des voies ferrées, grues et engins divers desservant les ports ». Il est donc relevé de ses fonctions à Dunkerque et envoyé en mission à l'étranger. Mais cela n'est pas tout. Le bruit se répand à Dunkerque qu'un spécialiste de cette envergure ne peut pas disparaître définitivement; que son éloignement de Dunkerque n'est que momentané et qu'il reviendra après les élections. Le sous-préfet télégraphie donc : « Il est urgent que la nomination de son successeur soit connue immédiatement. » Le préfet répond : « Vous pouvez affirmer que M. l'ingénieur en chef de Dunkerque a son déplacement et non pas un congé. » Et le successeur arrive bien avant la date des élections (55).

Dans le Tarn-et-Garonne, en 1877, le personnel du service des épizooties était soupçonné d'entretenir des relations avec les républicains. Quelques jours avant les élections, les six vétérinaires du département furent révoqués (56). Après les élections partielles de 1850, des officiers furent mis en non-activité, des soldats, des régiments entiers envoyés en Afrique pour avoir voté contre le gouvernement; on connaît la protestation du général de Lamoricière (57).

Pour que l'on puisse se faire une idée approximative de l'ampleur que prenaient ces révocations et nominations électorales, nous allons citer la liste se rapportant aux élections de 1877 et à la ville de Corte (5.000 habitants à cette époque).

---

(55) *Journal Officiel*, 1878, p. 5948.
(56) *Journal Officiel*, 1878, p. 5001.
(57) **Hamel, p. 427.**

1° Sous-préfet, mis en disponibilité ;

2° Maire et conseiller général, révoqués ;

3° Adjoint du maire, révoqué ;

4° Secrétaire de la mairie, révoqué ;

5° Procureur de la République, révoqué ;

6° Juge de paix, 16 ans de service, révoqué ;

7° Commissaire de police, chevalier de la Légion d'Honneur, envoyé à un poste inférieur ;

8° Agent de ville, médaille militaire, révoqué ;

9° Brigadier de gendarmerie, 25 ans de service, 18 campagnes, 12 citations, Légion d'Honneur, envoyé à un poste inférieur ;

10° Receveur des postes, révoqué ;

11° Directeur du télégraphe, envoyé comme commis à Paris ;

12° Entreposeur des poudres et tabacs, révoqué ;

13° Agent voyer, envoyé à un poste inférieur ;

14° Gardien en chef de la prison, 16 ans de service, révoqué ;

15° Médecin de la prison, le seul docteur en médecine de la ville, révoqué et remplacé par un octogénaire, officier de santé ;

16° Quatre gardes champêtres révoqués ;

17° On a voulu aussi révoquer le fossoyeur communal, mais on s'est aperçu qu'il n'exerçait son métier que comme adjudicataire (58).

Quand on sentait que les nominations officielles ne suffisaient pas, on renforçait le personnel de l'arrondissement par des agents *ad hoc*, sans position bien déterminée, mais d'autant plus puissants et redoutés. En Dordogne, en 1877, M. de Fourtou confie les intérêts de sa candidature à un nommé Henri Duchêne, se disant journaliste et chargé « de défendre la plume à la main » le ministre-candidat. En réalité, M. Duchêne « se donnait un grand mouvement dans les bureaux de la sous-préfecture et s'imposait à tous les employés ; il donnait des or-

---

(58) *Journal Officiel*, 1878, p. 4674.

dres dans toutes les communes qu'il traversait et il obsédait M. le sous-préfet lui-même » (59).

Ces missions secrètes étaient souvent confiées aux personnes choisies sur place : faute de mieux, on prenait des individus tarés. C'est ainsi qu'un préfet s'apercevait soudainement que le ministre des Affaires étrangères ne pouvait passer sans l'appui d'un certain M. de L..., qui « a la fibre électorale » et « le tempérament nécessaire ». Par malheur, M. de L... vient d'être condamné par le tribunal de première instance à 500 fr. d'amende pour exercice illégal de la médecine et à 400 fr. pour usurpation de titres. « Ce malheureux arrêt, informe-t-il le garde des sceaux, a produit l'effet d'un coup de foudre ; rien ne pouvait être plus mauvais pour nous, et certes il aurait été préférable de ne pas gagner en première instance... cet arrêt me fait du mal même dans l'autre circonscription du Puy ». Le préfet prend donc les mesures nécessaires « pour réparer le mal ». Il informe le premier président de la Cour de Riom que « M. le Garde des Sceaux m'écrit hier une lettre tout entière de sa main » pour demander que l'affaire qui devait venir « demain » en appel fut renvoyée après les vacances : « Je n'ai pas une profonde estime pour ce pseudo-docteur mais il paraît que, grâce à ses attitudes de charlatan, il entraîne un certain nombre d'électeurs ». Le premier président répond par la dépêche suivante : « Affaire à laquelle se rapporte votre dépêche est renvoyée après les vacances » (60).

A la même époque et pour les mêmes motifs, toutes les poursuites disciplinaires contre M. F..., notaire à Puget, accusé de « faute grave dans l'exercice de son ministère » furent suspendues, et cela conformément à une dépêche du ministre de

---

(59) *Journal Officiel*, 1878, p. 10588.
(60) *Journal Officiel*, 1878, p. 10463-10464.

la Justice : « Donnez à votre substitut instructions pour faire remettre après les vacances jugement disciplinaire contre F... (61).

Il n'y avait pas besoin d'être ministre pour prétendre imposer aux autorités des forfaitures de ce genre. M. P. de Cassagnac, considérant que la réintégration à Monsencône d'un instituteur révoqué (parce qu'il n'avait pas de brevet) lui ferait gagner « au moins trente voix », exigeait du préfet l'annulation de la mesure prise par l'inspecteur de l'académie : « les beaux raisonnements de M. Frémy (l'inspecteur) ne doivent pas me faire perdre cet appoint » (62).

Le travail de ces émissaires était entouré de grandes précautions propres à rendre impossible tout contrôle postérieur. Les émissaires du duc Decazes étaient munis d'un chiffre personnel que la Commission de la Chambre chargée de l'enquête de 1878 n'a jamais pu mettre au clair (63). M. de Fourtou ayant été mis en minorité aux élections de 1877, expédia immédiatement des personnes de confiance lequelles, porteurs d'un « pli cacheté du ministre », devaient rapporter l'ensemble des pièces compromettantes pouvant se trouver dans les préfectures (64).

Ainsi commençait la campagne électorale, le personnel administratif étant trié sur le volet.

Les fonctionnaires n'ignoraient d'ailleurs pas le sort qui les attendait à la moindre défaillance.

La tradition des sanctions à appliquer aux fonctionnaires mal votants avait été léguée par la IIe République. « Nous avons été battus complèttement (sic), annonçait le commissaire du gouvernement

(61) *Journal Officiel*, 1878, p. 11507.
(62) *Journal Officiel*, 1878, p. 10268.
(63) *Journal Officiel*, 1878, p. 10506.
(64) *Journal Officiel*, 1878, p. 10593.

provisoire envoyé dans les Basses-Alpes: n'aurions-nous donc renversé un gouvernement qui déshonorait la France que pour voir se renouveler de pareils faits? Il faut que justice soit faite, et dès que je serai de retour du voyage, je vous soumettrai quelques noms dans les hauts fonctionnaires des finances qu'il convient de ne pas laisser à leurs postes » (65).

Sous l'Empire, la tendance s'accentue. Le préfet lance une circulaire *non confidentielle* aux juges de paix, au receveur général, à l'ingénieur en chef, au directeur des contributions directes, au directeur des contributions indirectes au directeur du domaine, au conservateur des forêts, à l'inspecteur des postes et au recteur : tous les agents placés sous les ordres de ces fonctionnaires doivent voter comme un seul homme; « si vous rencontrez des résistances hostiles ou malveillantes, je vous serai obligé de me les signaler pour que je puisse en faire bonne justice » (66). En 1861, le préfet du Haut-Rhin envoyait une circulaire dans laquelle il menaçait de destituer tous les maires qui ne feront pas voter et ne voteront pas eux-mêmes pour les candidats du gouvernement (67). A la même époque, l'inspecteur des postes de Loir-et-Cher avait adressé à tous les agents placés sous ses ordres une circulaire portant que ceux qui ne voteraient pas pour le candidat de l'administration s'exposeraient à toutes les conséquences de leur opposition. Le Conseil d'Etat reconnut que les termes de cette circulaire étaient « blâmables », mais que point n'était besoin de casser l'élection (68).

---

(65) Archives Nationales, 27 avril 1848, Basses-Alpes, 4.
(66) Archives Nationales, Haute-Marne, 4, 11 novembre 1852.
(67) *Moniteur*, 1862, p. 335.
(68) Conseil d'Etat, 1862, p. 504-505.

Pour la III⁰ République, nous ne citerons que deux documents.

Dans la commune de Tiaret, le maire placardait, lors des élections municipales de 1877, une affiche où il « menaçait de dénoncer télégraphiquement au gouverneur général les fonctionnaires qui font de la propagande d'une façon même blessante pour certaines autorités ». Le Conseil d'Etat trouva cette affiche toute naturelle et se refusa à casser l'élection (69).

En 1877, le procureur de la République de Cosne fut mandé chez le procureur général qui lui fit grief d'avoir des opinions peu sûres, d'entretenir des « relations compromettantes » et, de plus, d'avoir fait preuve d'une sympathie inopportune « en gardant chez lui les effets » d'un candidat de l'opposition (70). Après de telles conversations entre procureur et procureur général, on est enclin à admettre que le rapporteur de la Chambre n'avait rien exagéré en prétendant qu'un commissaire de police avait été révoqué pour cette seule raison que le candidat de l'opposition, l'ayant pris pour un de ses amis, lui avait serré la main dans la rue, quelques jours avant le scrutin (71).

Les menaces n'étaient pas de vaines paroles. Au moindre soupçon de résistance, la carrière du fonctionnaire était impitoyablement brisée. Le maire de Calmont « se permettait le colportage de livres immoraux entachés de socialisme et il a voté pour le candidat rouge ». Destitué! (72) Quand on ne pouvait pas arguer des livres immoraux, on se con-

---

(69) Conseil d'Etat 1879, p. 95-96.
(70) *Journal Officiel*, 1878, p. 10584.
(71) *Journal Officiel*, 1878, p. 1012.
(72) Archives Nationales, Haute-Garonne, Ministre de l'Intérieur au préfet, 11 mars 1850.

tentait de motifs fantaisistes. Le préfet de la Haute-Marne avait révoqué un maire pour les raisons suivantes : « 1° sa partialité est notoire ; 2° sa conduite comme administrateur est blâmable ; 3° il entrave l'action régulière de l'autorité supérieure ; et 4° il est une cause de division dans la commune » (73).

LES INSTRUCTIONS PRÉFECTORALES

Le personnel administratif ayant été organisé en vue de la lutte prochaine, des instructions détaillées lui tracent son devoir pour la campagne et le scrutin.

Il est inutile de citer les textes des instructions innombrables que les préfets recevaient du ministre pendant la période électorale. N'avons-nous pas l'aveu ingénu du préfet de la Haute-Garonne qui, après avoir cité la *Réforme* de Toulouse (ce journal affirmait que « M. Dufaure, ministre intérimaire de l'Intérieur, vient d'adresser aux préfets une circulaire leur recommandant la neutralité la plus absolue ») ajoutait ces mots :

« Cette nouvelle ne repose sur aucun fondement » (74).

Le préfet était responsable du résultat des élections. Un de ces fonctionnaires, révoqué pour avoir perdu la sienne, faisait valoir au ministre, son passé, sa longue carrière. « Il n'y a qu'un jour tous les six ans, répondit le ministre, où je puisse apprécier vos états de service : c'est le jour du vote ! » Cette anecdote semblerait inventée, si une circulaire aux maires du département de l'Aude

---

(73) Archives Nationales, Haute-Marne, 4, 29 mars 1850.
(74) *Journal Officiel*, 1876, p. 2000.

(75) ne disait pas textuellement : « *Les élections générales fournissent au gouvernement le moyen d'apprécier l'influence et le dévouement des hommes qu'il associe à son action* ». « Monsieur l'instituteur, répondait le sous-préfet de Lodève, je ne demande pas mieux que de croire à vos sentiments conservateurs... Votre attitude pendant la période électorale les confirmera, je l'espère et je serai heureux de revenir sur les impressions mauvaises que j'avais ressenties à votre sujet » (76).

« Il faut imposer le bien », voici le programme avec lequel M. Doncieux, nommé préfet à Avignon, débutait devant le conseil général en 1874 (77). Tous les moyens sont bons pour ce nouvel *impelle intrare*. Aucun zèle ne sera superflu. Du reste, le mépris que les préfets manifestaient à l'égard des opinions politiques de leurs administrés était souverain. « Le bas-alpin, écrivait le préfet au ministre de l'Intérieur, a besoin d'être mené; il me suit comme le mouton le berger; mais, plus de berger, plus de troupeau; que je laisse les élections et tout ira à la diable; il faut absolument que je les fasse. »

Chaque catégorie d'agents subalternes reçoit de son chef hiérarchique des instructions détaillées.

Le préfet rappelle aux maires que « le gouvernement demande à tous les fonctionnaires publics de se souvenir, conformément au serment qu'ils ont prêté, qu'ils doivent à l'Empire le concours de toute leur influence » (79).

Le Conseil d'Etat estime *que ces instructions sont parfaitement légitimes.* « Considérant qu'en

---

(75) *Courrier de l'Aude,* 26 mai 1863.
(76) *Journal Officiel,* 1878, p. 6047.
(77) *Journal Officiel,* 1876, p. 3488.
(78) Archives Nationales, 9 juillet 1852.
(79) Préfet Ille-et-Vilaine, 16 mai 1863,

adressant une circulaire aux maires des communes
du canton de Beaumont-le-Roger pour leur recommander la candidature du sieur de Boisgelin, le
préfet de l'Eure a usé du droit qui lui appartient...
Rejette « (Cons. d'Etat, 1868, p. 662).

L'agent-voyer en chef des Hautes-Alpes reçoit
du préfet une lettre (25 mars 1869 : *Moniteur*, 1869,
p. 1538) le priant « d'informer de la candidature
de M. Clément Duvernois tous les employés et fonctionnaires sous vos ordres, en les invitant à seconder de leur légitime influence l'action de l'administration pour le succès le plus complet possible
de l'élection ». L'agent-voyer en chef écrit aux
agents-voyers cantonaux que leur « position au milieu des populations avec lesquelles ils sont jour-
nellement en contact » est de nature à faciliter un
petit travail de renseignements confidentiels concernant tout ce qui peut être dit « soit en faveur,
soit au préjudice des candidats recommandés par le
gouvernement » (*Moniteur*, 1869, p. 1557). Il leur
demande donc des rapports complets sur la situation électorale, et cela deux fois par semaine, le
lundi et le jeudi.

L'inspecteur primaire envoie des lettres particulières à tous les instituteurs et même institutrices.
A l'une d'elles, il rappelle que « le devoir de tout
fonctionnaire est d'appuyer cette candidature et
il est de votre intérêt, Mademoiselle, de ne pas perdre de vue l'avis ci-dessus exprimé » (*Moniteur*,
1869, p. 1557). Le préfet de l'Aveyron s'adresse
directement aux instituteurs et leur demande un
petit service de fiches pour constituer un dossier
où seront relatés jour par jour les faits à la charge
de l'opposition : « vous tâcherez de rapporter fidè-
lement les phrases abusives de façon à ce que l'autorité compétente puisse en faire en temps et lieu
l'usage que de droit » (*Moniteur*, 1869, p. 1556).

Le receveur parle aux percepteurs un langage plein d'énergie : « L'Administration, dans cette lutte, joue une partie sans revanche ; on doit donc s'attendre à la voir prendre des mesures décisives et sacrifier les fonctionnaires qui lui paraîtraient un obstacle ou un danger. J'aurais le plus vif chagrin si je voyais briser prématurément votre carrière » (80).

Les juges reçoivent leurs instructions de très haut. « Je vous prie de demander au ministre de la justice de donner les instructions au procureur général à Montpellier pour que le concours actif et dévoué des juges de paix nous soit assuré dans l'élection de Villefranche » (81).

L'archevêque est informé que le préfet est convaincu que « l'accession du clergé ne fera pas défaut au gouvernement quand le prélat si plein de sagesse qui le dirige aura fait entendre l'autorité de sa parole » (82).

Les préfets n'oublient pas même les plus petits rouages de la machine administrative. Ayant obtenu des renseignements que les ouvriers de la manufacture d'armes de Tulle, « population turbulente et indisciplinée », manifestent l'intention de voter contre le candidat de l'administration, le préfet de la Corrèze informe le ministre qu'il a les « moyens de les ramener », mais qu'il prie le ministère de la guerre de le « seconder » (83).

Enfin, un préfet, sous l'Empire, s'est illustré par une circulaire aux pompiers qui commençait par les mots : « *je suis des vôtres* ; ayons l'esprit de corps, et que chacun de vous marche au scrutin

---

(80) *Journal Officiel*, 1878, p. 10672.
(81) Archives Nationales, Préfet de l'Aveyron au ministre de l'Intérieur, 10 juillet 1853.
(82) Préfet de la Saône-et-Loire, 11 novembre 1852.
(83) Archives Nationales, 12 février 1852.

ayant pour guides dans son cœur, son Empereur, son pays et son préfet ».

Nous avons donné une série de formules employées par l'Administration pour influencer les agents subalternes. D'autres circulaires venaient s'adjoindre aux instructions générales chaque fois que le préfet ou le ministre craignaient quelque flottement parmi leurs troupes. Ces circulaires interprétatives nous sont parvenues en petit nombre; mais leur langage est des moins ambigu. Il est à peu près identique pour l'Empire et la III⁰ République.

Sous Napoléon III, l'inspecteur de l'Académie de Dijon (13 mai 1862), indiquait que combattre les candidats officiels « c'est pour ainsi dire combattre l'Empereur »; mais il ne suffit pas de ne pas combattre les personnes désignées par le gouvernement : « ne pas les soutenir c'est l'abandonner; c'est rester l'arme au pied dans la bataille... Je pose la question ainsi parce que c'est ainsi que je la comprends; je m'attends à trouver en vous un effectif dévouement; votre indifférence me causerait de la surprise et du regret ».

Les préfets de Mac-Mahon allaient encore plus loin. « Quelques-uns de vous, faisant des circulaires ministérielles une étrange interprétation, paraissent convaincus que toute leur obligation se borne à observer une neutralité absolue ; cette théorie trop commode couvre une erreur, un lâche calcul ou une trahison; non, la neutralité ne vous est pas permise entre l'ordre et le désordre, le bien et le mal » (84).

---

(84) *Journal Officiel*, 1877, p. 7586.

LES PROMESSES ÉLECTORALES

Ne pouvant toujours menacer, la candidature officielle emploie, en deuxième lieu, les « séductions » dont dispose si facilement l'Administration. On retrouve la vieille doctrine de la Restauration : « Aidez-nous, et on vous aidera ».

« Feriez-vous du bien à celui qui ne vous ferait que du mal ? Non ! Eh bien, le gouvernement est comme vous; M. de Cardenau (opposition) sera sans influence. Voulez-vous être les amis du gouvernement ? Votez pour M. Loustalot ». Cette affiche landaise (1876) est une affiche-type, sauf variations de rédaction (85). « M. Duvernois n'est pas en état de protéger les intérêts matériels de notre cher département. Un mandataire hostile au gouvernement est nuisible » (86).

L'Administration entretient soigneusement cet état d'esprit, un de ses meilleurs atouts dans la lutte électorale. Le préfet de la Drôme envoie à tous les conseillers municipaux, en 1869, une circulaire : « Quels services pouvez-vous attendre d'un candidat qui proclame ainsi son hostilité contre le gouvernement ? Comment pourra-t-il être votre intermédiaire, votre organe utile auprès du gouvernement, et quelle influence mettra-t-il au service de vos intérêts? » (87). Le sous-préfet de Saint-Affrique se montre encore plus net : « S'il arrivait que le candidat du gouvernement n'avait pas de forte majorité dans les communes de Saint-Izaire et de Calmels, ces deux communes seraient marquées pour ainsi dire à l'encre rouge et elles n'auraient

---

(85) *Journal Officiel* 1876, p. 4565.
(86) *Journal Officiel*, 1869, p. 1538.
(87) *Moniteur*, 1869, p. 1517.

jamais rien à demander au gouvernement en secours, subventions, etc., car elles seraient tard ser-
vies » (88).

Le sous-préfet de Libourne employait le procédé
inverse. Arrivant dans une commune, il engageait
les membres du conseil municipal, réunis en séance
extraordinaire à voter pour M. Armand et se faisait fort, en cas de succès, d'obtenir pour la commune « tout ce que nous demanderions », car
« si le gouvernement doit justice à tout le monde,
il ne doit ses faveurs qu'à ses amis ». Pour donner
plus de poids à ses promesses, le sous-préfet avait
à ses côtés un secrétaire particulier, « qui transcri-
vait sur un registre *ad hoc* toutes les demandes for-
mulées par les conseillers municipaux » (89). M.
Armand, de son côté, répétait que « les ministres
le traitaient en enfant gâté et lui accordaient tout
ce qu'il leur demandait ».

Enfin, nous pouvons citer une très curieuse décision du Conseil d'Etat concernant l'élection d'un
conseiller général dans le Pas-de-Calais en 1854.
Le sieur Guizelin avait fait la promesse de procéder à certains travaux de grande importance. Il
ne contestait pas ce fait ; mais il produisait des
factures et des estimations. Le Conseil d'Etat a
jugé que l'élection devait être validée, car « le
sieur Guizelin a donné suite, autant qu'il a dé-
pendu de lui, aux travaux dont on l'accuse de n'a-
voir fait que l'annonce » (90).

Mais malheur au candidat républicain qui osait,
de son côté, faire des promesses. Pareil cas s'était
présenté dans le Tarn-et-Garonne où un candidat
naïf s'était permis de dire aux électeurs que la
justice était la justice et qu'il se faisait fort d'ob-

____

(88) *Moniteur*, 1869, p. 1557.
(89) *Moniteur*, 1863, p. 1428.
(90) Conseil d'Etat, 1854, p. 593.

tenir un crédit sans appartenir au parti gouvernemental. Le préfet expédia immédiatement une lettre à tous les maires pour démentir de tels propos. « M. Marqueyret, s'attribuant je ne sais quelle influence, promet de faire obtenir des secours pour les églises, presbytères, les maisons d'école... Ce sont de grossières allégations contre lesquelles je dois prévenir et protester. Je déclare donc hautement : 1° que M. Marqueyret n'a aucun crédit dans les ministères; 2° que M. Marqueyret n'a pas plus d'influence à la préfecture et que, pour le bien prouver, je viens de décider pour le présent et pour l'avenir que l'accès de mes bureaux lui serait interdit, sauf pour affaires strictement personnelles, et que, sans restriction aucune, l'entrée de mon cabinet lui serait refusée; 3° que si quelque demande de quelque nature que ce soit me parvenait accompagnée de sa recommandation, ce fait seul suffirait pour me la faire prendre en suspicion » (91). (Cette lettre ayant provoqué, au Corps Législatif, une protestation, M. Baroche, président du Conseil couvrit le préfet de son autorité : « Le préfet a bien fait; il a lutté contre les mauvaises manœuvres ». *Moniteur*, 1862, p. 346).

De telles déclarations de guerre, guerre conduite sur le dos du contribuable, ne manquaient pas de produire l'effet voulu. « Mes chers administrés — annonçait le maire de Bains (26 mai 1863) — si vous avez confiance dans votre maire..., votez avec lui pour le candidat que l'Empereur vous demande... Alors, quand le maire de Bains sollicitera pour la commune, pour vous et vos enfants, des faveurs ou des secours, la haute influence de ce député nous les obtiendra du gouvernement » (92). Un instituteur de Saint-Martin-d'Auxy, convaincu

____

(91) *Moniteur*, 1862, p. 345.
(92) J. Ferry, *La lutte*, p. 153.

d'avoir soustrait les bulletins au nom du candidat de l'opposition et de les avoir remplacés par des bulletins au nom du candidat officiel, prétendait, en pleine Cour, avoir agi dans l'intérêt de la commune : « Si M. Chagot avait l'unanimité, ce serait un bonheur pour la commune ; si plus tard on s'adressait à lui, on obtiendrait plus facilement ce qu'on voudrait » (93).

Un député qui avait débuté sous le régime censitaire, avoue sans aigreur qu'il ne pouvait compter sur la fidélité de ses électeurs que tant qu'ils n'avaient que des filles ou des garçons de moins de treize ans. « Un électeur qui n'a que des filles est immuable ; pour les filles il n'y a qu'un seul débouché, le mariage, et aucun gouvernement ne peut me faire concurrence. Lorsqu'un électeur avait un garçon ayant atteint treize ans, le besoin d'une demi-bourse se faisait sentir et on me quittait ; lorsque le garçon avait vingt ans, le besoin de se tirer du sort se faisait sentir et on me quittait encore » (94).

Les faveurs administratives donc sont mises au service du candidat officiel.

Le mot « faveur » n'est pas tout à fait exact. Pour servir la cause du candidat désigné par le gouvernement, on mettait à profit tous les crédits du budget, c'est-à-dire même ceux où il ne peut être question que d'un besoin réel, dûment constaté et ne pouvant être satisfait que par les soins de la machine centrale.

Citons quelques exemples au hasard.

Le 27 septembre 1877, le candidat officiel à Puget-Théniers télégraphiait directement au ministre de l'Intérieur que, cette commune aurait besoin

---

(93) *Moniteur*, 1869, p. 1594.
(94) *Moniteur*, 1864, p. 54.

d'une pompe à incendie : « La pompe partira de suite » — répond le ministre. Et en effet, la pompe arrive juste à temps, la veille des élections (95).

La commune de Martrin n'avait pas de bonne eau. Le candidat lui fait obtenir un crédit pour la construction d'un puits, et le sous-préfet indique, que, pour remercier M. C. R..., les électeurs « doivent venir en foule, tambours et drapeau en tête, voter pour lui » (96).

Plus fréquemment, ce sont de vulgaires dons d'argent qui, littéralement, pleuvent (tombent « comme grêle ») sur les arrondissements intéressants. En 1869, un certain M. du Miral avait réussi à faire accorder à sa circonscription électorale, en moins de trois mois, 95.000 francs de subsides à des églises. M. du Miral avait, en plus, promis 15.000 fr. après les élections, et la lettre qui contenait cette promesse fut exposée, « bien en évidence, pendant toute la durée du scrutin » (97).

Ces exemples peuvent être multipliés presqu'à l'infini. Ne trouvons-nous pas dans le *Moniteur* cette mention, significative : « Le maire d'Ozouer-le-Voulgis ayant décliné tout besoin d'argent, on a promis un beau buste de l'Empereur » ? (98).

Les chemins figurent à une place d'honneur. « Je fais accorder secours — télégraphie le sous-secrétaire d'Etat à l'Intérieur au maire de Castelnau — 500 fr. à Viane pour passerelle du chemin vicinal n° 3 ». Et il a soin d'ajouter : « Secours demandé par M. M... », (candidat, bien entendu) (99). Un préfet promet l'élargissement d'une roûte impériale ; il promet, et il envoie des ingénieurs pour

(95) *Journal Officiel*, 1878, p. 11504...
(96) *Moniteur*, 1863, p. 1427.
(97) *Moniteur*, 1869, p. 1477.
(98) *Moniteur*, 1863, p. 1418.
(99) *Journal Officiel*, 1878, p. 11678.

planter des piquets de repère ; le lendemain des élections les piquets disparurent et il ne fut plus question de cette entreprise (100). A Figeac, en 1869, les ouvriers commencent les travaux pour la construction des trottoirs aux abords du pont de Griffoul, le matin même du jour où doit avoir lieu l'élection (101). A Taalard, en 1869, il existait un pont à péage sur la Durance ; quelques jours avant le scrutin, le maire envoie le garde-champêtre et le valet de ville expliquer à tous les électeurs que le péage sera racheté à condition que la ville vote pour M. D... (102).

Bien entendu, les chemins de fer ne manqueront pas dans notre énumération. Lors de la candidature de M. de Fourtou en 1877, dans la Dordogne, on commença des travaux pour le chemin de fer d'Angoulême, juste au centre de la circonscription du ministre-candidat et sur un point où l'enquête relative à l'expropriation n'avait même pas été commencée. Sur les poteaux placés en bordure de ces travaux s'étalaient des affiches portant ces mots : « Chemin de fer dû à M. de Fourtou ». En 1928, ce tronçon n'était pas encore construit (103). Dans la Haute-Garonne, M. de Nervo, préfet, expédiait un rapport ainsi conçu : « Je suis monté au col du Tracol avec un assez grand nombre de maires et de conseillers municipaux pour annoncer que les travaux de sondage allaient être entrepris pour le chemin de fer de Firmeny à Annonay. Je laisse donc l'élection de M. Malatre en bonne voie, et si les élections avaient lieu demain, il passerait avec 1.500 voix de majorité » (104).

Mais il existe des chemins de fer à effet électoral

(100) E. Olivier, le 19 janvier, p. 367.
(101) *Moniteur*, 1869, p. 1583.
(102) *Moniteur*, 1869, p. 1543.
(103) *Journal Officiel*, 1878, p. 10690.
(104) *Journal Officiel* 1878, p. 10463.

négatif. « Préfet de la Vendée à Travaux Publics, 14, VI, 1877 : Votre décision relative au tracé du chemin de fer de Fontenay-le-Comte à Benet est fâcheuse au point de vue électoral. Elle est un succès pour M. le député Bienvenu, que nous devons combattre » (105).

Les canaux peuvent donner matière à une excellente propagande électorale. Pour appuyer, dans le Gard, la candidature de M. Bravay, le préfet s'en alla en très grande pompe inaugurer le fameux canal du Midi (1863). La première pierre de ce « magnifique travail », comme cela est dit dans le discours du préfet, fut posée le 26 mai. Or, ce n'est que beaucoup plus tard que l'on apprit qu'à cette date la campagne financière n'était pas autorisée, les capitaux n'étaient pas souscrits, le lieu de la prise à établir dans le Rhône n'était nullement déterminé et le terrain même sur lequel se déroula la solennité appartenait à un particulier, le marquis de Fournesse, qui réclama par la suite, et en vain, une indemnité pour les dégâts apportés à son bien (106). Mais les crieurs publics s'en allèrent un peu partout annoncer la bonne nouvelle « à son de trompe ».

Les exemples contraires sont tout aussi nombreux. Le sous-préfet d'Ambrun, en visitant la commune de Saint-André, un peu avant les élections de 1877, avait déclaré aux conseillers municipaux réunis en séance que si le scrutin n'était pas favorable à M. de P..., candidat du gouvernement, le ministre retirerait à la commune le solde de 5.000 fr. d'une subvention déjà accordée pour la construction d'une école. Aux observations faites par un conseiller que la maison est déjà presque achevée et qu'il ne serait pas juste de priver la commune d'un crédit sur

____

(105) *Journal Officiel*, 1878, p.
(106) *Moniteur*, 1863, p. 1387.

lequel elle comptait, le sous-préfet répondit : « Ce-ci sera subordonné aux élections » (107).

Toutes les promesses électorales ne mettent pas à l'épreuve le budget. L'Etat a mille moyens d'être agréable aux électeurs sans bourse délier.

Ainsi, la ville de La Seyne cherchait à devenir chef-lieu de canton. Les démarches traînaient depuis de longues années. Aux élections de 1863, les Seynois se montraient hostiles au candidat officiel. Le ministre, « frappé des réclamations des habitants de la ville de La Seyne et des considérations qu'ils font valoir à l'appui de leur demande » accordait la faveur en question (108).

La présence d'une garnison est toujours un gage précieux de prospérité pour les commerçants. En arrivant à Uzès, trois jours avant l'élection de 1877, le préfet explique que pendant longtemps la chose paraissait impossible, mais qu'actuellement, grâce à l'intervention de M. Baragnan, candidat, la ville était reclassée comme siège de garnison et que les troupes arriveraient incessamment. Le lendemain, le *Petit Régional* publiait un article dans lequel il prônait « les bras de M. Baragnon qui arrivent jusqu'au maréchal ». « Ne vient-il pas, simple candidat, de nous offrir une garnison que M. Mallet, député, n'avait même pas pris la peine de demander ?... c'est là de la bonne politique » (109).

La culture de tabac est une source de bénéfice appréciable. Le 11 mai 1869, le maire de Riom publie une affiche disant que par mesure toute spéciale et grâce à l'intervention de M. du Mirak, député et candidat, la culture du tabac vient d'être autorisée dans la banlieue de Riom : « Les habitants sauront

---

(107) *Journal Officiel*, 1878, p. 5513.
(108) *Moniteur*, 1863, p. 1383.
(109) *Journal Officiel*, 1878, p. 2777.

témoigner leur gratitude envers l'homme qui s'est voué à la défense de leurs intérêts » (110).

Lors de la même élection de 1869, dans les Hautes-Alpes, de grands efforts furent faits pour régler une vieille question de pâturages près de l'Argentière de telle façon que M. Duvernois, candidat officiel, pût en retirer un avantage personnel. Les décrets autorisant ces pâturages furent soumis à la signature de l'Empereur avec un retard considérable et ce ne fut que dans la matinée du jour des élections que le préfet reçut la dépêche confirmative. « Informez par exprès les communes intéressées — mande le préfet au sous-préfet : à publier avant l'ouverture du scrutin » (111).

L'affaire de la pêche sur le banc de Saint-Marc (Cancale) donne, au contraire, l'exemple d'une lenteur exagérée. Le candidat officiel, M. Rouxin, prétendait avoir obtenu l'autorisation, pour les gens de Cancale, de pêcher sur le banc de Saint-Marc ; il se fondait sur une dépêche ministérielle un peu ambiguë qu'il fit afficher entre le premier et le deuxième tour. L'annonce de cette mesure fit gagner à M. Rouxin 3.200 voix, un peu moins que la totalité des votes recueillis par lui au premier tour. Or, l'interprétation donnée par l'affiche de M. Rouxin était inexacte ; elle faisait dire au ministre juste le contraire de ce qui avait été décidé à Paris. La version exacte avait été expédiée de Paris le 5 juin au soir et elle était arrivée à Rennes le 6 juin, à 8 heures du matin. Une heure suffisait pour la transmettre à Cancale et la placarder. Il n'en fut rien. La dépêche resta « dans la poche du préfet » pendant toute la journée du 6 juin et elle n'apparut sur les murs de Cancale que le 7 juin, au mo-

____

(110) *Moniteur*, 1869, p. 1477.
(111) *Moniteur*, 1869, p. 1539.

ment où le dernier bulletin était tombé dans l'urne (112) : « L'exploitation du banc de Saint-Marc ne peut pas être accordée attendu qu'il faut le réserver pour le repeuplement de la baie ». Mais le tour était joué.

Il existe enfin une catégorie de faveurs qui ne coûtent rien à l'Etat, mais dont le caractère immoral est patent : ce sont les remises de peines encourues par des criminels. En 1863, dans l'arrondissement de Chinon, les condamnés pour chasse illicite « faisaient beaucoup de mal » au candidat officiel. M. de Q..., le maire s'en va l'entretenir à ce sujet. Quelques jours plus tard, chaque braconnier recevait du brigadier de gendarmerie une lettre ainsi conçue : « Je vous donne avis que je reçois l'ordre que les amendes pour chasse vous soient restituées. L'Empereur, par demande de M. de Q..., l'a ordonné » (113).

La campagne electorale

1. — *Les préparatifs.*

La campagne électorale se déroulait, à peu de chose près, d'une façon identique dans tous les départements.

On commençait par soigner le sectionnement. Le préfet avait, sous ce rapport, liberté entière, sauf à faire ratifier ses décisions par le ministre, ce qui ne présentait aucune difficulté. On procédait donc aux découpages les plus fantaisistes. « Au moyen de ces dispositions — écrivait le préfet de la Meurthe au ministre — j'annihile, sans paraître m'en occuper, les influences contraires » (114). Même son

(112) *Moniteur*, 1869, p. 1603.
(113) *Moniteur*, 1863 p. 1435.
(114) Archives Nationales, 27 janvier 1852.

de cloche dans le Doubs : « Si le gouvernement tient à repousser la candidature de M. de Mesmay, il faut modifier la circonscription électorale » (115). Et on les modifiait... M. Bargnon avait signalé une commune où on avait fait des groupes non pas par rues, mais par maison et même par étage ; de cette façon, les 30 électeurs fidèles au gouvernement figuraient avec 22 électeurs de l'opposition dans le premier groupe qui élisait 6 conseillers municipaux, sur dix. Tout le reste de l'opposition était marqué dans le second groupe avec 48 électeurs (le total étant de 100 électeurs) et ce groupe, « moins nombreux » que le premier, élisait 4 autres conseillers municipaux. De cette façon, avec 30 électeurs du gouvernement et 70 de l'opposition, on réussissait à faire élire 6 conseillers bien pensants et 4 de la mauvaise espèce (116).

La seconde opération consistait à obtenir, autant que possible, et, au besoin en y mettant le prix, le désistement des candidats trop dangereux. A Agen, en 1877, la route du candidat officiel est barrée, *horribile dictu*, par un conservateur, M. B..., avocat. Pourparlers laborieux. Dépêche du préfet de Lot-et-Garonne au ministre : « Le désistement de M. B... est assuré, s'il est nommé conseiller à la Cour d'Alger. » Les renseignements recueillis à Paris sur le compte de M. B... sont extrêmement défavorables pour ce dernier. Le préfet insiste : « Je crois que ces appréciations sont empreintes d'une excessive sévérité... Si la satisfaction promise de ce côté venait à manquer, la candidature Ch... deviendrait impossible. » Et le lendemain : « Veuillez tenir pour insuffisamment justifiées les appréciations rigoureuses dont M. B... a dû être l'objet... On affirme sa

(115) Archives Nationales, préfet au ministre, 18 février 1852.

(116) *Journal Officiel*, 1878, p. 5675.

parfaite honorabilité. Au surplus, cette nomination est devenue la condition nécessaire d'une entente sans laquelle je considère toute chance comme perdue. » Le garde des sceaux finit par céder : « La compensation accordée à M. B... est chose décidée en principe. » Mais un nouvel obstacle surgit ; le désistement de M. B.. est-il déjà entre les mains du préfet ? « Puis-je mettre la nomination à l'*Officiel* en toute sécurité ? » demande le garde des sceaux. Or, M. B.., de son côté, tient à avoir des gages : « M. B... considère son désistement comme ne l'engageant qu'autant qu'il sera nommé. » Nouvelles angoisses du préfet. « Ne pourrait-on pas, suggère-t-il, lui faire parvenir une lettre lui annonçant sa nomination ? » Le préfet reconnaît qu'avec ce futur conseiller il serait trop hasardeux de publier le décret de nomination avant qu'il eut signé son désistement. Finalement, M. B... cède et signe. A ce moment, M. Ch..., le candidat officiel, envoie au ministre la dépêche suivante : « Il n'y a plus d'inconvénient à insérer le décret à l'*Officiel*. » En ouvrant ce recueil à la date du 23 septembre 1877, on trouve la nomination du nouveau conseiller à la Cour d'Alger (117).

Troisième phase. Recensement des électeurs bien pensants. On distingue deux catégories de conservateurs : ceux qui le sont et ceux qui devraient l'être, que l'on veut obliger à l'être. Des listes sont donc demandées, de préférence aux instituteurs, de toutes les personnes qui (1re catégorie) sont anciens militaires, sont décorés de la Légion d'honneur, ou de la médaille de Sainte-Hélène. Vient ensuite la deuxième catégorie : les cabaretiers, les débitants de tabac, les retraités, les personnes chargées d'un service public à quelque titre que ce soit (« même les entrepreneurs, maçons, architectes, etc., etc... »),

_____

(117) *Journal Officiel*, 1878, p. 1842.

les pères d'enfants devant tirer au sort l'année prochaine, les pères des enfants au service actuellement,
les pères d'employés, de fonctionnaires, de jeunes
gens commis dans les chemins de fer et les mines,
etc... (118).

LA CAMPAGNE ELECTORALE

2. — *Les affiches.*

Les affiches qui portent à la connaissance des
électeurs le nom du candidat désigné par l'administration sont des documents officiels. Elles sont, bien
entendu, exemptes du droit de timbre qui pesait
si lourdement sur les épaules des républicains. Elles
sont blanches comme les appels des réservistes, les
mobilisations, les répartitions des impôts, etc... Le
ministre de l'Intérieur, interpellé, prononce tout un
discours pour affirmer son droit à faire usage du
papier blanc. Or, le papier blanc est sacro-saint, surtout aux yeux des paysans peu instruits (119).

Le candidat, de son côté, publie une affiche, ratifiant, pour ainsi dire, la désignation du gouvernement : « Les sympathies qu'un grand nombre d'entre vous a bien voulu me manifester, ont déterminé
le gouvernement de Louis-Napoléon à recommander mon nom à vos suffrages... Je crois faire acte
de bon citoyen en m'honorant de cette recommandation. Le temps est enfin venu de rompre avec ces
glorioles d'opposition qui ont perdu l'esprit public
dans notre pays. Sachons allier l'indépendance d'une
conscience honnête avec le respect dû au Pouvoir »
(120).

Dès que la contre-affiche du candidat a paru, son

---

(118) *Journal Officiel,* 1863, p. 1466.
(119) *Journal Officiel,* 1877 p. 7416.
(120) Archives Nationales, Mayenne, 4, affiche Segrète,
22 février 1852.

rôle peut être considéré comme terminé. Le reste
est fait par les soins de l'administration. Le ministre de l'Intérieur avait probablement des raisons
majeures pour inviter ses clients électoraux à ne pas
faire de zèle. « Je sais — écrivait le préfet du Cher
(121) — qu'une circulaire de M. de Morny a recommandé aux amis du gouvernement de laisser à
leurs administrateurs la parole et la direction dans
ces graves circonstances. » On s'arrange donc entre
gens avisés. « Après s'être préalablement concertés
entre eux, MM. de Nesle et Guillaumin avaient décidé qu'ils n'adresseraient point d'appel direct et
public aux électeurs et ils avaient pensé s'en remettre complètement aux soins de l'Autorité départe-
mentale pour faire connaître leur candidature, les
titres sur lesquels elles s'appuient et le concours
qui leur est donné par le gouvernement » (122).

Les affiches sont suivies de tracts, professions de
foi, brochures, articles de journaux : le tout fourni
et distribué par les soins de la préfecture. Les maires sont tenus de placarder les affiches blanches aux
endroits réservés aux publications officielles. Si le
maire fait mine de ne pas s'exécuter, il est rappelé
au sens des réalités : « Les affiches ont été adressées
par mes soins à la mairie : elles portent en tête
« République Française, Préfecture du Tarn. » Les
résolutions du gouvernement doivent être portées le
plus promptement possible à la connaissance des
électeurs pour lesquels elles ont un si grand intérêt » (123). Si le maire persiste dans son obstina-
tion, il est révoqué.

Comment les choses se passent-elles de l'autre côté de la barricade ?

____

(121) Archives Nationales, Préfet du Cher, 18 décembre
1856.
(122) Archives Nationales, Préfet du Cher, 18 décembre
1856.
(123) *Journal Officiel*, 1877, p. 7898.

Tout d'abord, le candidat républicain doit vaincre des difficultés sans nombre pour obtenir le renseignement élémentaire, base de toute campagne électorale : une liste des électeurs, une liste de leurs adresses. Très souvent, la communication des listes électorales est refusée purement et simplement : le Conseil d'Etat approuve cette façon de procéder par des considérants les plus fantaisistes : « Considérant que le requérant déclare qu'il a demandé cette communication dans le seul but de connaître les noms des électeurs auxquels il voulait envoyer des bulletins de vote... et que, dès lors, il n'y a pas lieu d'annuler, à raison de ce grief, les opérations électorales... » (Conseil d'Etat, 1867, p. 691).

Le préfet de Loir-et-Cher admet que la loi ordonne de communiquer les listes déposées à la préfecture (art. 7 du décret du 2 février 1852), mais il trouve un autre moyen d'entraver l'activité de l'opposition : il n'autorise pas les requérants à prendre une copie des adresses contenues dans la liste. Le Conseil approuve cette façon d'agir avec non moins de désinvolture. « Vu les observations du ministre de l'Intérieur tendant au rejet du pourvoi, par le motif que le droit de prendre communication des listes électorales n'entraîne pas celui de prendre copie et qu'en pratique l'exercice de ce droit entraverait les services publics... rejette » (Conseil d'Etat, 1863, p. 498).

Les mêmes procédés sont appliqués aux élections législatives. Dans les Deux-Sèvres, six maires refusent purement et simplement aux agents de M. Miron la communication des listes. La Chambre valide : « Ce fait est regrettable, nous n'hésitons pas à le déclarer, mais il n'est imputable qu'à l'inexpérience des mœurs » (*Moniteur*, 1863, p. 1377). Un septième maire, celui d'Oiron, procède avec plus d'énergie ; non seulement il met « à la porte » le sieur Doublet, venu pour consulter les listes, mais il lance à ses trousses un gendarme ; celui-ci accoste le représentant du candidat de gauche, lui demande ses papiers, affirme qu'ils sont insuffisants ; M. Doublet « est arrêté comme vagabond, conduit devant le juge de paix à Thouars, puis à une commune voisine où on espère trouver le sous-préfet de Bressuire » (*Ibidem*).

Pourra-t-on imprimer librement les affiches républicaines ? L'affiche de couleur est soumise à une formalité qui, bien entendu, n'existe pas pour les placards émanant de la préfecture : elle doit être déposée au parquet du procureur 24 heures avant toute publication ou distribution. Cela veut dire que toutes les assertions faites par le candidat officiel restent sans réponse si elles ont paru *moins de 24 heures* avant le scrutin ; le candidat officiel est, pour ainsi dire, invité à user et à abuser de la fameuse affiche de dernière heure, une des armes les plus terribles de la campagne électorale ; quelle que soit la calomnie que contient cette affiche de dernière heure, le candidat républicain ne peut y répondre : il est trop tard pour effectuer le dépôt préalable.

Les affiches des républicains sont censurées, tantôt ouvertement, tantôt par le moyen de différents subterfuges juridiques. « Je viens de lire la circulaire de M. de J..., dont vous auriez dû vous même me signaler le caractère. C'est un appel aux passions religieuses, un délit de l'excitation à la haine des citoyens contre une classe de personnes. Je vais m'entendre avec mes collègues de la Justice pour provoquer des poursuites. Dites-moi seulement auparavant si ces poursuites ne causeront pas quelque embarras au moment de l'élection » (124). Réponse du préfet : « J'ai interdit dès vendredi la distri-

____

(124) Archives Nationales, Ministre de l'Intérieur à Préfet de l'Ardèche, 23 avril 1854.

bution de la profession de foi de M. de J..., je l'ai fait saisir à la poste. J'ai prié mon collègue de la Drôme à agir de même » (125). « Dans cette affiche, annonce le préfet de la Creuse, la personnalité se change en diffamation ; je viens donc de la suspendre » (126). Le ministre, par retour du courrier, approuve. En 1877, le préfet du Nord télégraphie à tous les sous-préfets qu'un placard intitulé « Votez contre les affiches blanches » vient d'être publié à Paris ; il « sera probablement adressé à tous les candidats » de façon à ce que, en effectuant la formalité du dépôt et en apposant leurs signatures, ils essaient de se « prévaloir » de l'immunité concédée par la loi de 1875. « Cette prétention — explique le préfet — n'est pas admissible ; le placard n'a pas trait à une candidature spéciale et déterminée ; concertez-vous donc, le cas échéant, avec le parquet pour empêcher l'affichage et la distribution » (127).

Enfin, le maire de la commune de la Française, « s'apercevant que les bulletins du sieur Balestrine ressemblent par la couleur et par la forme à ceux du sieur Broca (le candidat officiel), a fait retirer ces derniers des mains des distributeurs » : le Conseil d'Etat estime que le maire a très bien agi et valide (Conseil d'Etat, 1862, p. 596).

Pour donner une idée approximative des rigueurs auxquelles étaient exposés les auteurs des placards électoraux, nous citerons le texte *complet* de l'affiche de M. A. Picard, qui a provoqué des poursuites (avec mandat d'amener) pour « offenses envers le président de la République et outrages aux ministres » :

> « Electeurs et chers concitoyens, républicain conservateur, je me suis présenté deux fois dans

(125) Archives Nationales, Préfet Drôme, 24 avril 1854.
(126) Archives Nationales, 23 juillet 1852.
(127) *Journal Officiel*, 1878, p. 5950.

> cet arrondissement et vous m'avez élu votre député.
> Je reste ce que j'ai toujours été et ce que je
> serai toujours, *modéré*, malgré la dissolution qui,
> en venant interrompre brusquement nos travaux
> a jeté la perturbation partout et compromis vos
> intérêts. Respectant les convictions de chacun et
> comprenant les besoins de toute société bien orga-
> nisée, j'ai défendu la religion, ainsi que la proprié-
> té et la famille ; mais je n'ai pas déserté la cause
> de la démocratie et du progrès » (*Journal Officiel*,
> 1877, p. 8213).

Enfin, voici un rapport du préfet de la Corrèze au ministre de l'Intérieur (128)), rapport qui se passe de tout commentaire :

> M. Blanchard a fait soumettre à mon visa un
> projet de circulaire électorale dans laquelle il ci-
> tait textuellement le passage de nos instructions
> relatives à la liberté que le gouvernement entend
> laisser aux candidats de se présenter aux suffrages
> des électeurs et reproduit jusqu'à *votre signature*...
> J'ai cru en conséquence, devoir interdire la re-
> production de vos instructions ainsi faites *officiel-
> lement* par une personne étrangère à l'administra-
> tion.

Pourra-t-on placarder librement une affiche républicaine visée et censurée par le préfet? — Rien n'est moins sûr.

Les affiches blanches jouissent de l'immunité réservée aux documents officiels : c'est un délit que d'y toucher. Pour les affiches de couleur, on dirait que les fonctionnaires publics se donnent à cœur joie de les détruire dès qu'elles paraissent. A Derbaux, le garde champêtre déchire le manifeste du comité républicain, crache à sa place et s'écrie qu' « il en ferait autant à la figure de G... (le candidat)». A Faucon, le maire donne lui-même l'ordre

---

(128) Archives Nationales, 25 février 1852.

au garde champêtre de déchirer les affiches G...,
« car il n'est qu'un candidat privé » (129). Le Conseil d'Etat approuve ces pratiques. Les maires de Jouvelle et d'Airey lacéraient d'une façon systématique les affiches du sieur Briot : « Ce fait, quelque blâmable qu'il soit, n'a pu changer le résultat de l'élection... rejette » (Conseil d'Etat, 1862, p. 463). A Cahors, le maire avait empêché tout affichage de l'opposition : « Cette irrégularité n'est pas de nature à motiver l'annulation des opérations électorales » (Conseil d'Etat, 1866, p. 874). A Castelnaudary, le parquet saisissait les affiches du sieur Garric : « attendu qu'il n'est pas allégué que ce fait ait eu pour effet d'empêcher ladite circulaire d'arriver à la connaissance de tous les électeurs... rejette » (Conseil d'Etat, 1878, p. 243). A Marseille, des « obstacles » ont été apportés tant à l'apposition de nouvelles affiches qu'à la distribution des bulletins de vote, et cela le jour même de l'élection : « Ces faits n'ont pas été de nature à porter une atteinte à la liberté et à la sincérité du vote... rejette » (Conseil d'Etat, 1862, p. 345).

Pourra-t-on, au moins, distribuer les circulaires républicaines à la main, dans la rue ? Rien de plus difficile que le rôle de ceux qui se chargent de cette besogne.

Les bulletins de l'administration sont portés à domicile par les soins des agents municipaux ; très souvent on les colle à la carte même de l'électeur et on enjoint de ne pas les détacher autrement que dans la salle même du scrutin sous l'œil attentif du maire : « irrégularité regrettable... valide » (Conseil d'Etat, 1866, p. 780) ; pour la plupart, le garde champêtre ou le gendarme ajoute oralement « des menaces pour le cas où on ne voterait pas pour ledit sieur Broca » (Rejet, Conseil d'Etat, 1862, p. 595) ;

----

(129) *Journal Officiel*, 1878, p. 1212.

devant la salle de vote se tiennent un cantonnier et un gendarme qui remettent à chaque électeur le bulletin de l'administration: « aucune contrainte n'a été exercée sur les électeurs pour les obliger à accepter..., rejette « (Conseil d'Etat, 1861, p. 391). Dans la salle même, les bulletins officiels sont déposés sur la table du bureau, contrairement à une disposition très explicite de la loi : « Considérant qu'en supposant que ces faits soient prouvés, il ne résulte pas de l'instruction qu'ils aient pu avoir pour effet de porter atteinte à la liberté du vote... rejette » (Conseil d'Etat, 1860, p. 644).

A Poussignol, la violation de la loi est encore plus flagrante : les bulletins sont non seulement disposés sur la table du bureau, mais le maire les « offre aux électeurs à mesure qu'ils se présentaient pour voter ». Le Conseil d'Etat n'en valide pas moins l'élection « attendu qu'il ne résulte pas de l'instruction que ces faits aient porté atteinte à la liberté et à la sincérité du vote... rejette » (1856, p. 322 et 1861, p. 767).

Toute autre est la situation faite aux distributeurs des « rouges ». Ils sont surveillés comme des malfaiteurs : à Villefranche et à Prades, la police ferme tous les débits de vin où l'on avait laissé entrer un distributeur de bulletins électoraux (130). Le sous-préfet de Mauriac envoie aux maires une circulaire disant que les distributeurs de tracts républicains « détournent des suffrages par des fausses nouvelles, bruits calomnieux et autres manœuvres frauduleuses. Il est donc de votre devoir d'exercer une active surveillance pour prévenir les faits et manœuvres dont il s'agit et de faire arrêter et conduire à Mauriac toute personne qui serait surprise se livrant à des pareils agissements » (131).

---

(130) *Journal Officiel*, 1877, p. 7827.
(131) *Journal Officiel*, 1877, p. 7714.

En 1865, dans le Gard, M. A. Pasquet n'a pas pu trouver un seul homme prêt à braver les foudres du préfet : il dut donc s'adresser à des amis, demeurant dans un autre département, pour assurer son service de distribution ; mal en prit à ces téméraires : un personnage inconnu, porteur d'une lettre d'Armand Marrast s'est présenté chez eux et a demandé des secours d'argent « pour passer la frontière » ; les futurs distributeurs, naïfs, remettent quelques billets de dix francs à la prétendue victime des policiers ; le lendemain, des mandats d'arrêt sont lancés et tout le monde est incarcéré; l'effet produit par cette mesure est tel que dans certaines communes M. Pasquet n'a pas obtenu une seule voix (*Moniteur*, 1865, p. 299).

Enfin, les électeurs sont parvenus à se faire remettre des affiches ou des bulletins de vote de l'opposition. Un peu avant la mairie, ils sont fouillés par les gendarmes : le maire d'Ardentes prétendait que les bulletins n'étaient pas conformes au modèle autorisé par le préfet. Les bulletins furent saisis et « un grand nombre d'électeurs furent conduits devant le juge de paix pour y être interrogés » : le Conseil d'Etat valide (1861, p. 815). A Trich-Saint-Léger, « le commissaire chargé de vérifier les bulletins s'installe pour remplir cette mission, dans une pièce de la mairie par laquelle il fallait passer pour se rendre dans la salle de vote... il fait subir un interrogatoire à un grand nombre d'électeurs » : le Conseil d'Etat valide (1862, p. 478).

La campagne électorale

3. — *Les réunions électorales*

Les réunions électorales des conservateurs étaient organisées, de préférence, par l'administration elle-même sous forme de tournées électorales de préfets et de sous-préfets. Un de ces fonctionnaires disait ouvertement que le but de ses tournées était précisément de rendre inutiles les meetings que certains citoyens, « pour suppléer à la direction qui leur manquait sous la IIe République », avaient « imaginés » et qui souvent « étaient tumultueux et inefficaces ». Le préfet, au discours public duquel nous empruntons ces explications (132), ajoutait: « C'est l'administration qui remplit actuellement l'office de ces réunions préparatoires ; nous autres, administrateurs, désintéressés dans la question, nous examinons et apprécions les candidatures qui se présentent et, après mûr examen, avec l'agrément du gouvernement, nous vous présentons celle qui paraît la meilleure. »

L'itinéraire de la tournée électorale du préfet est élaboré d'accord avec le candidat. « Préfet à capitaine de gendarmerie à Bressuire. Veuillez prier M. le marquis de la Rochejacquelin de m'adresser d'urgence un projet d'itinéraire dans l'arrondissement de Bressuire. » « Capitaine de gendarmerie à Préfet, Niort. Marquis demande si vous voulez rester quatre jours et coucher à Clisson samedi soir. » « Préfet à sous-préfet, chiffre spécial. J'accepte l'itinéraire que vous avez décidé avec le marquis » (133).

Le préfet part en grande pompe, il est accompagné de son secrétaire général et du délégué spécial, s'il y a lieu : pour le duc Decazes, c'est son chef de cabinet en tenue de secrétaire d'ambassade qui parcourt, avec le préfet, en grande tenue aussi, les montagnes habituellement délaissées de Puget-Théniers (134). Deux gendarmes, sabre nu, les escor-

(132) Ferry, *La lutte*, etc., p. 24-25.
(133) *Journal Officiel*, 1878, **p.** 10624.
(134) *Journal Officiel*, 1878, p. 11504.

tent : un décret de messidor an **XII** autorise cette mise en scène (135).

Dans chaque commune, de grands préparatifs sont faits pour recevoir l'éminent voyageur. Des arcs de triomphe sont prodigués ; on apporte des fleurs, on tire des pétards. « A Mornas, on apporte les candélabres et les tentures de l'église pour orner le hangar où se tiendra la réunion. » A Piolenc, le garde champêtre est placé à l'extérieur de la maison du maire pour appeler, comme à la foire, les passants de bonne volonté.

Aux réunions, le préfet prend lui-même la parole ; il la prend avec toute l'énergie d'un orateur électoral professionnel (136). « Nommer le comte d'Aulan, c'est nommer la loyauté, le patriotisme, l'honneur. Je ne veux rien dire du candidat radical, Lorsqu'un homme ne craint pas, se redressant à peine sous la main de la justice qui vient de le frapper, de souffleter ses concitoyens en leur infligeant sa candidature et son nom, il faut laisser au bon sens et à la pudeur publique le soin du châtiment » (137). « On ne peut pas gratter la peau d'un républicain — faisait de l'esprit le préfet de la Vaucluse — sans qu'il en sorte du pus » (138). Un candidat se plaint que le sous-préfet, pendant un discours prononcé dans la maison du maire devant un auditoire nombreux « prend un pamphlet odieux publié contre moi, le commente, l'explique, exagère les affirmations incroyables de ce libellé et, pour terminer, il

---

(135) *Journal Officiel*, 1878, p. 325.
(136) A Montpellier, en 1848, le commissaire avait convoqué, par lettre circulaire, tous les chefs de service pour leur recommander la candidature de M. Laissac. Ces fonctionnaires se plaignent ensuite, devant la commission d'enquête, qu'aucun régime précédent n'avait jamais eu recours à de telles pratiques (*Moniteur*, 1848, p. 2123).
(137) *Journal Officiel*, 1878, p. 1967.
(138) *Journal Officiel*, 1878, p. 1211.

lance contre Madame Fould les plus infamantes calomnies » (139).

Pour corser l'impression produite par ses réunions, le préfet n'hésite pas à convoquer des séances extraordinaires des conseils municipaux qu'il transforme — où reste alors la loi ? — en meetings électoraux. « D'après les ordres de M. le sous-préfet le conseil municipal doit se réunir pour, etc... Vous êtes invité à vous rendre à la mairie » (140).

Très souvent, ces séances extraordinaires des conseils municipaux donnent lieu à des incidents qui, produits par la confusion juridique créée par le préfet lui-même, ne peuvent être résolus que par la force. Le préfet des Vosges avait à combattre M. Claudel, maire d'Epinal en 1848 et candidat aux élections de 1852. M. Claudel, selon le préfet, « ne négligeait aucun moyen pour se rendre populaire dans les basses classes ». « Il s'efforçait, tout en se donnant pour un ami de l'ordre, à tenir en échec l'autorité supérieure par une opposition tout à la fois sourde et assez apparente pour que la populace l'aperçût et y applaudît, opposition bien plus dangereuse que celle, plus nettement caractérisée, plus ouvertement hostile des factions anarchiques » (141).

« La pusillanimité et la peur étaient les mobiles de ses déplorables tergiversations. » Pour tenir M. Claudel en échec, le préfet convoque le conseil municipal de Darnieulles, commune votant très mal ; il fait l'éloge du candidat officiel. « Le conseil municipal m'écoutait avec une profonde attention et une faveur marquée, lorsque l'ancien maire, M. Salmon, affecte de m'interrompre pour mettre en avant le nom de M. Claudel. J'essayai de lui imposer le silence et lui adressai une remontrance sur l'abus qu'il avait fait en février de son influence comme

---

(139) *Moniteur*, 1869, p. 1557.
(140) *Journal Officiel*, 1878. p. 356.
(141) Archives Nationales, 7 août 1852.

maire... Cette admonestation ne se fit pas sans de fréquentes interruptions de la part de M. Salmon, mais celles-ci n'eurent d'autre effet que d'imprimer à mes paroles plus de fermeté et d'énergie. Enfin, je l'avertis que s'il ne m'écoutait avec plus de respect, je le ferais sortir de la salle. Cette menace étant restée infructueuse, je lui dis d'un ton impératif : « Je ne souffrirai pas que lorsque l'autorité « parle et inflige à qui de droit une réprimande « méritée, on l'interrompt comme vous le faites, au « lieu de l'écouter dans un silence respectueux. Je « vous ordonne de sortir à l'instant » (142). Le préfet avait donc le moyen de toujours avoir le dernier mot aux réunions électorales organisées par lui.

Le Conseil d'Etat approuvait sans réserve toutes ces tournées : « Considérant que c'est pour détruire des bruits mensongers que le préfet s'est rendu dans les communes et a convoqué les conseillers municipaux ; qu'il s'est borné à rétablir la vérité des faits, à expliquer quelle attitude l'administration entendait prendre dans l'élection... » (143).

Si l'élection a une importance particulière, la tournée est faite par des personnages plus haut placés que le préfet, le président de la République au besoin. C'est ce qui s'est produit lors de la fameuse élection de M. de Fourtou à Ribérac en 1877. Le maréchal arrive à Ribérac venant de Périgueux. Sur tout le trajet, le préfet de la Dordogne, selon les instructions du ministre, « a à préparer un accueil empressé des populations » (144). Dans la ville même, le maréchal s'arrête non pas à la mairie, mais dans la maison particulière de M. de Fourtou et c'est là qu'il reçoit les délégations. Toutes les personnes qui occupent une situation officielle sont te-

____

(142) Archives Nationales, Vosges, 6-7 août 1852.
(143) Conseil d'Etat, 1868, p. 652.
(144) 10 septembre 1877, Intérieur à Préfet Dordogne, *Journal Officiel*, 1878, p. 10590.

nues d'être présentes à cette réception. Le président de la société de secours mutuels, républicain de bonne trempe, explique que sa conscience ne lui permet pas même une apparence d'adhésion à la politique régnante. On lui fait savoir que s'il ne se rend pas à la réception, sa société sera immédiatement dissoute ; dans le cas contraire, elle recevra une allocation extraordinaire de 600 francs. Craignant pour ses pauvres, le président de la société s'incline et les 600 francs lui sont versés séance tenante (145). Tous les maires, adjoints, conseillers municipaux et instituteurs sont informés qu'il doivent venir saluer le maréchal non pas sur le territoire de leurs communes respectives, mais à Ribérac, dans « le fief » de M. de Fourtou, tout ceci sous peine de destitution immédiate. L'affluence est donc énorme. Le maréchal distribue poignées de mains, secours, palmes académiques ; on tire un feu d'artifice, et la candidature de M. de Fourtou « est assurée ».

Examinons la situation des républicains.

La période de 1848-1881 ne reconnaît aux citoyens qu'un droit de réunion excessivement limité. Profitant de la confusion qui a existé à cette époque entre le droit de réunion et celui des associations (clubs), tous les trois régimes ont été solidaires pour réduire autant que possible la faculté des électeurs de se réunir pendant la campagne électorale.

Sous la IIᵉ République, il y eut un court instant de licence : on s'arrogea le droit de discuter en public les affaires politiques à l'aurore de 1848. Mais cela ne dura que fort peu de temps. Le 21 février 1850, à Hyères, au cours d'une réunion électorale

_____

(145) *Ibidem.*

le cri de « Vive la République démocratique et sociale » fut poussé par quelques membres de l'assistance. Le procureur général (Aix) chargeait immédiatement son substitut de requérir contre le président de la réunion, M. D..., ancien secrétaire de
mairie (146).

Le substitut à Draguignan ordonnait au commissaire de police d'évacuer la salle chaque fois que
dans une réunion électorale « les orateurs ne se bor-
neraient pas à parler des élections, mais feraient
de la politique ». Le préfet ayant émis des doutes
sur la possibilité, pour le commissaire, de distinguer
de « telles nuances », le procureur général d'Aix
protesta contre sa décision estimant que le procédé
indiqué par le substitut « serait le remède le plus
simple et le plus efficace au mal qu'il s'agit de combattre, puisqu'il aurait été le plus prompt » (147).

L'Empire autoritaire érigea les restrictions en
doctrine. Le représentant du ministère de l'Intérieur annonçait en pleine Chambre : « Une réunion
publique intéresse l'ordre, la tranquillité, la sûreté des citoyens ; le pouvoir a donc une mission de
surveillance à exercer sur les réunions de ce genre »
(148).

Une loi sur les réunions fut promulguée le 6 juin
1868, au moment où l'empire s'appelait « libéral ».
Mais cette même loi, en pratique, ouvrait à l'administration des possibilités d'arbitraire. Il était toujours loisible à la police de dissoudre, sous un prétexte quelconque, le plus paisible des meetings.
C'est un candidat de la droite qui le constatait
naïvement : « La preuve que nous sommes des

---

(146) BB 18, Archives Nationales, rapport au ministre
du 25 février 1850.
(147) Archives Nationales, BB 18, rapport du 9 mars 1850.
(148) *Moniteur*, 1865, p. 341.

hommes d'ordre et que nos adversaires sont des hommes de désordre, c'est que la police nous laisse tranquilles à nos réunions. Allez aux leurs, et vous verrez quelle surveillance, quelle police on exerce autour d'elles » (149).

Il est aussi à remarquer — chose formidable — que cette loi ne s'appliquait qu'aux réunions électorales tenues pendant les 20 jours qui précédaient les élections *législatives* (150).

La IIIe République a procédé pendant plus de 6 ans à des élections de conseils généraux et de municipalités sans qu'il fût loisible aux électeurs de convoquer la moindre réunion préalable.

Dans ces conditions, il ne restait aux républicains qu'un seul moyen d'assembler en commun leurs affaires électorales : sans publicité, dans un coin du café habituel, on prenait un apéritif et on échangeait des confidences à voix basse. Mais cela aussi n'allait pas sans grandes difficultés.

La police faisait, sur une grande échelle, une guerre acharnée aux cabarets républicains.

On commence par proposer un marché au propriétaire de l'établissement. « Monsieur le débitant — écrit le sous-préfet de Falaise à tous les limonadiers de son arrondissement — les fréquents rapports que vous avez nécessairement avec l'administration m'autorisent à penser que vous êtes tout disposé à appuyer dans les élections qui vont avoir lieu dimanche et lundi prochains, le candidat recommandé par le gouvernement ; donc, j'espère que vous tâcherez d'assurer, dans la limite de vos

---

(149) *Journal Officiel*, 1878, p. 1212.

(150) Lors de la discussion de la loi de 1868, un amendement tendant à la rendre applicable aux élections de conseils généraux fut déposé par M. de Tillancourt ; la majorité se prononça contre.

moyens, un éclatant succès à la candidature de M. Bertrand » (151).

Le 7 mars 1869, le commissaire de police d'Elne invite les cafetiers à se ranger du côté du gouvernement ; la Chambre valide, trouvant qu'il « est impossible de voir là soit une menace, soit un fait d'intimidation » (152). Le maire de la commune de Luc fait venir chez lui les cabaretiers et les maîtres de cafés et « leur enjoint, sous menace, de voter pour la liste de l'administration » : le Conseil d'Etat valide car « le maire de cette commune s'est borné à agir dans les limites de son droit » (153).

Souvent, la besogne que l'on veut faire faire au débitant est plus infâme. Florentin Thouard, limonadier à Embrun, certifie sur son honneur que M. D.-L. (le candidat officiel) est venu chez lui quelques jours avant les élections et l'a menacé de fermer son débit s'il ne consentait pas à « lui nommer quelles étaient les personnes qui avaient tenu des propos et des insultes à son égard et à celui du maréchal Mac Mahon » (154).

Si le propriétaire du café ne cède pas à ces injonctions, on procède à son exécution ; car les instructions du préfet sont formelles : « Je vous prie, Monsieur le sous-préfet, de prescrire une surveillance active à l'égard des débits de boissons et de faire constater par procès-verbal toutes les contraventions ; après condamnation, j'aurai à examiner l'opportunité d'une mesure de répression administrative » (155). Le plus souvent, la mesure de répression administrative est appliquée sans aucun recours aux tribunaux. « Attendu que le café tenu

(151) *Moniteur*, 1863, p. 1345.
(152) *Moniteur*, 1869, p. 1493.
(153) Conseil d'Etat, 1861, p. 678.
(154) *Journal Officiel*, 1878, p. 5513.
(155) *Journal Officiel*, 1878, p. 10584.

par le sieur Michel, dans la commune de Laques, sert de lieu de réunion aux partisans les plus exaltés du parti radical... sera immédiatement fermé » (156). L'hôtel de Mme X... (veuve, quatre enfants), tenu depuis 25 ans à Saint-Christophe est fermé parce que le dimanche précédant les élections, certains clients avaient « en se séparant, bu au succès des 363 » (157). Au besoin, si on n'a pas d'autres griefs contre le « délinquant », on envoie dans son café deux ou trois agents électoraux du candidat officiel et on leur ordonne d'y provoquer un petit tumulte, ce qui est si facile à organiser (158).

Mais ces mesures éparses ne suffisent pas au zèle des préfets. On instaure donc un système de fermeture générale. L'honneur d'avoir inventé cette méthode d'intimidation revient au préfet de la Haute-Loire.

> Vu l'article 2 du décret du 29 décembre 1851. Arrêté. Art. 1er. Sont déclarées nulles et non avenues toutes autorisations, délivrées par nous ou nos prédécesseurs, à l'effet d'autoriser l'ouverture de cafés, cabarets, débits de boissons et débit sur le comptoir dans le département de la Haute-Loire. — Art. 2. Les propriétaires ou détenteurs desdites autorisations ont un délai de 5 semaines, à l'effet de se faire conférer un nouveau titre (*Journal Officiel*, 1878, p. 10460).

Se faire accorder une nouvelle autorisation. C'est là que réside l'avantage du stratagème inventé par le baron de N... Pour obtenir une nouvelle autorisation il faut se procurer un extrait du casier judiciaire : démarches, délais, frais... Une lettre aux sous-préfets précise : « Cette pièce coûte de l'argent; vous pourrez donc me transmettre la de-

---

(156) *Journal Officiel*, 1878, p. 3902.
(157) *Journal Officiel*, 1878, p. 5883.
(158) *Journal Officiel*, 1878, p. 5556.

mande sans joindre le casier, si elle vous est personnellement recommandée par MM. les conseillers généraux ou par des influences conservatrices ». Et, le baron ajoute : « Je désire que les réponses favorable parviennent au pétitionnaire par l'entremise du conseiller général ou de l'influence conservatrice » qui avait recommandé le débit en question : pour qu'il n'en ignore (159).

Ces instructions sont exécutées à la lettre. Un sous-préfet écrit au préfet la lettre suivante : « Les sieurs N... N... ont subi des condamnations, mais, devant l'avis de M. de Ch..., j'estime que leurs demandes doivent être accueillies » (160).

Lorsque cette mesure de fermeture générale ne suffisait pas, on employait un procédé qui ressemble singulièrement aux lettres de cachet de l'ancien régime. Le sous-préfet de Prades (?) envoyait aux maires, le 13 octobre 1877 la circulaire confidentielle suivante :

> Je vous prie de vouloir bien faire surveiller les cafés très attentivement le jour de l'élection.
>
> Ceux dans lesquels il serait fait la propagande hostile au Gouvernement, soit par paroles, par distributions de bulletins de vote ou d'écrits, soit par menaces, faux bruits ou pression quelconque, etc., devront être fermés immédiatement.
>
> A cet effet, vous remplirez un des arrêtés en blanc que je vous adresse et le ferez notifier de suite au contrevenant. Vous m'avertirez sans retard de la mesure que vous aurez prise, en m'indiquant le nom du débitant et les motifs de cette mesure.
>
> Le lendemain de l'élection, vous voudrez bien me retourner les arrêtés en blanc dont vous ne vous serez pas servi.
>
> (*Journal Officiel*, 1877, p. 7828).

---

(159) *Journal Officiel*, 1878, p. 5685.
(160) *Journal Officiel*, 1878, p. 10460.

Bien entendu, la tactique employée vis-à-vis des limonadiers bien pensants est tout autre : non seulement on leur donne nombre de facilités, mais encore on crée de nouveaux débits là ou le besoin d'activer la campagne se fait le plus sentir. C'est ainsi que dans l'arrondissement de Cambrai en 1863, on assiste à l'éclosion de trente-deux cabarets qui ont vécu 48 heures, juste le temps de boucler le scrutin (161).

Il serait fastidieux d'énumérer toutes les autorisations délivrées à des repris de justice par les « influences conservatrices ». Tel, le sieur P..., cabaretier à Cambrai ; on le laisse rouvrir son débit malgré les quatre condamnations pour infractions à la police des lieux publics, ivresse scandaleuse, bruit et tapage nocturne, voies de fait et violences (162). Tel, le sieur L... à Saint-Pol : débit fermé pour faits immoraux; ouvert et refermé pour des faits de même nature; ouvert pour les élections du 14 octobre, « car il est situé en face de la salle de vote et peut servir de lieu de réunion dans l'intérêt de la candidature de M. A.... » (163). Tels, ces cabaretiers du Puy, condamnés pour attentats à la pudeur, prostitution clandestine et voies de faits : autorisés à ouvrir leurs débits à condition de travailler pour les candidats officiels (164).

Le tout est d'être soutenu par le candidat de l'Administration. Le sieur P..., aubergiste à Retournac, serait disposé — écrit M. M..., candidat officiel — « à faire amende honorable et à se comporter de façon à éviter tout mécontentement de la part de l'Administration » (165) ; on le réintègre

(161) *Moniteur*, 1863, p. 1466.
(162) *Moniteur*, 1863, p. 1466.
(163) *Journal Officiel*, 1878, p. 5949.
(164) *Journal Officiel*, 1878, p. 5685.
(165) *Journal Officiel*, 1878, p. 10461.

immédiatement. Quant au candidat lui-même, il se contente de fort peu. Il lui suffit que l'autorisation soit accompagnée d'une lettre « établissant que c'est sur ma demande que vous avez voulu fermer les yeux sur le passé de Ch... » (166). Plus souvent, l'autorisation est envoyée au candidat lui-même : « le document est entre les mains du marquis ; qu'il agisse suivant sa convenance » (167).

LA CAMPAGNE ÉLECTORALE

4. — La presse

Peu de choses à dire sur la presse électorale de la droite. Chaque préfet a un journal local à sa dévotion. Ce journal n'est préfectoral qu'officieusement ; autant dire qu'il jouit de toutes les libertés réservées aux favoris de l'Administration et qu'il ne porte aucune des responsabilités qui lient les publications officielles. Il peut donc déverser sur la tête des candidats de la gauche les pires calomnies : le préfet reste dans l'ombre, inattaquable. Mais ce journal n'est astreint à aucune des formalités si gênantes établies par les lois, car son rédacteur est ami et confident de ceux qui sont chargés de le surveiller (168). Le rôle joué par le *Bulletin*

---

(166) *Journal Officiel*, 1878, p. 10460.
(167) *Journal Officiel*, 1878, p. 10626.
(168) *Journal Officiel*, 1878, p. 1213. « Tous les éléments de la publicité, sans limites matérielles ni légales, ont été le monopole exclusif de la candidature officielle: tous les journaux qui la soutenaient s'expédiaient par ballot, se vendaient librement dans les rues, se donnaient à tout venant, se placardaient sur les murailles. Des multitudes de brochures, de pamphlets se colportaient librement, se pouvaient lire à la porte des mairies et même dans les salles de vote; partout, les officiers municipaux les commissaires de police, les agents les portaient de groupe en groupe de maison en maison en même temps que les cartes électorales, les circulaires, les bulletins de vote du candidat officiel. »

des Communes, organe semi-officiel du ministère de l'Intérieur, pendant la campagne de 1877 est trop connu pour que nous y revenions ici.

Les lois restreignant la liberté de la presse n'existent que pour les républicains. Or, elles sont formidables. C'est un ensemble de dispositions disparates, surannées, ouvertes à tous les arbitraires : il n'a disparu qu'en 1881, le 29 juillet.

Ces lois établissent d'abord un champ clos de questions politiques sur lesquelles il n'était permis d'exprimer que des idées-types approuvées par la police. Dans aucun autre pays le délit d'opinion n'a fleuri avec autant d'exubérance qu'en France. Les tribunaux avaient même renchéri : quand il était impossible d'incriminer, comme séditieux, un article déterminé on poursuivait pour la « tendance générale » donnée au journal par sa direction.

Voici une liste très approximative des questions sur lesquelles il était interdit d'avoir une opinion personnelle : la religion, la morale, l'obéissance aux lois (Loi du 17 janvier 1819) ; le principe de la propriété et de la famille (Décret du 1er août 1849) ; l'Assemblée Nationale, le principe de la souveraineté nationale et du suffrage universel (décret du 11 avril 1848 et loi du 29 décembre 1875) ; il était aussi interdit aux journalistes d'exciter les lecteurs à « la haine et au mépris du gouvernement » et des « citoyens les uns contre les autres », de « troubler la paix publique » et de « propager l'esprit de révolte » ; ces délits étaient punissables même s'ils n'étaient suivis d'aucun effet. En somme, tout article de polémique politique un peu vive devait rentrer soit dans l'une, soit dans plusieurs de ces catégories réservées (169).

---

(169) Pendant longtemps, les débats du Corps Législatif avaient eu lieu à huis clos. Le compte rendu sténo-

Mais ce n'est pas tout. Tout article de discussion politique, philosophique et religieuse (Loi du 16 juillet 1850) devait être signé du vrai nom de son auteur. La loi du 17 février 1852 interdisait la publication de tout article émanant d'un « individu condamné à une peine afflictive ou infamante ». Il suffisait donc au gouvernement de faire condamner un adversaire politique pour lui enlever toute possibilité de publier des articles même ne contenant aucun délit d'opinion.

Pour réduire les garanties judiciaires, la IIIe République n'avait pas hésité à enlever au jury — et cela le 29 décembre 1875, en pleine préparation des élections de la première Chambre des députés — presque la totalité des délits de presse.

L'exposé des motifs de cette loi est ainsi conçu : « Nous constatons avec regret dans la presse de nos jours une tendance à oublier les discussions des principes pour les polémiques injurieuses et personnelles, à tourner l'attaque et la dérision contre les personnes, à jeter l'outrage contre tous ceux qui sont dépositaires de l'autorité publique ». Pour mettre fin à ces « abus » le législateur transférait aux tribunaux correctionnels, c'est-à-dire à des juges de profession, l'ensemble des poursuites les plus délicates à juger : tous les délits d'outrage et

---

graphique constituait un secret d'Etat et n'était pas publié même dans le *Moniteur*. Un compte rendu analytique, où le bureau du Corps Législatif ne laissait passer que ce qui convenait au ministère, remplaçait toute autre information concernant les séances du Parlement. Plus tard, le compte rendu sténographique commence à paraître dans le *Moniteur* , mais aucun orateur ne pouvait en extraire son discours pour le publier séparément : il fallait au préalable obtenir un vote du Corps Législatif qui donnait ou refusait l'autorisation, éventuellement après débat.

de diffamation, les délits d'apologie de crimes, d'appels séditieux, de provocation et même de publication « de nouvelles fausses ».

Tel est le côté juridique de cette question (170). Un véritable guêpier se dressait devant tout journaliste républicain et, à plus forte raison, républicain-radical (171). Voici quelques citations qui permettront d'apprécier, à sa juste valeur, la « liberté » dont jouissaient à cette époque les journaux de gauche.

En 1851, le préfet du Nord demandait au ministre s'il devait « laisser poser des candidatures par les journaux » (172). Il reçut la réponse suivante : « Laissez poser les candidatures par les journaux à l'exception de celles dont les noms et les termes sont hostiles ».

Plusieurs autres demandes d'instructions analogues témoignent que le droit des journaux de

---

(170) Circulaire du 18 septembre 1859 aux préfets : « Le droit d'exposer et de publier ses opinions, qui appartient à tous les Français... ne doit pas être confondu avec l'exercice de la liberté de la presse par la voie des journaux périodiques. Les journaux sont des forces collectives et, sous tous les régimes, ils ont été soumis à des règles particulières. L'État a donc des droits et des devoirs de précaution et de surveillance exceptionnels sur les journaux et quand il se réserve de réprimer directement leurs excès par la voie administrative, il n'entrave pas la liberté de la pensée, il exerce seulement un mode de protection de l'intérêt social. » Seignobos, VII, p. 6-7.

(171) Encore plus compliquée était la législation concernant le métier des imprimeurs. « Nous élevons de belles statues au bonhomme Gutenberg, mais nous faisons, hélas! la vie dure à ses successeurs. Un des doyens de cette corporation me disait : « Sans le vouloir, sans le savoir, je commets au moins une contravention par jour. » (Ferry, p. 72.)

(172) Archives Nationales, 25 février 1852.

préconiser des candidatures non approuvées par le gouvernement était contesté par les préfets (173).

En 1852, la *Gazette de Flandre* « retraçait avec affectation et en caractères italiques » les termes de l'article 38 de la loi concernant les peines à appliquer à ceux qui intimideraient les électeurs ; elle « avait aussi soin d'ajouter comme compris dans cet article, les préfets, sous-préfets, etc. » Le préfet du Nord interdisait la publication de ce journal : « C'est parce que je renferme mon action administrative dans le cercle d'une légitime et loyale influence que je ne puis pas permettre que cette action soit hypocritement dénaturée » (174).

Enfin à Bordeaux, *La Tribune* « plaçait en tête de sa feuille les articles 1, 4, 25 et 110 de la Constitution, en ayant soin d'en souligner quelques mots ». Cela avait suffi pour que le procureur de la République fît condamner le rédacteur responsable. « L'intention de cette publication ainsi répétée, était facile à comprendre ; c'était une protestation contre la loi du 21 mai 1850 (modification du nombre des électeurs appelés à voter) » (175).

Le procureur de la République à Rennes allait encore plus loin. Dans un rapport très étudié et directement adressé au ministre de la Justice, il expliquait que la République ne pourrait être sauvée de « tous les ennemis qui s'efforcent par tous les moyens de nuire à son établissement » que si le gouvernement faisait immédiatement voter une nouvelle loi ; cette nouvelle loi érigerait en délit

(173) Préfet de la Dordogne au ministre de l'Intérieur Archives Nationales, 17 février 1852. Préfet du Doubs, 11 février 1852 : « Faudrait-il leur poser des conditions ? »
(174) Archives Nationales, 25 février 1852.
(175) Archives Nationales, BB 18, 16 juillet 1851.

sévèrement punissable « le débit continuel de nouvelles alarmantes » (176).

Quand l'absence d'une loi répressive ne permettait pas l'intervention jugée nécessaire par le préfet, on avait recours à des subtilités de procédure
propres à donner le résultat voulu. A la veille des
élections de 1877, le préfet de la Dordogne faisait
saisir l'*Avenir de la Dordogne* « sauf à faire régulariser la saisie administrative (illégale) par l'autorité judiciaire ». Et le ministre, se faisant complice de ces manœuvres, demandait à son collègue
de la Justice, d'envoyer les instructions nécessaires
au procureur général de Bordeaux. L'ordre de
poursuivre partit de Paris et fut exécuté par le
procureur, mais comme il n'y avait dans le journal
aucun article pouvant tomber sous l'application de
la loi, le non-lieu intervint dès que le scrutin fut
terminé (177).

La véritable source des difficultés contre lesquelles avait à lutter tout journaliste indépendant n'é-
tait pas dans les lois, mais dans leur application
et leur interprétation.

A cette époque, la libre discussion n'était pas
dans la tradition française, ni la liberté de la
presse dans les textes juridiques ; non plus était-elle
entrée dans les mœurs et c'était là le péril. Qu'un
ministre réactionnaire de Mac-Mahon citât avec
une horreur non feinte un pamphlet préconisant
« l'abolition de tous les impôts et leur remplacement par un impôt unique sur le revenu » : passe
encore... Mais que dire de cette séance de la Chambre où la gauche républicaine invalidait une élection corse pour la seule raison qu'un comité bonapartiste avait eu l'audace d'afficher — et, remar-

(176) Archives Nationales, BB 18,-2 août 1848.
(177) *Journal Officiel*, 1878, p. 10591.

quons bien, *sans visa* du candidat, — l'affiche anodine dont voici le texte complet :

> La Corse qui, depuis les jours cruels de 1870 fait l'admiration du monde entier par sa constance et sa fidélité, donnera ainsi un ouveau gage d'amour à nos augustes exilés.
>
> Electeurs, pensez à eux en allant à l'urne !
>
> Lorsque l'heure légale de la révision sonnera, M. Denis Gavini sera le fidèle interprète de vos sentiments, et il demandera en votre nom l'appel au peuple comme le seul moyen d'établir un gouvernement fort et durable.
>
> Et alors, électeurs, nous verrons se réaliser toutes nos espérances !
>
> Corte, le 6 février 1876. Pour le Comité bonapartiste de Corte.
>
> Le Président : Napoléon Arrighi Casanova.
> (*Journal Officiel*, 1876, p. 2212).

Cette intolérance politique, était générale et l'incident Gavini était bien loin d'être un fait isolé. Une autre élection a été annulée après lecture d'une affiche électorale qui nous ferait aujourd'hui sourire, mais qui, en 1876 souleva une tempête d'indignation : ce furent M. Seignobos et M. Henri Brisson qui intervinrent dans le débat pour demander des poursuites judiciaires. Voici un extrait du compte rendu officiel :

> *M. Houyvet, lisant :* « ...Et ce n'est pas tout. Cela, c'est ce qu'ils avouent. Ce qu'ils n'avouent pas, c'est ce que veulent les communards, dont ils demandent le retour : les hommes de la Commune veulent :
>
> Abattre et dépécer la propriété.
> Proscrire en masse les propriétaires.
> Supprimer les cultes.
> Supprimer la famille.
> Oui, tout, ils attaquent tout ;

Dieu, ce Dieu qui nous reçoit au berceau et nous conduit dans la terre noire du cimetière.

La famille, ce qui est à nous plus que la vie même. Car c'est nous qui l'avons créée. Ma femme est à moi. Gare à qui y touchera. Mes enfants, avant de me les prendre, nous compterons. Et ma propriété, ce pourquoi mon père et le père de mon père et moi travaillons depuis cent ans ; ce que nous avons arrondi, fertilisé, accru chaque année. C'est à moi cela !

Qu'on y prenne garde ! Si les gens de Paris sont forts, nous ne sommes pas lâches nous aussi.

S'ils ont des fusils, nous en aurons ! »

(*Une voix à gauche*) On ne peut rien écrire de plus séditieux !

M. Charles Floquet. — C'est la contre-partie du discours de Belleville.

M. Seignobos. — Et le parquet n'a pas poursuivi ?

M. Henri Brisson. — Est-ce qu'il n'y a pas de procureur de la République dans ce pays-là ?

M. Houyvet (continuant). — « Voilà ce qu'ils veulent les Républicains. »

(*Journal Officiel*, 1876, p. 2189).

Citons encore cette invalidation :

Le rapporteur... « Ainsi Monsieur, tandis que vos agents colportaient dans les campagnes la nouvelle terrifiante : « Que le Midi est en feu, qu'on « y promène le drapeau rouge, qu'on saccage les « églises, etc. », vous imprimez qu'à Paris, en plein Paris, les conscrits arborent aussi le drapeau rouge et hurlent : « Vive la Commune ! » (*Exclamations et rumeurs d'indignation à gauche « Aux voix ! Aux voix ! »*).

Messieurs, j'aurais bien d'autres choses encore à porter à votre connaissance, mais je vois que votre opinion est faite. Je crois qu'il est inutile de prolonger le débat, et je réponds à votre désir en descendant de cette tribune.

(*Journal Officiel*, 1876, p. 2192).

Si, en 1876, la gauche républicaine manifestait de telles tendances, on ne peut point s'indigner en lisant le texte d'un « Discours aux ouvriers » qu'un commissaire du gouvernement citait au Corps Législatif, comme exemple d'écrits séditieux, de publication qu' « aucun gouvernement ne saurait tolérer ».

> « Est-ce que vous pouvez rester plus longtemps à l'état d'îlots ballottés chaque jour par des maîtres qui s'enrichissent de votre travail en se croisant les bras ?... Qu'on est bien ici, que ces murailles simples sont belles à côté des marbres du Corps Législatif. Nous sentons ici des cœurs qui battent comme les nôtres pour la conquête de la liberté. Là-bas nous ne trouvons que des hommes égoïstes, dont les aspirations tendent à nous faire reculer, nous qui ne voulons que marcher en avant. Vous voulez notre patrie belle et libre. C'est ainsi que nous l'avons laissée, mais, hélas ! Qu'en a-t-on fait ? Le pouvoir d'aujourd'hui, que nous donne-t-il ? La liberté asservie et la honte ».
> (*Moniteur*, 1865, p. 341).

Les mœurs aidant, l'arbitraire se donne libre cours. Personne, en somme, ne sait exactement ce qui doit être permis et ce qui doit être défendu ; on se rabat sur la formule : faire disparaître tout ce qui est obstacle au succès. L'honorable Ricard, en développant son interpellation du 21 janvier 1873, n'avait-il pas dit : « Je demande à M. de Broglie et à son sous-secrétaire d'Etat d'appliquer les principes de leur vie, d'appliquer les doctrines qu'ils ont professées à la tribune (178) ; et s'ils ne le veulent pas, s'ils veulent boire jusqu'à la lie le calice amer des renonciations, s'ils veulent revenir au régime de l'Empire, je leur demanderai de-

---

(178) Pendant la Commune, M. de Broglie avait protesté contre le poison de la dictature et avait fait appel « aux remèdes douloureux, mais vigoureux et virils de la liberté ».

nous apporter une loi ; quelque draconienne qu'ils puissent la faire, elle vaudra mieux que leur arbitraire ».

L'arbitraire règne en maître sur tout ce qui concerne la presse électorale. L'arbitraire, en même temps que le mépris souverain pour celui qui se laisse maltraiter sans savoir trouver un moyen de défense. C'est sans avoir pu provoquer une crise ministérielle que Gambetta lança à la face du cabinet le texte d'une circulaire confidentielle que le ministre de l'Intérieur avait adressée le 4 juin 1873 à tous les préfets : « Envoyez-moi un rapport sur la presse dans votre département. L'heure est venue de reprendre, de ce côté, l'autorité et l'influence qu'une affectation de neutralité indifférente avait détruites. Dites-moi les journaux conservateurs ou susceptibles de le devenir *quelle que soit d'ailleurs la nuance à laquelle ils appartiennent, leur situation financière et le prix* qu'ils pourraient attacher au concours bienveillant de l'administration ».

Pareilles instructions étaient souvent exécutées par les préfets avec un zèle qui les emmenait loin. Témoin, ce préfet de Vaucluse qui s' « était rendu maître » du *Journal du Midi* « sans bourse délier » moyennant promesses le certain service de dépêches télégraphiques : dès que le directeur du journal eut fait mine de ne pas obtempérer aux ordres du préfet, celui-ci « lâcha sur lui le parquet » et fit tant et si bien — soutenu dans ses efforts par le ministre — que le gérant et le rédacteur, une fois en prison, signèrent une capitulation complète (179).

---

(179) *Journal Officiel*, 1878, p. 1842.

LE COLPORTAGE

L'histoire de la réglementation du colportage est l'histoire des vexations secondaires et sournoises, auxquelles était soumise la presse à l'époque des candidatures officielles.

Il ne suffisait pas d'avoir pu publier un journal ou une brochure : il fallait encore la répandre parmi les électeurs ; la réglementation du colportage avait pour but d'enlever cette possibilité aux candidats de l'opposition.

C'est à la IIe République que revient le triste honneur d'avoir introduit dans la législation française la loi du 27 juillet 1849, source de toutes les brimades, et c'est Odilon Barrot lui-même qui défendit cette loi : « Tel écrit qui jouit d'une entière franchise pour la publicité, au point de vue du colportage ne sera permis qu'autant que le préfet l'aura autorisé ». On parla à l'Assemblée des colporteurs qui iraient solliciter dans l'intérieur des familles la curiosité des filles de maison pour leur présenter des ouvrages obscènes ; on fulmina contre le colportage « qui s'infiltre et s'impose » ; et, en fin de compte, on alla jusqu'à repousser un amendement par lequel la liberté du colportage aurait été maintenue pour les écrits électoraux.

En vertu de cette loi et des circulaires qui se greffèrent sur son texte, naquit la « spécialité » de l'autorisation délivrée par la police : le colporteur s'engageait à ne colporter que des écrits bien pensants ; il eût été exorbitant que le préfet se fît « complice » des révolutionnaires en couvrant de son autorité des écrits subversifs ou malveillants ; donc, son autorisation ne couvrait, *spécialement*, que les ouvrages énumérés dans un catalogue du colportage. Le catalogue était établi par une commission du colportage, grand conclave de la censure préventive des livres admis au bénéfice du colportage. Et la concordance entre le catalogue de la commission d'un côté, et la besace du colporteur de l'autre, était garantie par l'estampille dont il existait deux modèles : rouge pour le département, un seul département, c'est-à-dire ne valant rien dans le département d'à-côté, — et bleue pour l'ensemble du pays, l'estampille bleue, que le colporteur de province ne pouvait obtenir car, pour l'avoir il fallait se rendre à Paris.

> Ainsi naquirent, sans loi, sans droit, sans autre raison que la raison d'État, en vertu d'une simple circulaire ministérielle, la commission de colportage, occulte congrégation de l'Index implantée sur le sol même de Paris, et l'estampille qui va marquer de sa tâche officielle sur tous les points du territoire, le livre, la brochure ou l'image digne de la tutelle de l'État.
>
> (Rapport Milland, Chambre des Députés, séance du 19 janvier 1878, *Journal Officiel*, p. 4016).

La liberté rendue par la IIIe République au colporteur par la loi du 10 septembre 1870 ne fut que de très courte durée. Dès le 23 avril 1871, le garde des sceaux publiait une circulaire qui n'augurait rien de bon pour les hommes de lettres. « Il se trouve, disait-il dans le style pompeux de tous les réactionnaires, des écrivains qui déshonorent leur plume par les plus honteuses apostasies et les entreprises les plus violentes contre les principes essentiels de tout ordre social. Ils ont longuement et vivement demandé le suffrage universel, et ils outragent aujourd'hui, sans relâche, une Assemblée qui en est incontestablement l'expression la plus libre et la plus certaine »...

On créa donc, le 27 juillet 1871 (une fois de plus, par simple circulaire ministérielle, ne reposant sur aucun texte de loi positive), un *Bureau de colpor-tage* qui reprenait toutes les fonctions de la commission napoléonienne sans en porter le nom. L'estampille renaissait en même temps, comme simple conséquence des pouvoirs dévolus au bureau. Les préfets ne pouvaient estampiller que les « publications locales sans importance ». Toutes les fois qu'un ouvrage avait un caractère « politique, religieux ou social », le ministre lui-même devait être consulté (Circulaire du 27 décembre 1872).

Les rigueurs d'interprétation de cette circulaire dépassèrent tout ce qui avait été imaginé sous l'Empire. Notamment les cours de Douai et de Toulouse assimilèrent au colportage, pour obliger le ministre de l'Intérieur, toute remise à domicile de journaux périodiques, même si cette remise était faite à des abonnés. Tout journal de l'opposition pouvait être étouffé sans autre forme de procès.

La loi de 1875 était destinée à mettre fin au principe de la « spécialité » des autorisations préfectorales. Les préfets n'en tinrent aucun compte (180). Sous divers prétextes, ils ne délivraient l'autorisation qu'aux colporteurs qui fournissaient le gage de leur loyauté, autrement dit qui ne vendaient que ce qui plaisait au préfet. Il fallut publier une nouvelle loi (du 9 mars 1878) pour que le colportage devint définitivement libre. Pas entièrement, cette fois encore. Car Goblet lui-même, tout en combattant l'arbitraire des préfets préconisait les anciennes rigueurs pour les écrits non périodiques. Selon lui, la presse non périodique, « quand elle se fait l'instrument d'un délit, est presque toujours anonyme ; elle ne dénonce pas, elle cache l'auteur, souvent même l'imprimeur ; la responsabilité reste incertaine ; les garanties de moralité exigées du

______

(180) Rapport Goblet, Sirey, 1878, p. 320.

colporteur assurent qu'il ne prêtera pas son concours à une œuvre délictueuse ».

Tel était l'ensemble des restrictions imposées au colportage. Bien entendu, elle ne se déclanchaient que contre les républicains. La réaction était libre de faire ce qu'elle voulait. Un seul exemple. A Cosne, cinq jeunes gens distribuaient le journal *Le Nivernais* : un conseiller général du canton dépose une plainte en diffamation contre ce journal; alors on s'aperçoit que les « jeunes gens » en question n'étaient en possession d'aucune autorisation de colportage. Craignant que ce fait pourrait être constaté lors de l'enquête judiciaire, le sous-préfet de Cosne envoie au préfet une dépêche ainsi conçue : « L... dépose une plainte au parquet pour colportage illicite et injures aux républicains ; envoyez autorisations en blanc pour ces individus ; je compléterai » (181).

La situation des républicains était toute différente. Voici deux illustrations, dont l'une remonte à l'époque de la II⁰ République et l'autre date de 1877.

En mars 1850, à Colmar, un comité électoral démocratique s'était formé. Le candidat officiel fit publier une brochure dans laquelle il déversait sur les membres de ce comité les pires accusations : il les accusait de vouloir « ramener le pays à 1793, entasser dans des charrettes, pour les traîner au supplice, les jeunes filles et les vieillards, de vouloir redresser la guillotine pour inonder nos places publiques de mares de sang, etc. » Le comité fit imprimer une réponse, rédigée dans les termes les plus modérés. Le préfet y trouva cependant un passage répréhensible : « Les adversaires du comité étaient traités de royalistes »... Ce mot étant « in-

_____

(181) *Journal Officiel*, 1878, p. 10585.

constitutionnel », j'ai fait connaître mon refus d'autoriser la distribution » (182). On saisit donc 5.500 exemplaires de la réponse et, par surcroît de prudence, on mit la main sur 15.000 bulletins de vote ne contenant que les noms des candidats. Ecœurés, les membres du comité libéral, un ancien sous-préfet et plusieurs commerçants importants adressent au préfet une sorte de défi : « Nous venons vous prévenir, Monsieur le préfet, que notre intention est de nous rendre jeudi prochain 7 du courant à midi sur la place du Marché pour y distribuer les écrits dont vous avez interdit le colportage ». Le dossier est muet sur ce qui se passa après, mais un rapport de gendarmerie du 27 mars 1850, nous apprend quelques détails qui nous permettent de reconstituer la suite. « Le président du comité démocratique n'a pas été conduit la chaîne au cou ; on l'a traité avec égards ; de Saint-Louis à Altkirch seulement, il a été attaché parce que le nombre des détenus s'élevant à six, était trop dangereux pour deux gendarmes ; il y a tout lieu de croire que la paille sur laquelle il a couché à Tierentz était fraîche ». Le « il y a lieu de croire » est délicieux...

Sous la III⁰ République les choses ne se passaient pas autrement. Le 8 juillet 1877, le préfet de la Haute-Loire envoyait à tous les sous-préfets la circulaire suivante :

> Par mon arrêté, en date du 7 juin, j'ai déclaré nulles et non avenues, à partir du 20 courant, les autorisations de colportage délivrées par mes prédécesseurs ou par les vôtres et j'ai envoyé les colporteurs en exercice à se pourvoir d'une nouvelle autorisation.

---

(182) Archives Nationales, Préfet du Haut-Rhin au ministre de l'Intérieur, 21 mars 1850.

> Je vous invite à ne délivrer aucune de ces nou-
> velles autorisations avant d'avoir reçu mes ins-
> tructions. Je compte, en effet, vous communiquer
> une liste de certains journaux que je désire ne
> point voir entre les mains des colporteurs et c'est
> sous cette condition seule que je leur délivrerai
> l'autorisation.

Quelques jours après, la liste en question parvenait aux sous-préfets avec une nouvelle circulaire. Les autorités locales étaient invitées à faire
venir par-devant elles les colporteurs et à leur tenir
le langage suivant :

> Vous avez le droit de vendre tous les journaux,
> en vertu de la loi de 1875. Mais en vertu de la loi
> de 1849, je suis juge de votre moralité et seul dis-
> pensateur des permis de colportage. Par suite, je
> vous avertis que, si vous colportez les journaux
> dont je vais vous lire les titres, je ne vous con-
> sidère plus comme donnant des garanties néces-
> saires à l'ordre social et je vous retire l'autorisa-
> tion.

La circulaire se terminait par l'aveu que voici :
« Je sais parfaitement que cette jurisprudence est
une manière de tourner la loi; mais dans les circonstances graves que nous traversons je l'adopte
sous ma responsabilité » (183).

Le ministre couvrait le préfet en lui envoyant
la lettre suivante :

> Je n'ai pas à vous envoyer la liste que vous de-
> mandez. Les journaux se partagent actuellement
> en deux nuances bien tranchées : ceux qui atta-
> quent le gouvernement et ceux qui le défendent.
> Vous devez faciliter la diffusion de ces derniers
> et refuser l'autorisation du colportage aux ven-
> deurs des premiers dans les gares comme sur la
> voie publique. C'est à vous de vous renseigner.
> (*Journal Officiel*, 1878, p. 1840).

---

(183) *Journal Officiel*, 1878, p. 5686.

La liberté personnelle

Ce calvaire des électeurs républicains est déjà assez long. Nous ne sommes pas encore au bout. Au-dessus et à côté de toutes les vexations, il existait encore, pour tout électeur et pour tout candidat républicain, un danger pour ainsi dire immanent et organique ; celui d'une arrestation arbitraire, la liberté individuelle n'étant pas garantie.

La doctrine officielle était exprimée de la façon suivante dans le Dalloz : « Les libertés publiques doivent être respectées sans aucun doute ; mais lorsquelles servent de masque à des prétentions illicites, lorsqu'elles sont employées comme moyen de répandre l'agitation et le désordre dans le pays, lorsqu'elles tendent à appeler les masses populaires dans l'arène politique, enfin d'influencer par leur poids les décisions de l'autorité suprême, elles cessent d'avoir droit à la protection légitime qui leur est due ».

Sous l'Empire, les derniers vestiges de cette liberté primordiale avaient été détruits par les déportations et les mises en surveillance. A cette époque, il suffisait au ministre de prendre une mesure de sûreté contre un candidat pour qu'il ne pût ni poser sa candidature, ni même prendre part au scrutin. « Les individus placés sous la surveillance de la police générale ou internés doivent être rayés des listes électorales comme s'ils avaient subi des condamnations judiciaires » (184).

Du reste, les préfets n'avaient pas besoin de telles instructions : de leur propre initiative, ils prenaient des mesures de rigueur contre les républi-

---

(184) Archives Nationales, Ministre de l'Intérieur au préfet du Cher, 27 juillet 1852.

cains qui osaient poser leur candidature. C'est ainsi que nous trouvons dans les dossiers de l'Eure, aux Archives Nationales, un long rapport du préfet de l'Eure (185) qui explique que M. de Morlac, interné politique à Rennes, « autorisé par exception à maintenir sa résidence à Verneuil » a osé renouveler sa candidature et « rallier à lui tous les anciens démagogues du canton ». Le préfet n'a pas eu un moment d'hésitation : « une pareille attitude, outre le danger qu'elle offrait pour les élections, m'a paru détruire toutes les considérations d'indulgence dont M. de Morlac avait été l'objet et mériter une mesure d'ordre immédiate. J'ai prescrit sur le champ l'arrestation de cet interné ».

« La candidature du sieur Dumény déjà condamné à six mois d'expulsion du département, agite et inquiète beaucoup la population du canton ; je demande d'urgence son internement dans une ville très éloignée de ce département » (186).

Les candidats qui ne tombaient pas sous l'application de la loi de la sûreté générale, se voyaient exposés à des mesures de coercition indirectes. A Poitiers, en 1861, les républicains portèrent leur choix sur le doyen de la faculté de droit, M. Greland : le lendemain, le préfet invitait chez lui le savant et le priait « vivement » de retirer sa candidature. On se rabattit sur un autre candidat, avocat et professeur à la faculté de droit, M. Bourbeau, qui déclara carrément qu'il était décidé à braver une destitution éventuelle. Le préfet fit alors venir l'imprimeur qui devait tirer les professions de foi de M. Bourbeau et lui annonça que s'il persistait dans ses intentions, le gouvernement « sera dans la triste

____

(185) Au ministre de l'Intérieur, 26 juillet 1852.
(186) Archives Nationales, Préfet du Gard au ministre de l'Intérieur, 24 juillet 1852.

obligation de lui retirer son brevet ». Un troisième candidat apparut sur la brèche ; il était aussi professeur à l'école de médecine ; menacé de perdre sa chaire, il suivit l'exemple de ses prédécesseurs. Finalement, on trouva un candidat républicain qui n'était pas professeur ; c'est son gendre qui aspirait à le devenir. Nouvelle intervention du préfet : « le gouvernement ne pourra que contrecarrer les ambitions légitimes de M. votre gendre ». Le candidat du gouvernement à Poitiers fut, en fin de compte, élu sans concurrents (187).

La liberté personnelle des simples électeurs n'était pas mieux garantie. Dans les Pyrénées-Orientales, décimées par les proscriptions, le journal officieux de la préfecture publiait, la veille des élections de 1869, un article qui s'adressait aux gens animés de « passions révolutionnaires » et qui se terminait ainsi : « Lorsqu'on voudra vous lancer dans de nouvelles aventures, jetez les yeux sur votre femme, sur vos enfants ; demandez-vous s'il ne pourrait pas vous arriver d'être encore une fois séparés d'eux... » (188). Le préfet de la Gironde adressait aux maires une circulaire qui s'attaquait aux républicains, ces « malfaiteurs qui veulent exercer leur coupable industrie en couvrant leurs manœuvres de prétextes électoraux » ; les maires étaient invités à prendre contre les gens de cette espèce « telles mesures que leur prudence suggérera » (189).

En quoi pouvaient consister ces « mesures de prudence » ? Le procureur général de Rennes annonce au ministre que le domestique d'un négociant parcourait les campagnes en disant que M. de I., candidat officiel, était la cause de l'augmentation

---

(187) *Moniteur*, 1862, p. 345.
(188) *Moniteur*, 1869, p. 1495.
(189) *Moniteur*, 1869, p. 1509.

des prix du tabac : « J'ai autorisé mon substitut de
requérir, comme il le demandait, un mandat d'amener contre cet homme » (190). Le reste était à l'ave-
nant, et le préfet du Calvados avait bien raison en
écrivant au ministre : « Le département voit avec
une particulière satisfaction la conscience que les
factions extrêmes ont acquises de l'impossibilité,
pour elles, de lutter contre l'autorité, quel que soit
le manteau dont elles se couvrent » (191). Le but
proposé par le ministre était pleinement atteint :
« Il faut que l'anarchie soit désorganisée complètement » (192).

Signalons que les républicains gagnaient fort peu
de chose quand, malgré et contre tout, ils réussis-
saient à faire élire un des leurs : à Châteaudun, en
1852, un représentant de l'opposition obtint un siège (sur 36) dans le Conseil municipal ; « mettre
cet individu en observation », apostille le ministre
en marge du rapport du préfet (193).

Dans ces conditions, seuls, avaient raison les préfets — et leur nombre n'était pas insignifiant —
qui demandaient, purement et simplement, la ces-
sation de toute espèce d'élections locales et parlementaires. « Je ne puis donc, Monsieur le ministre,
qu'insister auprès de vous pour signaler les inconvénients indirects des élections sous le rapport de
l'agitation et de la division que cela met dans la
société et dans le public » (194). « Toute personne
sage et de bonne foi — ajoutait le préfet des Vosges — reconnaîtra que le peuple français vit aujourd'hui sous l'empire d'institutions peu conformes
à son génie propre, à son éducation, à ses habitudes
et à la forme de sa civilisation ». Il faut donc dire

(190) Archives Nationales, BB 18, 29 mai 1863.
(191) Archives Nationales, Calvados, 6, 2 mars 1852.
(192) Archives Nationales, Nord, 14 décembre 1851.
(193) Archives Nationales, Loir-et-Cher, 12 août 1852.
(194) Archives Nationales, Eure, 10 août 1852. –

franchement aux populations : « Votre inaptitude est désormais avérée et elle a été funeste aux intérêts généraux », — et ne pas leur imposer le dépôt dans l'urne électorale de votes qu'ils ne comprennent pas. « Leur facilité d'accueillir les suggestions perfides des partis hostiles à l'ordre social est un fait incontesté et il ne faut plus les exposer aux manœuvres à l'aide desquelles on surprend leur bonne foi » (195). Et le préfet des Bouches-du-Rhône : « L'intervention directe du principe de l'autorité vaudrait mieux pour la bonne composition des conseils (municipaux et généraux) qu'un système électif qui ne peut être abandonné à ses conséquences normales sans compromettre de nouveau la paix publique » (196). Ces préfets avaient le courage de leurs opinions, courage qui a toujours manqué à l'Empire lui-même. Le fameux principe plébiscitaire n'a jamais été qu'un leurre et un trompe-l'œil.

L'absence des libertés politiques nécessaires rendait les élections illusoires, surtout dans les campagnes où les paysans, ignorant les premiers éléments de la notion de légalité, se terraient, tremblant devant l'administration et ne sachant point distinguer entre l'autorité et l'arbitraire (J. Ferry) : « Vis-à-vis du pouvoir local son état d'esprit habituel est un fatalisme naïf très difficile à convertir ; quand on lui parle de recours et de garanties, il vous écoute, mais sans vous croire ».

Mais il serait erroné de supposer qu'il n'en fut pas toujours ainsi aux diverses époques du suffrage universel. Il y eut évidemment des hauts et des bas dans la pression exercée contre les citoyens ; mais, en général, la notion de liberté individuelle était sinon ignorée, du moins sommaire.

L'état de siège couvrait presque la moitié de la

____

(195) Préfet des Vosges, Archives Nationales, 18 mai 1850.

(196) Archives Nationales, 6 août 1852.

France jusqu'à la fin de la présidence du maréchal Mac-Mahon ; simple constatation. Mais, même sans état de siège, les deux républiques ont disposé de moyens divers pour brimer et réduire à l'impuissance tous ceux qui déplaisaient à l'administration.

Quelques exemples pour montrer combien la vie publique, en 1848 et 1877, était différente de la nôtre.

Le procureur général (Toulouse) informe le ministre de la justice que le sieur Blancot avait été condamné à une peine d'emprisonnement pour port d'insignes séditieux avec lesquels il avait osé se présenter dans la salle de scrutin. Voici, en quoi avait consisté le délit du sieur Blancot :

> Les opérations avaient été menées avec assez de calme lorsqu'un nommé Sr Blancot entra dans la salle portant à son habit une rosette rouge avec une médaille à l'effigie de M. Ledru-Rollin et était de plus coiffé d'un bonnet rouge ayant la forme d'un képi.
>
> (Archives Nationales, BB 18, rapport du 23 avril 1849).

Cette condamnation n'était que de treize mois postérieure à la révolution de février !

En 1877, dans le Cantal, un républicain de marque, M. de Buignier, gros propriétaire à Auverse, fut mis en état d'arrestation la veille du scrutin. Il fut inculpé d'avoir répandu, de mauvaise foi, des fausses nouvelles. Il ne fut élargi que trois jours après le scrutin et le tribunal lui infligea une amende de 50 francs. Qu'avait-il dit de faux ? Dans une conversation privée, il avait exprimé l'opinion que « voter pour M. Fairé, c'était voter pour la guerre ». Cette phrase avait suffi au juge.

Dans le même temps, un républicain avait eu l'imprudence de dire publiquement à Bourgnac que

M. de Fourtou « n'aurait pas la majorité parce que
M. Argivier s'en occuperait ». M. Argivier était un
honorable cultivateur, ex-capitaine de mobiles, sous-
lieutenant au 93ᵉ de l'armée territoriale. Le lendemain, M. Argivier était arrêté ; le soir, menottes aux
mains, il fut conduit à Ribérac où le juge d'instruction lui signifia une inculpation de propagation de
fausses nouvelles ; il le retenait prisonnier pendant
toute la journée du 14, et il ne le libéra que quand
M. de Fourtou eût obtenu sa majorité à Bourgnac.
Un non-lieu intervint le 20 octobre ; le juge d'instruction qui avait interrogé l'inculpé était le cousin
germain du candidat, ministre de l'Intérieur (197).

On pourrait multiplier à l'infini ces citations. La
campagne de 1877 entraîna 424 poursuites pour offenses au président de la République ; 415 pour outrages aux autorités ; 114 pour cris séditieux ; 165
pour fausses nouvelles : 1.109 pour colportage illicite ; au total 3.271 poursuites et 2.709 condamnations pour délits qui n'étaient que de la propagande
électorale (198). Du haut de la tribune, le président
du Conseil avait revendiqué le droit de poursuivre
les candidats pour les opinions politiques exprimées
par eux au cours de la campagne : « Je ne sache
pas que les candidats soient des personnes inviola-
bles » (199).

Quoi de plus naturel, dans ces conditions, que les
électeurs, en fin de compte, fussent — comme le
dit un « informateur bénévole » qui correspondait
avec le préfet de l'Eure-et-Loir — « plongés dans
la taciturnité » (200). On le serait à moins.

------

(197) *Journal Officiel*, 1878, p. 10592.
(198) *Journal Officiel*, 1877, p. 7451.
(199) *Journal Officiel*, 1877, p. 7451.
(200) Archives Nationales, 3 janvier 1851.

LE SCRUTIN

Puisque l'opposition n'a pas accès aux listes électorales, les personnes non qualifiées votent en masse, pourvu que le maire soit sûr qu'elles voteront bien. Le Conseil d'Etat n'a jamais invalidé une seule élection pour le motif de votes irréguliers. « Considérant qu'il résulte de l'instruction que 22 électeurs dont les noms auraient été inscrits sur les listes électorales des communes de Saint-Jean-de-Bournay, de Culin et de Chatonnay (section de Sainte-Anne), postérieurement à la clôture de ces listes et contrairement aux dispositions de l'art. 8 du décret du 2 février 1852 ont pris part au vote : que 38 électeurs, qui, dans les sections de Chatonnay et de la Batie (comm. de Chatonnay) auraient été également inscrits irrégulièrement sur les listes électorales, se sont aussi présentés au scrutin... Mais, considérant que cette irrégularité ne saurait être considérée comme une manœuvre destinée à altérer la sincérité des élections... valide » (Conseil d'Etat, 1859, p 437). Dans la commune de Frétov, le maire a voté pour des électeurs absents et « il est suffisamment justifié » que plusieurs électeurs ont été admis à voter indûment dans les communes de Saint-Léger, de Fourgerot et de Dammartin : rejet, car « il ne résulte pas de l'instruction que ces irrégularités aient été commises de mauvaise foi et dans le but d'influencer sur les résultats des opérations électorales » (Conseil d'Etat, 1856, p. 322). A Marseille, l'administration fait voter des morts et des absents et le sieur Clapier dépose au parquet 117 cartes de ce genre : « puisque l'administration soutient que la délivrance de ces cartes a eu lieu sans fraude... rejette » (Conseil d'Etat, 1862, p. 345).

Lors du scrutin même, tous les moyens sont bons pour amener le succès du candidat préfectoral. J.

Ferry a cité une circulaire d'un maire naïf convoquant ses ouailles « à effet de réélire M. O'Quin, député au Corps Législatif ». Un autre, bon enfant, tenait ce discours : « Nous sommes ici tous unis ; vous êtes 200, voici 200 bulletins ; vous avez confiance en moi, je les mets donc dans l'urne » (201).

Là où ces moyens ne peuvent être appliqués, on procède par voie détournée.

A Saint-Féréol, le maire « avait toléré la présence dans la salle de vote de deux jeunes gens qui arrachaient les bulletins des mains des électeurs et les lacéraient quand ils portaient le nom du sieur Juge en les remplaçant par des bulletins au nom du sieur Leclère » : pas d'invalidation (Conseil d'Etat, 1862, p. 605). Dans la commune de Mer, c'est le garde champêtre qui est chargé de déchirer les bulletins des électeurs illettrés et de substituer dans leurs mains les bulletins du candidat de l'administration à ceux du requérant : le Conseil d'Etat valide, car « il n'est pas justifié que cette manœuvre, en supposant qu'elle ait été pratiquée, ait été de nature à modifier le résultat de l'élection » (1862, p. 505).

A Folleville, la méthode appliquée fut encore plus brutale. Contrairement à toutes les dispositions de la loi, le secrétaire du bureau avait écrit, séance tenante, 80 bulletins à autant d'électeurs suspects, « sans les consulter et même en usant de menaces à leur égard » ; le Conseil d'Etat valide, « car cette irrégularité n'a pas eu pour résultat d'altérer la liberté et la sincérité du vote » (1861, p. 274).

Ces incidents sont à rapprocher de celui qui eut lieu à Lausanne pendant le scrutin favorable à l'opposition : le sieur Bascoul, surpris remettant un bulletin à son ami, M. Cabrol, qui en était démuni, se voit arrêté avec son ami, dans la salle même du scrutin ; les deux délinquants, celui qui a of-

---

(201) *Moniteur*. 1869, p. 1476.

fert et celui qui a osé accepter, sont entraînés par les gendarmes sans avoir pu voter : le Conseil d'Etat annule l'élection (1862, p. 480).

Contrairement à la loi, un grand nombre d'électeurs dociles votent à bulletin ouvert ; le texte est formel, mais le Conseil d'Etat valide car « s'il est regrettable que le maire et les électeurs aient voté avec des bulletins ouverts, il résulte de l'instruction que cette irrégularité ne présente pas le caractère d'une manœuvre employée pour influencer les électeurs » (1866, p. 729). Une autre décision est encore plus explicite. Le Conseil d'Etat reconnaît que c'est à tort que « le conseil de la préfecture a déclaré que les électeurs de la ville du Blanc avaient pu valablement voter à bulletin ouvert » ; — on s'attend donc à une invalidation retentissante : — « mais considérant en fait que si quelques électeurs ont présenté leur bulletin ouvert au président, ils l'ont fait spontanément sans qu'aucune pression eût été exercée sur eux... rejette » (1859, p. 3).

Si le bulletin est remis fermé, le président du bureau est presque toujours à même de reconnaître de quoi il s'agit. « Les bulletins distribués par l'administration sont tellement transparents que l'œil le moins exercé peut reconnaître ceux du candidat patronné ». A quoi le rapporteur de la Chambre répond que « l'inconvénient d'une certaine transparence est inhérent à tous les bulletins imprimés » et que « d'ailleurs il n'est ni prouvé ni même articulé que ce mode de votation ait compromis la liberté des suffrages » : donc, rejet (*Moniteur*, 1863, p. 1341). A Trelon, tous les bulletins de l'administration portaient une rature « qui, par la manière dont elle était faite, était apparente à l'extérieur comme à l'intérieur » : le Conseil d'Etat valide, car « cette rature ne pouvait être considérée comme constituant un signe de reconnaissance de nature à apporter atteinte au secret du vote et à la liberté des élections » (1861, p. 615).

Si le président ne peut reconnaître le bulletin, il n'hésite pas à l'ouvrir. Le Conseil d'Etat estime que « si les présidents des assemblées électorales de St-Féréol et d'Allassac ont entr'ouvert quelques bulletins... il n'est pas établi que ce fait ait eu pour but et pour effet de porter atteinte au secret et à la liberté du vote » : donc, rejette (1862, p. 605).

Dans ces conditions, on finit par se demander : quelles devaient être les infractions à la loi électorale pour que le Conseil d'Etat invalidât une élection de candidat officiel ? Nous avons pu trouver deux exemples d'une pareille énormité juridique. A Saint-André-de-Bozio, le président du bureau, à la suite de certains incidents, invita « les électeurs à se retirer, leur déclarant que les élections étaient renvoyées à une autre date » ; puis, un grand nombre d'électeurs s'étant retirés sur la foi de cette déclaration, le bureau rassembla ses partisans, fit procéder au scrutin et dressa le procès-verbal de l'élection. Le Conseil d'Etat la trouva un peu dure et invalida (1859, p. 261). Dans un autre cas, à Toulon, le préfet maritime, jugeant que les contremaîtres et ouvriers du port n'étaient pas suffisamment sûrs, les fit voter non pas dans les sections, mais dans une assemblée spéciale présidée par un ingénieur de la marine, un capitaine de frégate et un commissaire adjoint de la marine (Invalidation, Conseil d'Etat, 1862, p. 503). Mais, à Marseille, où les employés de douane et de l'octroi furent conduits au scrutin « par compagnies, en uniforme et sous la surveillance de leurs chefs », le Conseil resta fidèle à la tradition de tout valider, car ce mode de votation « était commandé par les nécessités du service » (1862, p. 345).

LE RÉSULTAT

Le résultat, sauf vers la fin de l'Empire, était toujours bon pour l'administration. Lors des premières élections napoléoniennes tous les candidats appuyés ou non combattus par les préfets passaient à de fortes majorités. Le capitaine de la gendarmerie de Chinon avait bien le droit de s'écrier, après le scrutin : « C'est nous et la police qui avons fait l'élection » (202). A Lugasson, le maire criait à tue-tête : « Il faut que je me grise; je suis trop content » (203). A Targon, des cris s'entremêlaient : « Vive l'Empereur ! » et « Vive la République ! »; on arrêta et mit en prison ceux qui se montraient partisans de la République; c'était en 1876 (204).

Très rarement, le résultat, surtout pour les élections municipales, laissait à désirer. Les dispositions du préfet, pour cette éventualité, étaient prises d'avance. « Dans le cas très improbable où nous essuierions une défaite... je n'hésiterai pas à suspendre le nouveau conseil municipal et vous demander la dissolution » (205).

Il n'y avait qu'une seule chose que le gouvernement devait craindre. Les électeurs, outrés par la campagne d'intimidation et sachant que tous les efforts seraient vains, s'abstenaient en masse ; cela produisait un mauvais effet à l'étranger. On cherchait donc à trouver des excuses à l'inertie du corps électoral. Après les élections de 1852, tous les préfets furent chargés de rechercher et constater les circonstances atmosphériques ou matérielles qui avaient pu

(202) *Moniteur*, 1863, p. 1435.
(203) *Journal Officiel*, 1876, p. 2127.
(204) *Journal Officiel*, 1876, p. 2127.
(205) Archives Nationales, Préfet de la Haute-Garonne au ministre de l'Intérieur, 15 juillet 1852.

éloigner du scrutin les électeurs disposés à y prendre part. Certains préfets avaient pris au sérieux ce rôle de météorologues électoraux. Celui des Deux-Sèvres avait institué une grande commission qui finit par constater que « des pluies abondantes et continues les 21 et 23 novembre avaient provoqué une crue des eaux et rendu l'abord du chef-lieu très difficile et impraticable » (206). Celui de l'Yonne, moins malin, rapportait ingénuement qu'il ne pouvait pas « dresser procès-verbal, attendu qu'il n'y a eu dans mon département aucune inondation » (207).

Les candidats élus grâce à l'appui du gouvernement tenaient à remercier le ministre de ce qu'il avait fait pour eux ; ils le faisaient dans des termes de basse servilité :

> L'homme auquel je suis appelé de représenter le département des Côtes-du-Nord a sa source dans la recommandation du gouvernement toute puissante sur des électeurs qui lui sont entièrement dévoués. Cette recommandation, c'est à vous que je la dois, Monseigneur, et à ce bienveillant intérêt qui ne s'est jamais démenti depuis le jour où Votre Excellence accueillit ma première démarche avec une bonté toute particulière et que je n'oublierai pas. C'est donc vous, Monseigneur, qui êtes l'auteur de mon succès, c'est à vous que je dois rapporter le tribut d'une reconnaissance plus vivement sentie que je ne puis l'exprimer.
>
> (Archives Nationales, 14 septembre 1853, Comte Gérôme de Champigny au ministre de l'Intérieur).

Les députés officiels s'acquittaient doublement de leur dette de reconnaissance en votant toujours pour le gouvernement. C'était la moindre des choses.

---

(206) Archives Nationales, 27 novembre 1852.
(207) Archives Nationales, 27 novembre 1852.

Le conseil général du Tarn est composé en entier d'hommes très honorables, tous résolus à soutenir le gouvernement de M. le Prince Président et prêts à lui donner l'assurance qu'ils voteront à l'unanimité en faveur de toutes les questions politiques sur lesquelles le gouvernement les consultera ou qu'il leur soumettra.

(Archives Nationales, Préfet du Tarn au ministre de l'Intérieur, 14 août 1852).

L'invalidation ? — Il ne fallait pas y penser. Le préfet du Gard appelé à déposer devant la commission de la Chambre, terminait sa petite conférence par ces mots : « Vous pouvez casser quatre fois l'élection de M. Bravay, je vous le renverrai quatre fois » (208).

---

(208) *Moniteur*, 1865, p. 298.

DEUXIEME PARTIE

Les mœurs électorales

du

suffrage universel démocratisé

1881-1928

Premier chapitre

La Campagne Electorale

L'élément personnel

Le scrutin d'arrondissement, tant décrié par les parlementaires eux-mêmes, a fait, dernièrement sa réapparition. Ce mode d'élection ne favorise pas le relèvement des mœurs électorales. Plaçant devant les électeurs un homme et non un parti, le scrutin d'arrondissement augmente le rôle de l'élément personnel, de la personnalité de celui qui se présente à la députation, avec tout ce que chacun traîne derrière soi de défauts et d'erreurs. Certes, la majorité des candidats appartiennent actuellement à des partis plus ou moins fortement organisés, à des tranches de la vie politique du pays suffisamment délimitées dans leurs doctrines et par leurs précédents. Mais la masse des électeurs n'a pas encore atteint la maturité politique nécessaire pour faire abstraction de l'individu, et pour n'envisager que la doctrine qu'il représente ; d'autant plus que les adversaires du candidat ne manquent jamais de recourir au coup direct facile à asséner, à la calomnie, aux insinuations et aux papotages. L'attaque personnelle continue donc à jouer, dans les élections, un rôle important qui a une tendance à diminuer, mais qui n'en reste pas moins un élément presque décisif.

Toute la vie du candidat et de sa famille est fouillée. On remonte aux époques les plus éloignées. A Nancy, en 1906, une affiche, visée par le docteur A., indiquait aux électeurs que la fortune du candidat adverse provenait de sources « impures » ; renvoi était fait à une *Histoire de la Chevalerie Lorraine*, volume II, pp. 24 et 149. Le rapporteur de la Chambre avait eu la curiosité de se référer au volume cité, et il a dû avouer : « Je n'y ai rien trouvé » (*Journal Officiel*, 1906, p. 2699). Dans le Tarn-et-Garonne, en 1889, un article fut publié qui accusait le grand-père du candidat « d'être devenu, sous la Révolution, possesseur du domaine de Cornussou, propriété du marquis de Puylaroque, par des moyens absolument indélicats et de nature à entacher sa probité et son honneur » (*Journal Officiel*, 1889, p. 184). Dans la Manche, en 1889, un candidat se voyait reprocher la conduite de son grand-père qui, soi-disant, était venu en France en 1812 comme militaire, en combattant contre l'armée française (*Journal Officiel*, 1889, p. 96). A Nancy, en 1906, on affichait : « Ne votez pas pour A... ; il a eu deux frères fusillés pour avoir fourni des documents français à l'Allemagne en 1870 ».

Il va sans dire que la vie du candidat lui-même est examinée à la loupe. « M. L. J..., pendant que tout le monde se faisait tuer en 1870, se cachait dans une cave » (*Journal Officiel*, 1889, p. 203). Pour mieux convaincre les électeurs, l'affiche spécifiait que la famille J... avait fait creuser en 1870, dans le parc de son château une vaste cave qui était destinée non seulement à recevoir des objets précieux, mais à loger, au moment de l'invasion, la famille. Inutile de dire que tous ces renseignements étaient faux. Fausse aussi l'accusation portée contre M. F... (*Journal Officiel*, 1906, p. 1968) d'être réfractaire au service militaire ; or, cette accusation fut pendant de longs jours colportée par un grand journal de province.

Voici quelques extraits d'un article de journal qui avait été répandu en Corrèze, en 1893, par milliers d'exemplaires :

« Le passé de D. — Esquissons en quelques lignes la silhouette de l'individu : cinquante ans environ, maigre et sec, avec une physionomie bilieuse et antipathique de juif polonais. Sa maigreur n'est point un indice de sobriété, c'est la caractéristique de son tempérament haineux et plein de fiel. Porte le lorgnon, non pour secourir la faiblesse de ses yeux, mais pour dérober son regard de reptile qui stigmatise sa nature. M. D. est né à Vars, canton d'Ayen. Ses parents ayant peine à suffire aux besoins d'une famille nombreuse, il fut recueilli par le curé de sa paroisse qui fit tailler le premier paletot que l'enfant porta, dans une de ses soutanes. D. quitte le petit seminaire avant la fin de ses études pour suivre, en qualité de précepteur, une famille polonaise où l'avaient placé ses premiers protecteurs. Dans cette situation modeste et difficile, où il faut une grande dignité de caractère pour ne rien abandonner du respect qu'on se doit à soi-même, M. D. lui, acquit une souplesse d'échine à toute épreuve. Il est resté le même ; autant sa platitude est grande vis-à-vis des puissants, autant sa morgue est impertinente vis-à-vis des petits et des humbles. Rentré en France, il fut, dit-on, huissier chez une célébrité médicale de Paris. Pendant la guerre de 1870 au lieu d'aller à l'ennemi en qualité de mobile ou de mobilisé, il évite les balles prussiennes en prenant du service dans un régiment d'artillerie du Midi d'où il ne bougea pas. Nous arrivons à son mariage. Cette aventure n'a rien de romanesque, rien qui dénote un caractère courageux, hardi, généreux... Au contraire. Du reste, en voici le récit. M. D., exténué, miséreux, mourant presque de fatigue et de faim était venu à Tourenne chercher un asile chez sa sœur, alors au service d'une jeune orpheline, Mlle M..., qui venait d'être guérie « miraculeusement » d'une maladie réputée incurable. Cette jeune fille possédait une certaine fortune, évaluée, dit-on, à 150.000 francs. Quand on connaît le caractère de M. D., on devine le reste. Le bohème de ce temps-là fit agir sa sœur, s'insinua dans la maison par des manœuvres reptiliennes, monta toute une intrigue — véritable guet-apens moral — et, finalement, parvint à ses fins : le mariage, le mariage avec un contrat sous le régime de la communauté à titre universel. M. D., qui n'avait rien, se faisait ainsi approprier pour lui-même la moitié de la fortune de sa femme. » (*Journal Officiel*, 1893, p. 162).

L'accusation d'extranéité est un argument dont on se sert avec prédilection dès que le moindre prétexte l'autorise. En 1902, une affiche placardée dans la Mayenne posait au candidat les trois questions suivantes :

« 1° Le chef de votre famille en ligne maternelle, M. Kreutzner, est-il né en Russie ? 2° Avez-vous de proches parents dans l'armée prussienne ? 3° Votre propriété d'Herbestal n'est-elle pas gérée par M. Hittier, garde de l'administration allemande ? » Rien de cela n'était vrai : la mère du candidat, Alsacienne, avait dûment opté pour la nationalité française ; son seul parent qui fût militaire avait été général dans l'armée de l'Empire ; le bien était mis sous séquestre par les autorités de Strasbourg (1).

Les questions de race sont étalées dans toute leur ampleur : « juif, le protecteur et le commanditaire de juifs, tel est M. Alicot ». Et cela parce que M. Alicot avait souscrit aux actions d'un grand magasin de Paris : « actionnaire des juifs, il ruine les négociants petits et grands en favorisant l'accaparement, le monopole de tout le commerce par les grands bazars » (2).

---

(1) *Journal Officiel*, 1902, p. 2178.
(2) *Journal Officiel*, 1903, p. 193.

La fortune du candidat est l'objet d'investigations minutieuses. S'il est pauvre, on lui reproche son impécuniosité et on prétend qu'il veut devenir député pour refaire sa fortune (*Journal Officiel*, 1889, p. 184). On accuse un candidat chirurgien d'abandonner sa profession « parce que son intempérance alcoolique lui occasionne un tremblement des mains » (3).

Si le futur député est riche, on accuse son père d'avoir prêté à la petite semaine : « Un jour, las de vendre des poupées à un sou, il commença à retirer de son bas de laine des écus péniblement amassés et à les prêter à des gens besogneux du voisinage » ; mais l'enseigne primitive de sa boutique resta en place : « Au Finioleur », ce qui veut dire: « Au voleur » (4).

La calomnie prend parfois les formes les plus inattendues et les plus ingénieuses.

M. Congy a formulé contre M. Allemane une accusation de vénalité dès le début de la campagne électorale, et il a voulu donner à cette accusation une relief particulier dans une réunion présidée par M. Jules Lemaître, à la salle de la rue de Lancry le 25 avril. Ce jour-là, M. Congy aurait déclaré qu'il était venu pour accomplir une œuvre de salubrité politique. Il a ajouté qu'il y avait dans la salle, désignant une galerie — où se trouvait un *sosie* de M. Allemane — un homme qui avait reçu 25.000 fr. de la Compagnie du Gaz, et que cet homme n'oserait pas venir le démentir à la tribune. Et de fait, le sosie de M. Allemane n'a pas démenti M. Congy (*Journal Officiel*, 1903, p. 1648).

On ne s'arrête même pas devant des attaques dirigées contre la vie privée du candidat.

Il y a cependant, une chose que nous ne permet-

---

(3) *Journal Officiel*, 1910, p. 2252.
(4) *Journal Officiel*, 1902, p. 2210.

trons pas, c'est qu'on jette dans le débat et dans les arènes de nos polémiques ce que nous avons de plus cher au monde, l'honneur de nos femmes, de nos sœurs et de nos mères. Sur ce terrain la polémique n'a plus de nom dans la langue française. Ce n'est pas une infamie, c'est une chose indicible. Un journal a publié sur ce que j'ai de plus cher au monde, plus cher que votre estime et mon honneur, sur la femme à qui je dois tout, un article abominable... Je ne veux pas le lire à cette tribune, je n'en ai ni la force, ni le courage. Voici le titre : « Exécution d'Agrippine ». Et vous savez la phrase de Suétone sur Agrippine se promenant avec Néron (*Journal Officiel*, 1898, p. 2007).

Quant aux injures et à la polémique injurieuse, permettez-moi de vous dire que j'ai été insulté plus qu'aucun de vous ne l'a été. On a dit et écrit sur mon compte tout ce qu'on pouvait dire ; on ne s'est pas contenté de m'insulter, on a insulté ma femme, ma famille. On est entré dans ma vie privée. On a dit sur moi les choses les plus ignobles. Voilà, Messieurs, ce qu'on a affiché dans l'arrondissement de Montreuil : « ...A bas les avariés » (*Journal Officiel*, 1903, p. 1408).

Qu'on nous permette à ce sujet de citer les impressions de la campagne électorale de M. Barthélemy, dont le nom de savant intègre aurait dû inspirer un peu de respect même aux énergumènes qui viennent dans les salles de réunion publique pour « chahuter ». Voici comment ce grand érudit expose la situation qui lui avait été faite dans le Gers :

Les injures tombent dru sur mon humble personne. Arriviste sans scrupules ; un grotesque, un valet de chambre qui déshonore la corporation... Une bande me poursuit dans des fourgons automobiles en interrompant mes discours de coups de klaxon. Bien plus, profitant de l'ombre et de la foule, elle me bombarde, quand je suis à la tribune, d'œufs pourris... Mais tout cela n'est rien, Messieurs. Au bout de quelques années de politique dans le Gers, les injures n'atteignent plus. On est tanné, cuirassé; on devient une sorte de pachyderme. Je ne prétends pas être un vieux parapluie, mais il a beaucoup plu sur moi. Les œufs pourris, on s'y fait et l'on est quitte pour se laver; mais il y a pire. Un journaliste local qui a fait, autrement, ses études et a obtenu ses diplômes, a inventé contre moi le moyen le plus dangereux pour m'atteindre. Il a dit: « Il ne faut pas voter pour lui : il est intelligent, donc il est dangereux ». Un de mes prédécesseurs, le professeur Lannelongue, député et sénateur du Gers, dit un jour dans une réunion publique: « Ecoutez, je suis tout de même un savant, je suis membre de l'Institut ». C'est alors qu'un auditeur s'écria : « Vous êtes membre de l'Institut et vous avez le toupet de l'avouer? » (*Journal Officiel*, 1924, p. 4340).

Ce que le professeur Barthélemy a dit dans un langage plein d'humour, d'autres l'ont signalé dans des termes moins pondérés. Le mal persiste à envenimer toutes les campagnes électorales. Depuis le réquisitoire, prononcé avec des accents de désespoir par M. Gérald en 1903, rien n'a été changé dans les polémiques électorales.

> Je trouve honteux et dégradant que nos polémiques descendent jusqu'à ce degré d'infamie. Il semble que nous prenions plaisir, comme le déclarait un jour ici M. Waldeck-Rousseau, à nous déconsidérer les uns les autres, et à créer, ainsi, de parti pris, une atmosphère irrespirable, saturée d'injures, de calomnies et de diffamations (*Journal Officiel*, 1903, p. 1157).

Pour terminer cette triste rubrique des attaques personnelles, nous allons rappeler brièvement le cas Berlioz-Turrel, où les attaques personnelles ont donné lieu à des incidents dramatiques.

Aux élections de 1898, dans la 2ᵐᵉ circonscription tion de Narbonne, deux candidats principaux étaient en présence : M. Berlioz, ancien sous-lieutenant, et M. Turrel, ancien ministre des Travaux publics. Une très ancienne amitié liait ces deux hommes : M. Turrel avait été, vingt ans avant cette époque, garçon d'honneur au mariage de M. Berlioz. La lutte électorale creusa un abîme entre les deux amis.

Six jours avant le scrutin, *Le Télégramme* de Narbonne, journal patronné par M. Turrel, publiait des documents extrêmement compromettants pour M. Berlioz. C'était une série de notes confidentielles provenant des archives du ministère de la Guerre et résumant les punitions qui avaient été infligées au sous-lieutenant Berlioz pendant son séjour sous les drapeaux. Un commentaire, ajouté par le journal, prétendait que ces notes établissaient que M. Berlioz avait donné sa démission pour se soustraire à l'obligation de se rendre sur un théâtre d'opérations militaires.

Les notes personnelles des officiers constituent des documents ultra-secrets. D'après les règlements en vigueur, ces notes sont gardées, tant qu'elles restent à l'intérieur des corps de troupes, dans des portefeuilles spéciaux à serrure, que nul, excepté le lieutenant-colonel et le colonel, ne peut consulter ; en cas d'absence simultanée de ces deux officiers, le portefeuille est mis sous scellés. Envoyées au ministère de la Guerre, les feuilles personnelles sont classées dans les archives secrètes et ne peuvent être communiquées à qui que ce soit, à l'exception du ministre de la Guerre. On comprend donc l'émotion qui s'était manifestée dans tout le corps des officiers français, quand on apprit que les feuilles personnelles de M. Berlioz avaient été utilisées par un adversaire politique.

Deux détails aggravaient singulièrement cette indiscrétion : le commentaire était contraire à la vérité et la publication n'était pas intégrale, car on n'avait publié dans *Le Télégramme*, que les notes désagréables pour M. Berlioz ; tout ce qui pouvait lui être favorable avait été soigneusement **omis**.

Appelé à s'expliquer devant le bureau de la Chambre, M. Turrel se prononça de la façon la plus énergique contre les procédés employés par la rédaction du *Télégramme*. Mais il prétendit que le fait de cette indiscrétion ne pouvait pas entraîner son invalidation, car lui, Turrel, était totalement étranger aux affaires intérieures du journal en question. « Il a affirmé sur l'honneur et sur la tête de ce qu'il avait de plus sacré au monde, sur la tête de sa mère, qu'il n'était pour rien dans cette divulgation » (5).

L'affaire vint devant la Chambre. A la séance du 9 juillet un coup de théâtre se produisit, comme il y en a peu dans les annales des assemblées parlementaires. Un des députés, M. Le Hérissé, annonçait à la tribune qu'il était en possession d'un document établissant d'une façon péremptoire que M. Turrel avait lui-même préparé l'article en question. La séance dut être suspendue pour permettre à M. Turrel de prendre connaissance du document en question. A la reprise, au milieu d'une agitation bien naturelle, M. Le Hérissé prononça son réquisitoire :

> Ce document n'est autre chose que la charpente de la mise en pages de l'article paru le 1er mai dans le journal le *Télégramme*. A côté de cette charpente se trouvent à pied d'œuvre tous les matériaux nécessaires pour rédiger l'article visant le commandant Berlioz. Autrement dit, on indique d'après quel ordre doivent être insérées dans le journal les différentes parties qui intéresseront les électeurs de M. Turrel. En outre, on envoie au rédacteur chargé de faire l'article tous les documents qui lui sont indispensables. La partie qui constitue la charpente de l'article compte sept feuilles que j'ai ici entre les mains... M. Turrel a reconnu que

____

(5) *Journal Officiel*, 1898, p. 2004.

ces différentes feuilles étaient bien de son écriture. Avec lui et devant les membres du deuxième bureau j'ai pris successivement chacun de ces feuillets et, les mettant en correspondance avec les différentes parties de la mise en pages du journal, j'ai démontré que c'était bien tout le schéma de cette mise en pages (*Journal Officiel*, 1898, p. 2005).

M. Turrel essaya de tergiverser. Il prétendit notamment que les sept feuillets accusateurs n'étaient point une charpente de journal, mais qu'ils constituaient une copie de l'article incriminé, copie faite par lui le lendemain de la parution du journal. On lui demanda alors pour quelle raison lui, ministre, il s'amusait à copier à la main un journal dont il pouvait acheter autant d'exemplaires qu'il voulait, et encore pourquoi la prétendue copie était pleine de ratures et de surcharges. S'effondrant, Turrel demanda lui-même son invalidation.

Trente ans nous séparent de ce drame électoral ; mais même aujourd'hui on tressaille à la pensée que la « charpente », un brouillon comme on en détruit des dizaines chaque nuit, lorsque le travail est terminé dans un journal, que cette charpente dénonciatrice ait été soigneusement mise de côté par quelqu'un de tout à fait proche du candidat, de tout à fait intime avec lui ; que cette pièce à conviction avait été gardée pour une vengeance ou une trahison mûrement réfléchie...

L'élément personnel des campagnes électorales envenime et abaisse le niveau général des discussions politiques qui se font pendant les préparations au scrutin. Au lieu de traiter d'une façon approfondie les problèmes politiques dont la solution aura à retenir l'attention de la prochaine Chambre, les candidats préfèrent patauger dans la trivialité politique et les lieux communs, assimilés, par l'ignorance des électeurs, avec la même facilité que les attaques personnelles.

Un exemple entre mille. *Le Poitou*, journal réactionnaire combattait, en 1876, les républicains par une série d'articles dont l'un contenait le passage suivant : « Dans quel parti posent les banqueroutiers, les assassins, les forçats, les paresseux, les ivrognes, les voleurs, les gens marqués de scandale, les stigmatisés d'infamie, les monstres à la face humaine, enfin, du bas au haut de cette épouvantable échelle ?... Ils ne se disent pas conservateurs de quelque nuance que ce soit ? Oh, non, non... Ils sont républicains » (6). La méthode est des plus élémentaires : on ramasse les injures que les adversaires ont l'habitude de se lancer à la figure dans les réunions électorales et on s'en sert, sans plus, pour attaquer un grand parti politique. Un journaliste avisé se demandait avec angoisse : « Quel mandat le fait d'appeler quelqu'un canaille ou d'être appelé soi-même crapule peut conférer à un législateur ? »

La polémique électorale, grâce à de tels procédés, s'anémie et s'étiole, tout en restant violente ; car l'injure n'a jamais aidé à résoudre le moindre problème politique.

L'auteur de ces lignes a vu lui-même une affiche qui avait été reprise deux fois à sa connaissance personnelle et une troisième fois, d'après les documents de la Chambre. Chaque fois et ceci est très significatif — elle avait été reprise par des partis différents : par les anarchistes abstentionnistes du « Père Peinard » en 1889, par les socialistes de gauche aux élections partielles du deuxième secteur de Paris en 1926, et (d'après les Débats de la Chambre 1889, p. 1908), par le prince d'Arenberg (droits) à Bourges, en 1898. On a donc le droit de supposer que ces plagiats successifs prouvent la faveur dont jouit cette affiche auprès des comités électoraux. Il

____

(6) *Journal Officiel*, 1876, p. 2349.

faut supposer qu'on la garde soigneusement, cette affiche, dans quelque archive interlope. Puis, au moment voulu, on la sort, on la soumet à un comité de rédaction, on paie les frais de son impression, on en fait état auprès des électeurs : de toutes les façons, on estime qu'elle produit, sur ceux-ci, un effet durable et important. Quelle est donc la teneur de cette affiche ? Nous laissons la parole au rapporteur de la Chambre :

> Permettez-moi de vous lire rapidement quelques lignes que je trouve dans le journal de M. d'Arenberg, *L'Indépendant du Cher*. « Les promesses de Cougny avant l'élection. Le candidat : Electeurs, je n'y vais pas par quatre chemins, je vous promets la lune... Je vous la donnerai, je le jure. »
>
> Les électeurs : « Vive Cougny ! Vive la sociale ! Vive la lune ! »
>
> Après l'élection :
> Les électeurs : « Cougny ! Ta promesse. La lune... Il nous faut la lune... »
> Cougny, montrant... ce que vous devinez : « La lune ? La voici, bougres d'empaillés ! Si le cœur vous en dit, embrassez-là !... » (*Journal Officiel*, 1898, p. 1908).

A côté de cette affiche — nous nous excusons auprès des lecteurs — une place doit être réservée aux inepties dont les lecteurs d'un journal « indépendant » de l'Ardèche avaient été inondés, pendant de longues semaines, lors de la campagne de 1903. Le candidat républicain avait le malheur de s'appeler Le Roy. Cela avait suffi pour que les cléricaux fabriquassent toute une litanie de calembours enfantins, bêtement multipliés. Voici la liste de ces soi-disant calembours, relevés dans un seul numéro du journal en question.

> Le Roy (des Blagueurs), Le Roy (des Puffistes), Le Roy (des Rabacheurs), Le Roy (des Van-

tards), Le Roy (des Girouettes), Le Roy (des
Équilibristes), Le Roy (des Palidistes), Le Roy
(des Caméléons), Le Roy (des Brouillons), Le
Roy (des Jacobins), Le Roy (des Raseurs), Le
Roy (des Hypocrites), Le Roy (des Guignards),
Le Roy (des Malotrus), Le Roy (des Aventuriers),
Le Roy (des Salutistes), Le Roy (des Mômiers),
Le Roy (des Fourbes), Le Roy (des Tartufes),
Le Roy (des Crampons), Le Roy (des Bavards),
Le Roy (des Agités), Le Roy (des Lâcheurs), Le
Roy (des Intrigants), Le Roy (des Bluffeurs),
Le Roy (des Bateleurs), Le Roy (des Effrontés),
Le Roy (des Braillards), Le Roy (des Menteurs),
Le Roy (des Gambards), enfin, brochant sur tout,
« Le Roy (des Pornographes) » (*Journal Officiel*,
1903, p. 59).

En 1903, dans les Hautes-Pyrénées, il a été question, pendant une partie de la campagne électorale,
d'un pacte, conclu par un des candidats, M. F...,
avec le diable.

L'article est intitulé : « Le pacte du diable »,
et, pendant une colonne et quart la *Croix* (11 mai
1903) affirme sérieusement que M. Fould a fait
un pacte avec le diable et, comme elle est bien
renseignée, elle donne le texte de ce pacte. M.
Fould et le diable sont bien ensemble, car ils se
tutoient, comme bien vous allez voir.

Voici ce que dit le Malin : « Artalens, Govar-
nie, etc., sont à moi. Je te promets une écrasante
majorité dans ces communes, si tu prends l'engagement de voter avec le Ministère Waldeck dans
tout ce qui ressort de mes affaires... Et pour qu'il
n'y ait pas d'équivoque vous voterez toujours comme le député de la première circonscription de Tar-
bes » (*Journal Officiel*, 1903, p. 195).

En 1910, dans le Finistère, la campagne électorale a été faite, sur la question du « Guide à gauche », cette expression devant être comprise dans son
sens littéral, sans aucune allusion au secteur gauche

du Parlement. Voici, de quoi il s'agissait : il avait paru, à un moment, dans le Finistère, un arrêté préfectoral forçant les cultivateurs à tenir leurs chevaux par la main droite et non par la main gauche. Cela avait suffi pour que le candidat, accusé d'avoir inspiré cet arrêté, fût maltraité pendant toute la campagne électorale.

Faut-il aussi mentionner que l'appel aux passions qui est le propre des attaques personnelles passe, par une transition toute naturelle, dans la discussion des problèmes politiques où il semblerait ne rien avoir à faire ? Dans la Gironde, en 1889, un journal de Bordeaux avait publié un appel direct à l'assassinat, invitant le candidat, M. L..., « à chercher un refuge hors des limites de l'arrondissement » (7). Et lors des élections de 1906 dans l'Ardèche, des tracts étaient distribués par milliers incitant la population à la guerre civile.

> « Va donc arracher la fourche et la trique des mains de ceux qui t'ont couché dans la boue et qui te frappent lâchement. Debout ! Frappe et souviens-toi, quand tu passes devant la loge de tes pourceaux qui, eux te rapportent, souviens-toi d'autres loges d'où contre toi grogne et se lève l'oppression... Peuple, tu as de la vigueur, prends ta fourche, enlève ce fumier, crie aux intrus ta colère et ta volonté... Prends ta fourche, enlève ce fumier, sens bien les odeurs repoussantes : ah, oh, hisse ! tout à l'égout, Peuple, du nerf... Voilà ta trique, voilà ta fourche et ton balai. Courage ! la boue glisse facilement... Ça y est ! ça y est ! En avant » (*Journal Officiel*, 1906, p. 2058).

LA PRESSION ADMINISTRATIVE

La pression administrative constitue un des moyens employés pour faire triompher les candidats officiels. La candidature officielle tend à dis-

----

(7) *Journal Officiel*, 1889, p. 278.

paraître des élections françaises : telle est l'impression générale qui se dégage d'une étude qui n'est et ne peut pas être basée sur des documents de première main. Les dossiers de moins de 50 ans de date restent inaccessibles aux historiens ; notre exposé ne peut donc être — et cela sans qu'il y ait faute de notre part — que tout à fait incomplet.

La candidature officielle — dans le sens organique qui était attribué à ce terme sous le IIe Empire — tend à disparaître. Mais il y a des survivances assez tenaces. Ce n'est donc que dans ces limites que nous allons étudier le problème de la pression administrative dans le cadre de la IIIe République.

Beaucoup d'efforts ont été faits, depuis 1877, pour déraciner complètement les abus de la candidature officielle. On serait bien embarrassé de citer l'ensemble des circulaires que les différents gouvernements ont, à tour de rôle, lancées contre la pression officielle et pour la fameuse « neutralité ». Avant les élections de 1885, les journaux annonçaient que le Conseil des ministres « a décidé l'envoi par chaque ministre à tous les fonctionnaires de son département d'une circulaire leur recommandant de s'abstenir de toute intervention personnelle dans les élections afin d'éviter toute apparence même de candidature officielle ». M. Brisson, président du Conseil et ministre de la Justice donnait l'exemple à ses collègues : « Sous aucun prétexte, dans aucun intérêt, je ne tolérerais des propos, des actes ou des démarches contraires à l'impartialité et à la réserve que, etc... ; tout écart sera immédiatement réprimé ». Même son de cloche en 1920 : « Sans vous départir — circulaire de M. Steeg — des traditions de défense et de courtoisie que comporte votre situation dans le département que vous dirigez, vous prendrez soin de vous abstenir de toutes manifestations, de toutes démarches qui permettraient à des interprétations malveillantes ou passionnées de mettre en cause votre qualité d'agent du gouvernement ; à plus forte raison ne témoignerez-vous de préférence, soit publique, soit occulte, à aucun des candidats en présence et vous garderez-vous d'accorder à l'un ou à l'autre une sorte d'investiture en violation flagrante avec les intentions nettement affirmées du gouvernement ; vous voudrez faire part à vos subordonnés des présentes instructions, etc... » (8).

Admettons, répondent les mauvaises langues : M. Brisson a fait une circulaire magnifique ; « aussi le gouvernement a-t-il été battu au premier tour de scrutin » (9). Pour rétablir la situation, on aurait envoyé des lettres confidentielles qui ne provenaient pas directement du ministère, mais qui ont suffi pour faire pencher la balance du bon côté. Et, après les élections, la moitié des députés sont arrivés à la salle des pas-perdus avec ce mot à la bouche : « Epurons !... » Or, il n'y a jamais de préfet plus réactionnaire que celui qui n'a pas su faire élire un député radical, ou vice versa. « Il y a toujours eu des candidatures officielles et il y en aura toujours » (Cornély). « Il (le gouvernement) aurait beau se croiser les bras et demander à tous ses fonctionnaires une attitude passive : » ... les électeurs sauront toujours reconnaître le candidat qui plaît au gouvernement » (R. Mitchell). « Dorénavant, les gouvernements auront intérêt à prendre plus de précautions et à perfectionner les procédés ; quant à les abandonner... » (Harduin).

Entre ces points de vue extrêmes, où est la vérité ? (10).

---

(8) *Journal Officiel*, Sénat, 1920, p. 1878.
(9) Cornély, *Matin*, 18 décembre 1898.
(10) Une indiscrétion nous a permis d'apprendre que lors des élections de 1928, le poste de T. S. F. du gou-

Eliminons d'abord les élections où le candidat est un ministre en fonction. Dès qu'un cas de ce genre se pose, toute la machine administrative se met à la disposition de celui qui représente le pouvoir. Cela, humainement, est naturel : il serait cruel d'accuser les petits fonctionnaires de province d'avoir manqué de courage civique, d'héroïsme civique, si l'on veut.

M. François Marsal, ministre des Finances, pose sa candidature aux élections sénatoriales dans le Cantal. Contrairement à une décision du Conseil des ministres en date du 1er novembre 1920 (« les ministres n'assisteront pas, jusqu'aux élections sénatoriales, à d'autres réunions ou fêtes que celles, etc... »), M. F. Marsal s'en va faire une grande tournée à Aurillac, à Saint-Flour et à Mauriac. Dès son arrivée, la Trésorerie Générale, la Banque de France et la Chambre de commerce arborent le grand pavois. Le préfet du Cantal, son secrétaire général et les trois sous-préfets accourent se ranger aux côtés du candidat éminent : zèle d'autant plus excusable — si on cherche à l'excuser — que le préfet, ami personnel du candidat, avait été nommé le 22 octobre 1920 au poste de préfet et avait avoué qu'il « était venu pour soutenir la candidature de M. Marsal ». « Je dirais le contraire que vous ne me croiriez pas » (11).

M. Marsal assiste à un banquet de la chambre de commerce, où les orateurs lui exposent une liste de travaux publics dont le Cantal aurait besoin ; le ministre des Finances promet ; il engage le gouvernement (12). Les journaux qui ont lié leur for-

---

vernement avait reçu une consigne formelle, émanant du président du Conseil lui-même, d'avoir « à oublier les mots mêmes de *candidat*, *élection* ou *parti*, et cela jusqu'à la fin du scrutin de ballottage ».

(11) *Journal Officiel*, 1920, p. 1874.
(12) *Journal Officiel*, Sénat, 1920, p. 1875.

tune à celle de M. Marsal (ou plutôt, les journaux qui ont lié, à la leur, la fortune de M. Marsal...) entrent en campagne pour démontrer aux électeurs que le Ministre sait tenir ses promesses. « Il jouit de l'estime et de la confiance du nouveau président de la République qui l'a en grande estime. » « Tout le monde sait, comme nous, que M. F. Marsal a été vivement exorté par M. Millerand à briguer les suffrages dans le département du Cantal ». « Pour défendre, le cas échéant, les intérêts du Cantal, il serait difficile de choisir un meilleur avocat que François Marsal, ministre des Finances et ami personnel du président de la République. ». « La grande ligne transversale Bordeaux-Lyon n'est-elle pas à l'étude ? Son tracé ne doit-il pas passer logiquement par Aurillac ? Cela n'équivaudrait-il pas, pour le département, à des richesses inouïes ? » Les rivalités sournoises n'ont-elles pas déjà surgi ? Ne demandent-elles pas que le tracé soit fait « d'une façon anormale », par Limoges, la Haute-Vienne et la Creuse ? Conclusion : « Nos compatriotes possèdent à un très haut degré le sens des réalités politiques, pour ne pas comprendre l'importance de ces considérations, et je prévois d'avance leur jugement dans cette affaire » (13). « Si M. François Marsal n'est pas Auvergnat, il est digne de l'être » (14).

Il est donc utile d'éliminer complètement, des développements qui vont suivre, l'ensemble des élections dans lesquelles un ministre en fonction se présente comme candidat. Comme l'a dit le duc Decazes, en 1877, « la candidature d'un ministre ne peut être, en fait, nécessairement, fatalement, qu'une candidature officielle ; comme telle et de ce chef, elle doit obtenir, de la part de ses collègues, de la part de tous les fonctionaires de l'Etat, un con-

----

(13) *Journal Officiel*, Sénat, 1921, p. 67.
(14) Né aux environs de Metz.

cours actif et public » (15). « La candidature d'un
personnage officiel — a dû reconnaître M. Steeg,
ministre de l'Intérieur — a une notoriété qui offre
des avantages (16) ... et des inconvénients », ajou-
tait-il avec mélancolie.

Pour toutes les autres élections, c'est-à-dire pour
toutes celles où le candidat n'est pas membre du
cabinet, nos conclusions seront moins nettes.

La pression directe en faveur de candidats agréa-
bles au ministère devient de moins en moins sensi-
ble. A-t-elle complètement disparu ? Nous ne pourrions l'affirmer, surtout pour les colonies et les départements de la périphérie. En 1898, en Corse, un
journal payé par la préfecture annonçait, quelques
jours avant le scrutin : « Le gouvernement est avec
M. M. Giacobbi, candidat de la majorité gouverne-
mentale, contre M. L. Casabianca, candidat de l'opposition ; nous ajouterons que des mesures seront
prises, le cas échéant, qui ne laisseront subsister aucun doute sur les intentions du gouvernement » (17).
Et le même journal ajoutait, quelques jours plus
tard, que le sieur B..., instituteur à Antisanti et
partisan de M. Casabianca, était envoyé en « dis-
grâce » à Zonza : « A bientôt d'autres mesures »
(18). En 1909, en Corse aussi, l'*Union Républicaine*, paraissant à Sartène, annonçait sans ambages
que le résultat du premier scrutin « a ému le gouvernement » : « le préfet de la Corse, nous sommes
autorisés à le déclarer, a pris nettement et résolument position contre M. Caïtucoli, assurant sa part
de défaite si le docteur Balesi devait être battu »
(19). Ces menaces n'auraient pas été de vaines van-
tardises d'un candidat aux abois ; il existe des do-

---

(15) Cité dans l'*Officiel*, Sénat, 1920, p. 1876.
(16) *Ibidem.*
(17) *Journal Officiel*, 1898, p. 1942.
(18) *Ibidem.*
(19) *Journal Officiel*, 1909, p. 2549.

cuments officiels qui permettent d'établir que l'intervention du préfet a été très réelle et bien effective. L'ingénieur des ponts et chaussées à Sartène, de passage à Ajaccio, qu'il traverse pour se rendre à une convocation venant de Paris, est happé par le préfet qui le fait interrompre son voyage, revenir à Sartène, convoquer tous les conducteurs subdivisionnaires et « leur transmettre les ordres qu'il a reçus relativement à l'élection » (20). Le sous-préfet de Sartène fait venir dans son bureau les maires de l'arrondissement ainsi que les fonctionnaires suspects ; il les met, par téléphone, en communication directe avec le préfet et menace de révocation ceux qui ne s'inclineraient pas devant les volontés venant d'en haut (21). M. Durazzo, médecin de la maison d'arrêt de Sartène, reçoit du sous-préfet une lettre signée par le président du Conseil (?) et lui enjoignant de voter pour le Dr Balesi (22).

Mais les incidents de ce genre se font de plus en plus rares. Les demandes d'invalidation mentionnent parfois : des juges de paix qui auraient dit à des électeurs que le fait de médire d'un candidat déterminé « pourrait les conduire à mal » (23), des instituteurs qu'on aurait priés de voter pour un candidat déterminé (24), des cantonniers qu'on aurait fait voter à bulletin ouvert sous la direction de l'agent voyer (25), des agents de police menacés d'être « flambés » si le candidat du gouvernement n'obtenait pas un certain minimum de votes (26), d'avoué qui a failli être traduit en conseil discipli-

---

(20) *Journal Officiel*, 1909, p. 2548.
(21) *Journal Officiel, ibidem.*
(22) *Journal Officiel*, 1909, p. 2549.
(23) *Journal Officiel*, 1890, p. 686.
(24) *Journal Officiel*, 1898, p. 1853.
(25) *Journal Officiel*, 1890, p. 686.
(26) *Journal Officiel*, 1898, p. 2256.

naire pour avoir mal voté (?)... (27). Mais la pénurie de documents de ce genre est telle que la constatation suivante se dégage nettement : la pression directe en faveur des candidats du gouvernement est actuellement une chose du passé. Il faut ne rien savoir de ce qui se faisait, dans ce domaine, avant 1877, pour prendre au sérieux les doléances des électeurs d'Amfreville-la-mi-Voie qui prétendaient avoir été victimes de pression administrative intolérable parce que le « fossoyeur, gardien de cimetière » leur avait manifesté ses opinions politiques (28).

Reste la pression indirecte, c'est-à-dire l'ensemble des mesures prises par le candidat, parfois d'accord avec le gouvernement, afin d'inciter la masse des électeurs (et non plus le cercle relativement restreint des fonctionnaires de l'Etat), à voter pour un homme agréable au ministère.

Nous avons déjà vu, comment la pression indirecte est mise en mouvement. Il n'est pas interdit de se dire ministériel ; il n'est pas repréhensible, non plus, d'affirmer que le fait d'être l'ami des ministres comporte des avantages, parfois très appréciables. Les conséquences de ces deux prémisses découlent d'elles-mêmes : choisissez un tel, et vous obtiendrez tel avantage. Le gouvernement n'intervient pas directement : il ne donne ni ordres, ni conseils ; il se contente d'administrer le pays, sauf à le faire avec des entorses presque imperceptibles au bon sens et à la justice.

La pression indirecte peut se manifester suivant une gamme de nuances variées. Du bas côté de la gamme, certains agissements manquent de la plus élémentaire loyauté et constituent de véritables défis à l'honnêteté politique. En 1910 un journal prônant la candidature d'un député de la droite écrivait en

---

(27) *Journal Officiel*, 1889, p. 284.
(28) Conseil d'Etat, 1920, p. 1373.

grosses lettres : « Voter pour les radicaux, c'est la dernière des sottises ; qu'on nous montre un seul radical qui ait jamais pu faire ajourner un seul conscrit... » (29). Et, plus énergiquement encore, en 1900, la *Petite Gironde* annonçait certaines subventions obtenues par un candidat qui venait d'être battu aux élections : « La population voit maintenant de quel côté sont ses véritables amis. Depuis son succès, qu'a fait le député actuel pour Saint-Martin-d'Oney ? Rien ! Tandis que son concurrent malheureux, M. Dejean, a continué à nous prêter son concours. On ne l'oubliera pas, Monsieur Dejean, soyez-en persuadé » (30). Dans l'Ardèche, un sous-préfet répondait à un maire qui sollicitait des subsides pour sa commune : « Certainement, votre droit est incontestable ; mais vos opinions ne sont pas assez orthodoxes » (31).

Mais il y a aussi l'autre partie de la gamme : et là, les abus prennent un caractère tellement vague, tellement insaisissable, que l'observateur le plus avisé hésite à se prononcer et à dire, où finit la forfaiture et où commence l'accomplissement d'un devoir. Car, certainement, le député ne peut pas laisser d'être l'intermédiaire naturel entre sa circonscription et les bureaux de Paris. Dire le contraire, c'est prétendre qu'un député une fois élu, « doit rompre toutes relations avec ses compatriotes, ses coreligionnaires politiques et s'abstenir systématiquement de s'intéresser aux affaires que ses compatriotes ou ses coreligionnaires politiques voudraient lui recommander » (M. Leygues) (32). Le député peut et doit s'efforcer de se rendre utile à ses commettants : un député ministériel, le devient plus facilement que ses collègues de l'opposition ; ce

---

(29) *Journal Officiel*, 1910, p. 2717.
(30) *Journal Officiel*, 1900, p. 2713.
(31) *Journal Officiel*, 1910, p. 2717.
(32) *Journal Officiel*, 1910, p. 2716.

sont là des lapalissades dont on ne sortira jamais. Le tout est évidemment une question d'un peu plus ou d'un peu moins de tact.

C'est donc en se plaçant uniquement au point de vue de « tact électoral » qu'il faut examiner les incidents de pression indirecte.

Le candidat affiche ses relations personnelles avec les ministres : c'est le commencement de toutes les pressions indirectes. Lors d'une élection très agitée dans l'Aveyron, arrondissement de Saint-Affrique, un célèbre économiste, le professeur Leroy-Beaulieu, était opposé à M. Fournol, ministériel. Le journal *Union Républicaine de Saint-Affrique* fit paraître un article qui est resté unique dans les annales électorales françaises. Voici comment cet article était présenté :

> Une page tout entière de ce journal est consacrée à un tableau qui contient deux colonnes. Dans l'une sont rappelées les faveurs dont jouit un député agréable au gouvernement : subventions aux maisons d'école, création de postes d'instituteurs, installation des bureaux de poste, allocation du parti mutuel, aux hospices, édification de ponts, concession de livres aux écoles, etc. L'autre colonne destinée à l'énumération des faveurs obtenues par un candidat de l'opposition, ne contient que le mot suivant, écrit en travers en très gros caractères : « Néant ». Puis suit la mention suivante : « Vive Etienne Fournol, l'ami du gouvernement » (*Journal Officiel*, 1909, p. 1538).

Cet article fut cité à la Chambre, aux rires de presque toutes les travées, par l'honorable M. Périer, rapporteur de la commission. Mais quel ne fut pas l'émoi sur les bancs de la droite, à laquelle M. Leroy-Beaulieu appartenait par ses sympathies politiques, quand un de ses adversaires, M. Baltrand, vint soumettre à la Chambre, follement amusée, un autre document, émanant de M. Leroy-Beaulieu lui-même et publié au cours d'une élection précédente.

M. Leroy-Beaulieu peut rendre des services considérables à ses électeurs. Chacun sait que c'est à Paris que se résolvent toutes les affaires importantes et pour les écoles et pour les chemins de fer et pour tout. Prenons donc un à un tous les ministères. Voici le ministère des Finances. Est-ce que M. Léon Say, qui a été quatre fois ministre des Finances, qui le sera sans doute demain, n'est pas le confrère de M. Leroy-Beaulieu à l'Institut, son collaborateur au *Journal des Débats* et depuis longtemps son ami ? Passons au ministère de l'Instruction publique. Le directeur de l'enseignement supérieur, M. Dumont, est le confrère de M. Leroy-Beaulieu à l'Institut. Le directeur de l'enseignement secondaire. M. Buisson, était le camarade de M. Leroy-Beaulieu au lycée Bonaparte. Arrivons au ministère des travaux publics. L'un des principaux directeurs, l'ingénieur en chef, M. Cheysson, est le collaborateur de M. Leroy-Beaulieu à l'Ecole libre des sciences politiques. Au ministère de la justice, l'un des principaux directeurs est un proche parent de M. Leroy-Beaulieu. Au ministère de l'Intérieur, l'un des directeurs, M. Herbette, est le camarade de M. Leroy-Beaulieu au lycée Bonaparte et à la conférence Dufaure. A la compagnie du Midi, le président M. d'Eichthal est une des plus anciennes relations de la famille Leroy-Beaulieu... Cette énumération serait infinie si nous voulions la prolonger. Nous demandons aux lecteurs si toutes ces relations, tous ces appuis, qui sont incontestables, ne sont pas utiles pour les écoles, pour les voies de communication et pour tous les *services personnels* qu'on peut en attendre ? (*Journal Officiel*, 1909, p. 1606).

Pour mettre ses adversaires en mauvaise posture, le candidat ministériel les accuse d'être dans l'impossibilité de rendre des services à l'arrondissement qui les aura envoyés à la Chambre. Voici un article paru dans le *Dacquois*, le 30 janvier 1886, sous la signature des cinq candidats ministériels :

« Electeurs landais écoutez bien ce que nous **allons vous dire. Nous faisons appel à votre sim-**

ple bon sens. Qu'avez-vous à gagner en votant pour cinq ennemis du gouvernement ? Rien. Vous ne pouvez qu'y perdre. Guiers et les autres ne sont capables que de faire du mal au département de Landes. Ils ne pourraient jamais rien obtenir pour personne, haïs, détestés par le gouvernement et les ministres. Il suffirait qu'ils demandassent quelque chose pour ne rien obtenir : ils ne pourraient que faire du tort au pays. Votez pour MM. Loustalot, etc... » (*Journal Officiel*, 1886, p. 638).

Mais il ne suffit pas d'affirmer ; il faut encore apporter les preuves des influences dont on dispose. Dans ce domaine, les moyens les plus variés sont employés. Si on n'a pas d'influence, on la simule. Le procédé le plus simple consiste à avoir un compère dans les bureaux de Paris, de se faire renseigner avant les autorités du département et d'informer les intéressés officieusement de ce qui a été décidé — tout à fait régulièrement — en leur faveur (33). « Mon cher compatriote, je m'empresse de vous annoncer que le ministre de la Guerre a bien voulu vous accorder un secours de... etc. ». Le cher compatriote ne manque pas de croire que c'est le député qui lui a fait obtenir la faveur en question (34).

Si le candidat dispose d'une réelle influence, il la fait valoir : « Monsieur Joseph de Cherpy — lisons-nous dans un journal du Calvados lors des élections de 1907 — se propose, aussitôt nommé député, de demander à M. Henry Chéron (sous-secrétaire d'Etat à la Guerre à cette époque), de venir faire une visite dans chacun des chefs-lieux de canton de l'arrondissement de Falaise, afin de se rendre compte des besoins de la population » (35).

Il suffit de faire encore un pas en avant : nous

(33) *Matin*, 2 août 1885.
(34) *Journal Officiel*, 1906, p. 1526.
(35) *Journal Officiel*, 1908, p. 154.

nous trouverons en plein dans le domaine de promesses de faveurs qui sont données par le gouvernement complice, comme prix d'un vote déterminé. Preuves ? — Embarras du choix...

A Albi — c'est Jaurès lui-même qui raconte cette histoire — en 1893, un conseiller d'arrondissement patronait ouvertement un candidat de l'opposition. Puis, à un certain moment, après avoir été invité à passer à la préfecture, ce conseiller change complètement de front et se met à prôner la candidature de M. de B. L... On lui demande des explications de son attitude. Dans une réunion publique à Lombez, il s'explique tranquillement : « Nous avons commencé la campagne contre M. de B. L... : il faut changer cela ; M. de B. L... n'est pas candidat officiel, mais il est candidat du gouvernement et nous n'obtiendrons que par lui les faveurs administratives nécessaires » (36).

Les bureaux de Paris ont mille moyens de faire sentir aux électeurs le poids spécifique d'un candidat qui intéresse le gouvernement. En 1898, dans un arrondissement du Lot-et-Garonne où se présentait M. G. Leygues, plus de 80.000 fr. d'allocations aux hospices, orphelinats et églises avaient été distribués pendant les trois mois qui précédèrent le scrutin (37). Dans l'Ardèche, en 1902, des indemnités allouées pour les inondations, votées depuis plus de 18 mois, ne furent distribuées que la veille du scrutin (38). Et dans la Haute-Garonne, après une distribution de fonds tout aussi tardive, le maire de l'Isle-en-Dodon annonçait aux contribuables : « Vous devez tous voter pour M. Bepmale : c'est à lui que vous devez toutes les indemnités qui vous ont été distribuées » (39). Dans la Gironde,

____

(36) *Journal Officiel*, 1893, p. 186.
(37) *Journal Officiel*, 1898, p. 1803.
(38) *Journal Officiel*, 1902, p. 1917.
(39) *Journal Officiel*, 1898, p. 1656.

c'est la grêle qui fait les frais électoraux de M. Surchamp : le maire de Saint-Emilion, dix mois après le sinistre, distribue les secours en les faisant accompagner d'une lettre ainsi conçue : « Cette libéralité est surtout due à de nombreuses et pressantes démarches faites en votre faveur par M. Surchamp, votre dévoué député » (40).

Pour terminer ce triste paragraphe, citons encore :

Décorations remises en grand nombre (*Journal Officiel*, 1902, p. 1981) : « Une pluie de décorations » (*Journal Officiel*, 1906, p. 1925) ... « Des kilomètres de ruban violet ».

Libre parcours du bétail dans la forêt domaniale, abaissement du niveau des étangs, création d'un emploi de facteur auxiliaire des postes (*Journal Officiel*, 1902, p. 2040).

Prolongation des délais pour la chasse aux alouettes (*Journal Officiel*, 1902, p. 2099).

Remise d'amendes (*Journal Officiel*, 1886, p. 750) ; grâces aux condamnés de droit commun (*Journal Officiel*, 1909, p. 2540).

Création d'un train qui n'était pas prévu par l'horaire et qui fut baptisé « train Janet » (*Journal Officiel*, 1902, p. 1928).

« Chantiers de travaux ayant nettement le caractère de chantiers électoraux » (Conseil d'Etat, 1912, p. 1504).

Mais y a-t-il besoin d'allonger cette liste ? Un député courageux n'a-t-il pas parlé, en pleine séance de la Chambre du « commerce des places, de la vente des influences électorales, du bouleversement des règles hiérarchiques dans un but électoral? » (41).

---

(40) *Journal Officiel*, 1902, p. 2093.
(41) *Journal Officiel*, 1898, p. 1913.

PRESSION ÉCONOMIQUE

La pression économique se manifeste sous deux formes. Il y a d'abord le « mur d'argent », c'est-à-dire l'ensemble des influences exercées par les grands trusts de banquiers et d'industriels. Une grande commission parlementaire, nommée par la Chambre en 1924 et munie de pouvoirs judiciaires, a essayé d'étudier les liens qui existent entre les grandes organisations capitalistes et certains partis de droite. Plusieurs incidents ont marqué les travaux de cette commission et se sont terminés par des condamnations sensationnelles pour refus de déposer sous foi de serment. Mais, tout compte fait, la commission n'a pu déposer aucun rapport d'ensemble. Dans ces conditions, l'auteur a pensé qu'il serait téméraire de sa part d'étudier un problème aussi peu accessible aux investigateurs. Le mur d'argent garde ses secrets, et il s'écoulera des dizaines et des dizaines d'années avant qu'on puisse s'aventurer, encore moins apporter toute la lumière, dans ce domaine troublant de la politique moderne.

Reste donc la deuxième forme de pression économique, celle qui se fait plus ou moins ouvertement et qui est pratiquée par des candidats individuels, à leurs risques et périls. Cette deuxième forme d'intervention de la puissance argent n'est point comparable, comme influence pernicieuse, au « mur d'argent » ; mais c'est la seule, pour l'étude de laquelle les documents ne nous manquent pas.

Il y a à peine vingt ans, le droit à la pression économique était ouvertement revendiqué par ceux que la fortune a favorisés.

En 1898, après les élections générales, un grand propriétaire foncier adressait à un de ses fermiers une lettre qui débutait par des considérations générales sur la « véritable famille » que doivent former les propriétaires et les fermiers et sur « l'association du bien public qui doit exister entre eux ». Cette entente de famille aurait toujours existé, jusqu'à présent, dans le domaine de X... ; mais il se serait produit un fait regrettable aux élections qui viennent de se terminer...

Une seule exception s'est produite, s'est affichée, même, et cette exception, c'est vous. Je n'ai pas à discuter les motifs qui vous ont guidé. Il me suffit de constater que nous sommes en divergence absolue sur des questions vitales et que l'accord qui doit régner dans toute association n'existe plus entre vous et moi.

Dans ces conditions le mieux pour nous deux est de nous séparer. Je ne prends pas cette décision sans un profond regret, car voilà longtemps déjà que nous naviguons de conserve ; mais vous m'avez vous même imposé cette pénible résolution.

La seconde période de votre bail trois, six, neuf, expire le 1er septembre 1899 : vous quitterez donc la ferme ce jour-là (*Journal Officiel*, 1898, p. 1816).

Les menaces de ce genre ne sont pas un fait isolé. En 1876, dans le Morbihan, le vicomte G. de K... envoyait à tous ses fermiers, ainsi qu'à ceux de ses parents, une circulaire leur enjoignant de voter pour le comte de Mun : « Il (le vicomte) saura s'assurer de quelle façon cet ordre sera exécuté pour en rendre compte aux propriétaires qui sauront s'en souvenir » (42). Deux ans plus tard, la Compagnie des mines de Douchy discutait en assemblée générale la motion déposée par deux de ses membres et tendant à faire observer, par le président de la Compagnie, « une neutralité absolue dans les élections : laisser les ouvriers et les employés voter librement ». Après de longs débats, cette motion fut repoussée et l'assemblée générale passa à l'ordre du jour « en réservant à la commission de surveillance, comme

---

(42) *Journal Officiel*, 1876, p. 5140.

cela a été fait jusqu'ici, sa plus entière liberté d'action » (43).

La même doctrine a été préconisée, en avril 1890, par le *Messager du Midi ;* voici l'appel que ce journal publiait la veille des élections :

> Il est temps de faire usage de votre droit incontestable, absolu : le choix de votre personnel ; il est temps que vous appliquiez la méthode opportuniste : l'épuration. Aujourd'hui, plus que jamais elle sera facile et elle s'impose comme un devoir rigoureux. Dès le mois d'octobre, six usines sur les neuf qui nous restent n'auront plus que un ou deux mois de travail par an; sur les trois autres, une a reconquis sa situation de 1885, les deux autres ont maintenu celle de 1887. A partir de cette époque, comme conséquence fatale, il y aura sept à huit ouvriers pour trois métiers; or, sur ce nombre, il se trouvera au moins trois ouvriers accusés de bons sentiments; la saine logique veut que le travail leur soit donné. Le ferez-vous ? (*Journal Officiel*, 1890, p. 1569).

Voici comment s'exprimait, le 24 avril 1897, le vice-président de l'Association sociale et patriotique de Lille. « Pour réussir, il faut que tous, grands et petits, nous nous unissions, il faut que toujours et partout nos amis sociaux soient l'objet de tous les privilèges possibles de la part de nos partisans ; privilèges possibles à l'atelier, privilèges possibles pour les emplois vacants ; privilèges et préférences dans le petit commerce, privilèges et préférences dans les aides, dans les secours et dans les assistances privées ». Conformément à ce discours-programme, les statuts de l'association contiennent un article 7 ainsi conçu : « Le but de l'Union étant de développer les sentiments de solidarité entre tous ses membres, ceux-ci se doivent réciproquement le

----

(43) *Journal Officiel*, 1878, p. 4685,

secours et l'assistance, qui est la raison d'être de l'organisation ; en conséquence, ils réservent les fonctions dont ils disposent, en préférence, aux membres de l'Union. Ils donnent, pour les fournitures dont ils ont besoin, la préférence aux petits commerçants qui ont également adhéré à l'Union ».

Mêmes procédés signalés dans la Seine-Inférieure (*Journal Officiel*, 1902, p. 1887).

Mais il faut reconnaître que les manifestations de ce genre deviennent de plus en plus rares. Elles ont provoqué de telles protestations dans la presse de gauche, que les intéressés sont devenus plus prudents ; ce qui, du reste, ne veut pas dire qu'on n'emploie plus de moyens habilement dissimulés pour faire profiter de certains avantages économiques ceux qui votent bien.

La pression économique se fait donc certainement sentir dans toutes les élections. Elle se présente sous les aspects les plus différents.

Mentionnons, pour ne plus y revenir, la pression grossière exercée sur la misère dans le sens littéral de ce mot. On sait qu'en France les assistés des bureaux de bienfaisance ne sont pas privés du droit de vote. Ils sont donc exposés à des menaces qui ne restent pas toujours sans suite. Ce sont ordinairement des conservateurs — ou leurs épouses — qui se trouvent à la tête des bureaux de bienfaisance. Rien n'est donc plus naturel que de faire servir à des buts électoraux les fonds distribués par les dames patronesses. Dans le Tarn-et-Garonne, en 1889, l'une d'elles, très influente dans le pays, annonçait aux malheureux inscrits qu'il fallait à tout prix voter pour M. A... : « Sinon, vous n'aurez plus à compter sur nous. » Cette dame fit supprimer au sieur Ecamère, vieillard de 90 ans, la moitié de la subvention qu'il touchait ; et cette moitié d'une aumône ne lui fut payée qu'après le scrutin « parce qu'il avait bien voté » (44). Dans le département des Landes, en 1902, le garde champêtre lui-même était chargé d'aller trouver les indigents de la commune et de leur dire que, faute d'avoir déposé un bulletin « à clef » (donc reconnaissable pendant le dépouillement) au nom de M. H. J..., le droit à l'assistance publique leur serait retiré (45).

Rien n'empêche aussi les dirigeants d'un bureau de bienfaisance d'inscrire sur les rôles des personnes qui n'ont pas le droit à l'assistance publique dès qu'elles se montrent disposées à voter dans le sens indiqué par les conservateurs. « Si vous votez pour B..., je vais mettre sur la liste des assistés votre mère », — explique un agent bénévole d'un candidat corse. « Mais elle n'a pas 70 ans. » — « N'en aurait-elle que quarante » (46).

Pour s'attaquer à ceux qui ne sont pas clients des bureaux de bienfaisance, on emploie d'autres moyens ; et — cela est le côté grave de la question — on ne s'en cache pas. « On prétend — écrivait un député dans un memorandum déposé au bureau de la Chambre — que dans un but de corruption électorale j'aurais, au moment du scrutin, fait distribuer des cigares aux électeurs et, d'autre part, que j'aurais, quelques jours avant les élections, fait des cadeaux de lapins... » « Je ne nie point ces faits ; mais je les justifie. » Et le député d'expliquer qu'il a l'habitude « qu'il conservera, tant qu'il restera maire », de passer des cigares aux électeurs, offre d'un ami, car mes concitoyens me donnent des preuves assez grandes d'attachement pour que je ne profite pas d'une occasion pour leur procurer un

---

(44) *Journal Officiel*, 1889, p. 182.

(45) *Journal Officiel*, 1902, p. 2041 ; cf. *Journal Officiel*, 1890, p. 686 ; 1909, p. 2458 ; 1890, p. 392.

(46) *Journal Officiel*, 1886, p. 644 ; cf. 1886, p. 79 ; 1878, p. 3742 ; Conseil d'Etat, 1862, p. 623, rejet d'une demande d'invalidation.

petit plaisir. » Quant aux lapins, ils ont, chez ce
député, « une tendance à une trop grande multiplication ». Il procède donc à une destruction aussi
grande que possible de ces petits animaux et comme
« il ne peut pas, naturellement, consommer toute
cette quantité », il est obligé de les distribuer « à
tous ceux qu'il connaît plus particulièrement » (47).

Avec cette mentalité, on peut se permettre beaucoup de choses. Lors d'une élection déjà ancienne,
en Bretagne, on « colportait un veau, ayant à son
cou l'étiquette portant : « Veau de Monsieur C... »

Les commerçants et les ouvriers sont les deux classes les plus exposées aux sollicitations et aux menaces des candidats opulents. Au cœur de Paris, en
1889, un agent du comité électoral Naquet se présentait chez les boutiquiers du 5e arrondissement et
leur expliquait posément que l'adhésion à ce comité
« serait une excellente opération, tous les gens riches
étant partisans de M. Naquet : « Pesez mûrement
— disait-il — les conséquences de votre refus, et je
ne doute pas que, lorsque je reviendrai, vous me
donnerez votre adhésion » (48). En 1914, dans le
Loir-et-Cher, les marchands de vins en gros et leurs
courtiers visitaient les vignerons et leur disaient
qu'on n'achèterait leur vin que si M. Paul-Boncour
était battu (49). Les menaces de faire poursuivre les
créanciers soupçonnés d'avoir mal voté sont signa-
lées dans la plupart des départements : menaces
souvent accompagnées de rachat de créances — un
peu douteuses — par les agents du candidat (50)
qui concentrait ainsi entre ses mains les moyens
d'intimidation. Ouvertement, on promet (« Journal.
de Lavedan ») de réduire le taux des intérêts à
ceux des débiteurs qui apporteraient la preuve d'a-

---

(47) *Journal Officiel*, 1876, p. 2188.
(48) *Journal Officiel*, 1889, p. 361.
(49) *Journal Officiel*, 1914, p. 2509.
(50) *Journal Officiel*, 1910, p. 2175.

voir bien voté (51). On va jusqu'à annoncer la création d'une banque ne percevant que 2 % sur toutes les sommes qui lui seraient dues (52).

La pression patronale va certainement en diminuant : la puissance des journaux communistes et socialistes est trop grande pour que ce genre d'abus puisse se maintenir dans les mœurs électorales. Cependant, des essais d'intimidation des ouvriers se font un peu partout. Un jugement du tribunal de Gien (Loiret), constate que le régisseur du château de Langesse remettait à des maçons et terrassiers occupés par lui des bulletins à clef en disant : « Si vous ne votez pas avec celui-ci, à la porte lundi » (53). Un directeur d'un grand bazar de Paris faisait venir dans son bureau ses employés et leur expliquait que ce serait « trahir notre confiance que de ne pas voter pour M. Muzet, qui est l'ami des grands magasins ; s'il n'était pas élu, notre prospérité sera atteinte et nous serons obligés de réduire le personnel et de supprimer les gratifications » (54). En 1902, tous les ouvriers d'une usine furent invités à ne se rendre au scrutin qu'en revêtant une « salopette » spéciale sans poches, de façon qu'ils ne puissent pas dissimuler d'autres bulletins que ceux qui leur avaient été distribués par l'administration (55). En 1904, le Conseil d'Etat a dû ordonner une enquête au sujet de menaces faites par les agents d'un candidat : savoir que les mal votants seraient expulsés des maisons où ils étaient logés (56).

Reste enfin la grande masse des électeurs qui n'est liée par aucune influence économique immédiate et

---

(51) *Journal Officiel*, 1902, p. 2771.
(52) *Journal Officiel*, 1925, p. 1823.
(53) *Journal Officiel*, 1890, p. 140.
(54) *Journal Officiel*, 1898, p. 1919.
(55) *Journal Officiel*, 1901, p. 2714.
(56) Conseil d'Etat, 1904, p. 791.

qui semble être à l'abri des intimidations directes.
Vis-à-vis de ceux-ci, on emploie la grande arme des
promesses plus ou moins mirifiques. Le candidat est
riche : il dépensera beaucoup d'argent dans l'arrondissement qui l'aura élu. Telle est la formule courante. « C'est le bonheur — explique le journal d'un
candidat dans les Hautes-Pyrénées — c'est l'abon-
dance et la prospérité qui viennent à nous avec M.
F... ; ne leur fermons pas la porte. » Il est « le seul
concessionnaire de nos sources thermales ; une fois
élu, il s'intéressera davantage à leur sort ; il sera
le grand bienfaiteur de ces sources » (57). Un autre
candidat promet de « créer une station thermale à
Perpignan » (58). Un troisième s'intéresse au sort
d'une entreprise analogue à Chaudesaigues (59),
« mais si M. O... n'était pas réélu, il ne serait pas
construit à Chaudesaigues d'établissement thermal ».

En 1902, dans les Hautes-Alpes, une vingtaine
de maires de communes d'importance inégale avaient
« traité en bloc la vente des suffrages de leurs administrés » et cela pour des sommes variant entre
200 francs et 10.000 francs, avec affectation spéciale pour chaque don déterminé (60). Du reste,
voici le texte d'une lettre que le président du syndicat agricole de Volonne (Basses-Alpes) adressait,
en 1891, à un candidat de ses amis :

> « Vous désirez être conseiller général, vous n'ê-
> tes pas le seul. Plusieurs candidats des deux rives
> du canton, influents, connus, ont le même désir.
> Ils ont déjà rendu des services au pays; vous, vous
> n'en avez rendu aucun... Pourquoi donc ne rendez-
> vous pas quelque service signalé? Vous le pouvez,
> vous le devez et si vous le faisiez tout le monde
> voterait pour vous... Moi-même... je voterais et

(57) *Journal Officiel*, 1902, p. 2772.
(58) *Journal Officiel*, 1906, p. 1969.
(59) *Journal Officiel*, 1881, p. 2153.
(60) *Journal Officiel*, 1902, p. 2771.

> ferais voter pour vous si vous faisiez une libéralité
> publique et durable. Me permettriez-vous de vous
> en signaler une qui vous rallierait du coup tous
> les suffrages et vous vaudrait mon concours dé-
> voué ? Ce serait l'acquisition pour le syndicat agri-
> cole d'un magasin-entrepôt à Volonne, pour tout
> le canton, dont la dépense ne saurait dépasser
> 2.000 francs... Ce service enlèverait votre élection,
> la rendrait certaine, préparerait efficacement vo-
> tre réélection » (*Journal officiel*, 1893, p. 199).

Parfois, le miroitement d'avantages futurs prend
des proportions gigantesques : en 1898, un candidat
à Narbonne annonçait à grands coups de publicité
qu'il s'était rendu concessionnaire de la construction d'un port commercial dans cette ville : et cela
à un moment où ledit candidat savait pertinemment
que les conclusions de la commission compétente
(du canal des Deux-Mers) ne permettaient pas au
ministre des Travaux publics de donner satisfaction
à un projet de ce genre (61). Lors de la fameuse élection de M. de R... dans les Hautes-Alpes, le candidat
s'en allait un peu partout annoncer qu'il « repeu-
plera vos montagnes de gibier et vos torrents de
poisson » (62).

Constatons pour terminer que la Chambre se montre excessivement indulgente vis-à-vis des candidats
qui ont recours à des procédés de ce genre :

> C'est aux électeurs d'apprécier les promesses
> faites par les candidats et à les juger. Dans ces
> conditions je me sépare nettement des protesta-
> taires sur ce point. M. Ferroul, du reste, avait à sa
> disposition une façon peut-être plus spirituelle de
> répondre au projet de création de port de M. Bar-
> tissol. Puisque M. Bartissol avait promis à ses
> électeurs de Narbonne de faire de Narbonne un
> port de commerce... j'en ferai un port de guerre à

---

(61) *Journal Officiel*, 1898, p. 1941.
(62) *Journal Officiel*, 1925, p. 2036.

l'instar de Brest ou de Toulon. Et aujourd'hui ce serait peut-être l'honorable M. Bartissol qui protesterait contre l'élection de M. Ferroul (*Journal officiel*, 1898, p. 2036).

L'INFLUENCE CLÉRICALE

Quand, en France, on parle de pression cléricale, il ne s'agit — il est important de le préciser — que de pression exercée par les ministres du culte catholique. Pour des raisons historiques qu'il n'est pas besoin d'énumérer ici, seule, l'Eglise de Rome présente un danger réel pour l'Etat français. Les faits d'ingérance électorale de la part de rabbins, ou de prédicateurs protestants — fussent-ils amplement prouvés — n'ont jamais impressionné la Chambre : lors de l'élection de M. Diagne au Sénégal, les marabouts avaient annoncé que les électeurs votant contre lui ne seraient ni mariés ni enterrés selon les prescriptions de la religion musulmane ; cela n'a pas empêché la Chambre de valider l'élection (63). N'est considéré comme ennemi que le cléricalisme catholique ; le reste ne compte pas.

L'action électorale des catholiques commence — pour la plupart du temps — par un congrès régional, convoqué pour discuter et approuver les candidatures (64). La liste des candidats ayant été établie, elle est remise aux intéressés. Parfois, c'est l'évêque lui-même qui se charge de cette communication : lors des élections de 1848, l'évêque de Montpellier ne fit aucune difficulté pour reconnaître devant les commissaires délégués par la Chambre qu'il avait écrit aux curés de son diocèse pour leur re-

---

(63) *Journal Officiel*, 1914, p. 2737.

(64) Congrès à Ladar, en pleine campagne électorale de 1906 ; présidence de l'évêque de Pamiers, concours de l'archevêque d'Auch ; diatribes violentes contre la République et discussion des conseils à donner aux électeurs. *Journal Officiel*, 1906, p. 1930.

commander la candidature réactionnaire de M. de Genoude (65-66). En 1869, le vicaire général de Luçon informait le clergé, sans plus, « qu'en portant sur M. de Falloux vos suffrages, vous contribuerez, Monsieur le curé, à donner à notre Vendée un député dont la parole, etc...». En 1876, l'évêque de Vannes avait publié une lettre exprimant l'espoir que le comte de Mun ne serait pas battu : « Votre insuccès serait un malheur public ; je rougirais pour mon pays. » Cette élection fut considérée comme à tel point importante que le pape envoyait au candidat clérical, quelques jours avant le scrutin, les insignes de la croix de commandeur de son ordre de Saint-Grégoire ; et le candidat lui-même, dans une lettre rendue publique, s'en faisait « un titre de recommandation auprès d'une population fermement attachée au chef de l'Eglise catholique » (67).

Ce ne fut que beaucoup plus tard que les évêques, se rendant compte de l'impression déplorable produite par leurs interventions, se résignèrent à des recommandations moins directes.

Actuellement, on procède donc par envoi de lettres circulaires ou mandements qui ne contiennent pas le nom du candidat recommandé par l'évêque. Ce mandement, en règle générale, contient une invitation de ne pas s'abstenir de voter et de déposer le bulletin pour un candidat « digne du suffrage des catholiques », sans plus. Parfois, des recommandations d'ordre purement ecclésiastique, viennent envelopper de leur verbiage médiéval les indications

---

(65-66) *Moniteur*, 1848, p. 2124.

(67) *Journal Officiel*, 1876, p. 2085. Du reste, l'*Osservatore Romano* revendiquait, jusqu'en octobre 1897 (communiqué du 21 octobre) le droit du Pape, « dans sa sollicitude apostolique, de tracer aux catholiques de cette illustre nation (France) quelques règles ou directions • électorales.

purement électorales. Il faut, lisons-nous dans un document provenant du département de Loir-et-Cher, « que nous attirions par la prière les bénédictions de Dieu sur cet acte de vie nationale » ; les personnes pieuses feront donc « la sainte communion et réciteront le chapelet » ; les religieuses se joindront aux hommes « pour faire violence au ciel » ; le curé lui-même « offrira le saint-sacrifice »(68-69). « Convoquez sans délai au pied des saints autels les fidèles pour qu'ils demandent à Dieu, père des lumières, qu'il vous dirige et qu'il dirige tous ceux qui vont user de leur droit, etc. » Pour donner plus d'éclat aux neuvaines et triduums électoraux, on s'adresse à sa Sainteté pour qu'elle « ouvre les trésors de l'Eglise en faveur des fidèles qui auront fait au moins 5 fois l'exercice de la neuvaine où assisteront au triduum solennel » en leur accordant « 300 jours d'indulgence de purgatoire pour chaque jour de la neuvaine et une indulgence plénière pour la communion de clôture aux conditions ordinaires, etc. » (70). Très souvent, ces mandements contiennent la recommandation « d'observer une sage réserve afin de ne compromettre aucun intérêt » ou de se montrer « neutres ». Les évêques estiment que les mandements ne peuvent être considérés comme répréhensibles s'ils se bornent à préconiser les candidatures chrétiennes, sans les spécifier ; comme l'a dit un jour, non sans malice, Mgr Freppel, le fait de parler du candidat « du diable » n'implique pas la conclusion que ce candidat est « nécessairement le candidat républicain » (71).

Le mandement est reproduit par les journaux à la

(68-69) *Journal Officiel*, 1906, p. 2136.

(70) Archevêque de Bourges, *Journal Officiel*, 1878, p. 485.

(71) *Journal Officiel*, 1881, p. 2087.

dévotion de l'évêché. Ces journaux, eux, ne sont tenus à aucune réserve et les noms des candidats « catholiques » s'y étalent sans circonlocutions. C'est ainsi qu'en 1906 le *Patriote de Vendôme* faisait suivre les recommandations anodines de « Charles, évêque de Blois », d'une série d'articles contre M. Rivière, candidat républicain, et en faveur de M. Berger, réactionnaire. « Il faut que les délateurs, personnifiés par le candidat Rivière, vénérable de la loge maçonnique de Blois, comprennent une fois pour toutes que les honnêtes gens ont assez du régime de despotisme qui permet au dernier mouchard (72) », et ainsi de suite...

On peut donc affirmer que le mot d'ordre, électoral et non plus purement ecclésiastique, est transmis en très peu de temps à tous les curés du diocèse : ils ne peuvent pas ignorer quelle est la personne pour laquelle ils doivent voter et faire voter, sous menace non seulement de révocation, mais de peines spirituelles aussi, d'une bien autre portée, celles-ci (73). Il va sans dire que c'est l'évêché qui fournit aussi tous les moyens de propagande, tracts, brochures, pamphlets, etc...

------

(72) *Journal Officiel*, 1906, p. 2136.
(73) Voici l'avertissement lancé par l'évêque d'Ajaccio : « Aux prêtres corses, j'ai dit que s'ils s'affichaient en public, comme partisans de candidats hostiles à la religion, je soumettrai le cas à Sa Grandeur et à Sa Sainteté. Déjà on me signale, comme s'étant affiché de la sorte, un petit nombre de prêtres et l'on me promet toutes les attestations que je voudrais. Ces attestations, je ne les accepterai qu'après les élections du 6 octobre. Ce n'est donc pas comme compris dans la série de prêtres en quesiton, mais simplement comme signalés à mon attention inquiète, que j'avertis les prêtres dont les noms suivent : Cipriani à Pietrosella, Ottavi di Paroso, etc. Jusqu'à plus ample informé, je considère les lettres que j'ai reçues sur les agissements de ces prêtres comme nulles. Le 6 octobre, si les attestations m'arrivent complètes et probantes, j'exécuterai mon programme. »

Ainsi armé et catéchisé, le curé de campagne se met à l'œuvre.

Ce ne sont pas les agents de propagande qui lui manquent. En province, il n'y a pas longtemps encore, nombreuses étaient les familles qui avaient un ou plusieurs de leurs membres incorporés dans un ordre religieux. Ces ecclésiatiques reçoivent l'ordre d'écrire à leurs parents et de demander que les votes soient émis selon les indications de l'évêque (74). Les femmes sont les victimes toutes désignées des menées cléricales. En 1885, le curé de Payssas (Ardèche) avait organisé, dans l'église, une réunion exclusivement réservée aux paroissiennes : sous « peine de péché mortel », il les a exhorté « à employer leurs maris à voter pour la liste conservatrice » (75). Un Finistérien avait avoué lors d'une enquête menée en 1897 qu'il avait refusé de suivre les conseils de sa femme et que « depuis cette époque il ne pouvait pas avoir de rapports avec elle, par suite des prescriptions du clergé » (76). Enfin, les enfants des écoles eux-mêmes, n'échappent pas à l'emprise du desservant : à Berck, en 1903, le vicaire engageait les élèves à demander à leurs parents de voter pour le bon candidat (77).

Le curé commence par ordonner des prières pour le succès des élections. « Veillée auprès du Saint-Sacrement. MM. les confrères de l'adoration nocturne se feront un pieux devoir d'offrir leurs prières à Jésus Hostie la nuit du... pour le succès des élections dans la ville de Roubaix » (78). Ensuite, suivant l'exemple de son chef hiérarchique, le curé invite les fidèles à voter et à « bien voter », car la

(74) *Journal Officiel*, 1902, p. 1951.
(75) *Journal Officiel*, 1885, p. 244.
(76) *Journal Officiel*, 1897, p. 1845.
(77) *Journal Officiel*, 1903, p. 1399.
(78) *Journal Officiel*, 1898, p. 1836.

lutte « est entre le mal et le bien, entre la vie et la mort, entre Jésus-Christ et le démon » (79).

Bien voter : un devoir de tous les catholiques. Voter selon leur conscience de catholique. Or, la conscience des catholiques est dirigée par celui qui se trouve dans le confessionnal. Voici un extrait d'une brochure de propagande catholique qui prouve que nous n'exagérons rien :

> Devoirs de l'électeur :
>
> — Celui qui vote sans prendre des informations est-il coupable?
>
> — Sans doute, il est coupable de nonchalance devant un devoir si grave.
>
> — Celui qui, après avoir consulté, vote contre les conseils qui lui ont été donnés, est-il coupable aussi?
>
> — Il est deux fois plus coupable et il a chargé sa conscience de plus en plus.
>
> — A qui faut-il demander conseil?
>
> — Il faut consulter un homme éclairé et sensé, et comme le bien de la religion, ainsi que le mal, dépend du vote, on devrait autant que possible demander conseil à quelqu'un aimant Dieu...
>
> Lorsque vous êtes malades, vous allez auprès du médecin ; s'il vous faut chausser, auprès du cordonnier ; s'il vous faut acérer la pioche, auprès du forgeron. Lorsqu'il est question de religion, si vous voulez être en faveur de l'Eglise, vers qui devez-vous recourir? Vers ceux qui connaissent l'Eglise et qui l'aiment (*Journal Officiel*, 1889, p. 510).

Bien entendu, le confessionnal est entouré d'un secret presque impénétrable. Les enquêteurs de la Chambre auront beau questionner les intéressés : ce n'est qu'en de rares occasions qu'ils auront des témoignages précis sur ce qui est conseillé ; tel, le rapport du préfet du Tarn, qui avait relevé la

---

(79) *Journal Officiel*, 1885, p. 1885.

plainte d'un sieur J. I. Cron, géomètre ; son directeur spirituel, l'abbé Poncès, chanoine d'Albi, lui « avait donné pour pénitence d'avoir à voter le dimanche suivant pour M. d'Aragon » (80).

Le zèle augmentant, certains curés prônent les candidatures de l'évêque du haut de la chaire. Les incidents de ce genre sont trop nombreux pour que nous puissions les énumérer tous. C'est ainsi que le 29 avril 1906 l'abbé Dédire-Calixte aurait dit dans son sermon : « Voter pour Escande (républicain, adversaire du comte Boni de Castellane) constitue un péché mortel, et Dieu qui sait récompenser et punir, condamne aux flammes éternelles ceux qui ne savent pas l'aimer » (81). En 1897, dans le Finistère, le jour des élections, le recteur terminait son sermon de la grand'messe en disant : « N'ayez pas peur, votez sans crainte et crachez à la figure de tous les ennemis de M. Gayraud » (82). En 1906, à Cheneac, le curé dit : « Les personnes qui ont l'intention de voter pour les candidats de la république et qui communient aujourd'hui, font une communion sacrilège ; ils seront damnés » (83). Autres déclarations du même genre : « Il vaut mieux voler que voter pour des républicains » (84) ; « les bulletins que vous jetez dans l'urne, dépouillés une première fois sur la terre, le seront une seconde fois au jugement qui suit la mort » (85) ; « on ne peut pas voter pour les républicains sans être des sacrilèges, des traîtres et des parjures à la religion » (86). Dans la commune d'Arifat, canton de Motredon, en 1877, le curé prononçait, en chaire, un sermon en patois : « Les républicains sont tous des commu-

---

(80) Archives Nationales, 14 août 1846.
(81) *Journal Officiel*, 1906, p. 2142.
(82) *Journal Officiel*, 1897, p. 553.
(83) *Journal Officiel*, 1906, p. 2057.
(84) *Journal Officiel*, 1889, p. 159.
(85) *Journal Officiel*, 1893, p. 215.
(86) *Journal Officiel*, 1885, p. 216.

nards et, pour résumer, de la canaille » (87). Enfin, dans le Doubs, en 1876, un curé gradue ses menaces : « Ceux qui voteront pour M. le marquis de
Moustier, candidat de l'Appel au peuple, iront dans
le purgatoire ; et ceux qui voteront pour M. Bour-
denet, candidat du centre gauche, iront en enfer »
(88).

Ces menaces purement verbales sont suivies, très
souvent, de sanctions ayant un caractère de gravité
particulière aux yeux des foules fanatisées.

Citons dans cet ordre d'idées : les refus d'absolution (89), refus de sacrements à un mourant qui
« votait pour un franc-maçon et envoyait ses enfants à l'école du diable » (90) ; refus de confesser
une femme dont le mari et les fils avaient voté pour
un républicain ; « allez vous faire confesser par
eux » (91). Refus d'enterrer une femme dont le frère
avait mal voté : « Allez, dit le recteur aux parents,
trouver le secrétaire de la mairie » (92). Refus d'admettre les enfants des républicains à la première
communion (93).

La loi sur la séparation des Eglises et de l'Etat
a enlevé à la question de la propagande cléricale
son acuité : depuis 1905, les ecclésiastiques, sauf en
Alsace et en Lorraine, sont rentrés dans le droit
commun : « Maintenant qu'on s'est séparé, on doit
pouvoir se dire des choses désagréables à volonté »
(94).

---

(87) *Journal Officiel*, 1878, p. 279.
(88) *Journal Officiel*, 1876, p. 2058.
(89) *Moniteur*, 1848, p. 966 ; *Journal Officiel*, 1914, p. 2539.
(90) *Journal Officiel*, 1898, p. 1815.
(91) *Journal Officiel*, 1885, p. 245.
(92) *Journal Officiel*, 1876, p. 5142.
(93) *Journal Officiel*, 1876, p. 5142.
(94) *Journal Officiel*, 1906, p. 3433.

La corruption électorale

Les quatre éléments de la campagne électorale que nous venons d'étudier (individu, administration, capital, clergé) ne tombent sous l'application d'aucune loi pénale. Tout autre est le problème des délits électoraux.

La loi du 31 mars 1914 réprime les actes de corruption électorale. Elle vise : les « dons et libéralités en argent ou en nature, les promesses de faveurs ou d'emplois publics ou privés », les « voies de fait, violences ou menaces, faisant craindre à l'électeur de perdre son emploi ou exposant à un dommage sa personne, les promesses de libéralités ou de faveurs administratives soit à une commune, soit à une collectivité quelconque de citoyens. » Et elle édicte des peines pouvant aller jusqu'à quatre ans de prison et jusqu'à 10.000 francs d'amende.

La corruption et la philanthropie

Toute distribution d'argent, faite à des électeurs, n'est pas nécessairement punissable. Mais la ligne de démarcation entre le délit et les simples libéralités n'est pas facile à tracer.

Il ne faut pas oublier que les tournées électorales se font la plupart du temps dans des milieux pauvres ; un homme qui dispose de certains moyens et qui voit, pendant ses tournées, des scènes de misère authentique, est naturellement porté à distribuer quelques secours. Le courage nous manque donc de contester la sincérité des explications suivantes d'un candidat (ses agents ont été condamnés par les tribunaux pour « corruption électorale »).

> Pendant quatre mois j'ai parcouru en tous sens la circonscription ; j'ai visité tous les villages et, la plupart, maison par maison, comme mon adver-

saire, d'ailleurs, a fini par le faire lui-même. J'ai vu bien des misères, bien des tristesses, bien des infirmités. J'ai visité tout un faubourg d'un village en proie à la fièvre typhoïde ; j'ai été sollicité de toutes parts, j'ai là des contre-protestations signées par de pauvres femmes déclarant qu'elles m'ont demandé l'aumône, en me montrant l'une sa fille épileptique, l'autre cinq ou six enfants en bas âge. J'en fais grâce à la Chambre (*Journal officiel*, 1890, p. 273).

La philanthropie peut être faite sur une grande échelle : tout dépend des moyens dont dispose la personne en question. Les dons d'argent — multiples et organisés — peuvent-ils rendre l'élection suspecte aux yeux de la loi ? On l'a prétendu, et l'exemple le plus typique est fourni sous ce rapport par l'élection contestée de M. Lebaudy, dans le département de la Seine-et-Oise. Le nom de ce millionnaire, roi du sucre, est trop connu ; on se rend moins compte de l'importance des secours que la famille Lebaudy remettait chaque année aux communes avoisinantes à son domaine. Ces secours étaient faits sous deux formes différentes : pour les pauvres individuels, l'administration Lebaudy distribuait des bons de pain et de charbon ; pour les communes, des emprunts étaient consentis chaque fois qu'il s'agissait de travaux municipaux urgents à exécuter. Les « bons » étaient passés, au début de chaque hiver, aux maires des différentes localités en question, et les maires les distribuaient comme ils l'entendaient ; on ne pouvait donc pas dire que la main qui donnait mettait quelques conditions au bienfait.

Quant aux emprunts Lebaudy, ils étaient tous approuvés, conformément à la loi, par l'autorité préfectorale. On avait essayé de dire que la multiplicité même des emprunts ainsi consentis devenait un danger public ; que le donateur devenait « moins

un homme d'état qu'une sorte de budget vivant :
budget des travaux publics et même des beaux-arts
quand il s'agissait d'instruments de musique » ;
on rappelait à la Chambre que presque la totalité
des communes de l'arrondissement en question était
débitrice de la famille Lebaudy. Mais le bon sens
finit par triompher, et l'élection ne fut pas inva-
lidée.

Ici, nous sommes obligés d'ouvrir une parenthèse.
En politique il faut compter non seulement avec
l'état d'esprit de celui qui donne l'argent, mais
aussi — et plus peut-être — avec les dispositions
de ceux qui touchent. Or, sous ce rapport, la province française n'est certainement pas à l'abri des
reproches. Les électeurs se conduisent souvent comme des corrompus même en présence de la philanthropie la plus désintéressée. Cela paraît compliqué,
mais c'est conforme à la vérité.

> Il serait puéril de nier l'influence que la grande
> fortune du comte Greffulhe a eue sur son élection,
> moins peut-être par ce qu'on en reçut que par ce
> qu'on en attendait. Ses largesses en 1888 à l'heu-
> reux canton de Mormant, dont il est conseiller
> général, celles de son oncle autrefois au canton de
> Nagio, permettaient d'espérer beaucoup et l'imagi-
> nation populaire s'était donné libre carrière. Tou-
> tes les communes voyaient dans son succès la réali-
> sation de leurs rêves longtemps caressés. Un pont
> sur la Seine, une gare aux marchandises, un mar-
> ché couvert, voire même le remboursement des
> obligations du Panama. Hâtons-nous d'ajouter
> qu'il ne paraît pas que M. Greffulhe ait jamais
> cherché à accréditer ces bruits, ni en favoriser la
> propagation (*Journal Officiel*, 1889, p. 404).

En 1893, un grand journal racontait, sans avoir
été démenti, qu'une commune « sur les bords de
la Loire » avait besoin d'un lavoir public. Les deux
candidats en présence étaient, tous les deux, million-

naires. Le conseil municipal s'en va d'abord chez l'un d'eux : il verse 300 francs. Ensuite, l'autre, sollicité, remet 500 francs. Séance du Conseil municipal et gros embarras des *patres conscripti*. Est-il juste de prendre 200 francs de plus au second candidat ? Le premier ne serait-il pas désavantagé ? — On décide de rendre les deux cents francs qui détruisent l'équilibre électoral. Mais, au dernier moment, on se ravise : « Ne serait-il pas préférable d'aller informer le premier des candidats de ce qui s'est passé ? » Et c'est ainsi que la commune en question se vit verser non pas 300 et 500 francs, mais 300 plus 200 et encore 500 francs.

En fin de compte, pour se protéger contre les invalidations éventuelles, certains philanthropes ont été obligés de recourir au seul moyen radical qu'il leur restait : ils arrêtaient pendant la période électorale tous les secours, même promis d'avance et versés périodiquement. Et alors, il arrivait que les évincés venaient grossir les rangs des protestataires, de ceux qui déposent des réclamations au nom de la morale, soi-disant outragée :

> Dès la période électorale, il a refusé toute espèce de secours, malgré les nombreuses demandes qu'il recevait; cent vingt-neuf de ces requêtes, — dont un certain nombre sont signées de noms *qu'on retrouve plus tard parmi ceux qui l'ont accusé de corruption*, ont été versées au dossier avec copie authentique de la fin de non-recevoir uniforme qui y a été faite (*Journal Officiel*, 1898, p. 1926).

LA FAUSSE PHILANTHROPIE

Nous le répétons : la limite est excessivement difficile à tracer. « A quel danger — disait en 1863 un député qui avait pris la parole dans le débat sur l'invalidation de M. Pereire — n'exposons-nous pas le suffrage universel, si nous ne disons pas que dans certaines circonstances le cœur le plus généreux doit savoir retenir ses mouvements les plus instinctifs ? » Tout est en nuances, dans ce domaine délicat.

Il y a d'abord la philanthropie qui sollicite les demandes de secours. Dans la Seine-et-Oise, en 1898, un grand industriel, se portant candidat, avait quelque chose comme 1500 agents. Ils s'en allaient trouver chacun des maires de l'arrondissement : « Si vous avez besoin de qui que ce soit, demandez-le ; la main de M. M... est généreuse ; il vous donnera ce qu'il vous faut. » Le moindre concours de pompes d'incendie provoquait l'apparition d'un secrétaire de M. M..., chargé de « dire à M. le maire qu'on tient à sa disposition les sommes qui pourraient lui manquer » (95). Les envois d'argent se font avec un tel empressement que, plus d'une fois, les bureaux de M. M... se trompent d'adresse : des sociétés de tir à arc, qui n'ont rien demandé reçoivent des fonds, sollicités par des associations analogues d'un autre arrondissement (96-97).

A Embrun, les sapeurs-pompiers reçurent l'invitation de se rendre, le jour du premier tour de scrutin, à la mairie, afin de faire prendre les mesures des nouveaux uniformes promis par M. de Rothchild ; en même temps, ils avaient à choisir le drap qui leur conviendrait le mieux (98). A Mamers, en 1865, le candidat avait organisé, la veille du scrutin, une tombola monstre : les numéros étaient gratuits et les lots d'importance : rien qu'en toile de drap on avait distribué plus de 2.200 mètres (99). Le syndicat directeur du chemin de Puy-Chizouran écrit au candidat une lettre officielle pour lui demander de bien vouloir hâter l'achèvement par ses subsides, de cer-

(95) *Journal Officiel*, 1898, p. 1976.
(96-97) *Ibidem*.
(98) *Journal Officiel*, 1926, p. 1823.
(99) *Journal Officiel*, 1876, p. 2222.

tains cinq kilomètres de route : « les syndiqués ne demandent ensuite qu'à pouvoir vous prouver leur reconnaissance en vous accordant leur confiance au prochain tour de scrutin » (100). Le candidat ne se laisse pas prier deux fois : voici la description d'une tournée électorale que fait un rapport présenté à la Chambre :

> Ayant terminé son discours il entra un moment dans la cuisine et il reparut bientôt sur la porte en annonçant : « Je me suis inscrit pour 500 fr. à la Société sportive, pour 200 fr. à la Société bouliste et pour 100 fr. pour un concours ». Quatre pères de famille nombreuse s'approchent et reçoivent chacun 100 fr. Un ouvrier déclare vouloir aller voter à Briançon et n'avoir pas d'argent : il reçoit 100 fr. Les trois facteurs reçoivent chacun 50 fr., etc...
>
> · M. Lemettre, président de l'Orphéon de Gap, reconnut avoir reçu le 3 août un chèque de 2.000 fr. pour sa société.
>
> A la Salle, M. Lautier (Joseph) déclare avoir vu M. de Rothschild distribuer à la mairie : 400 fr. pour la musique et 300 fr. pour les pompiers. A l'issue de la réunion la société de musique, satisfaite, vient donner une aubade à M. de Rothschild qui augmenta de 150 fr. le don qu'il avait déjà fait.
>
> A Villard-St-Pancrace M. de Rothschild a remis au maire le 4 août 1.000 fr. pour la mutuelle-bétail, 1.000 fr. pour la mutuelle-incendie, 1.000 fr. pour les pompes, 1.000 fr. pour les familles nombreuses, 300 fr. pour la Société de chasse, 500 fr. pour le syndicat agricole, 200 fr. pour les indigents, 150 fr. pour les membres du bureau de vote.
>
> A La Roche-de-Rame, Mme de Rothschild a remis à M. Fourrat 2.000 fr. à répartir ainsi : 1.000 francs pour l'achat d'une pompe, 500 fr. pour la mutuelle-incendie, 500 fr. pour la mutuelle-bétail (*Journal Officiel*, 1925, p. 2028).

---

(100) *Journal Officiel*, 1926, p. 2691.

Enfin, la Chambre poursuit sans pitié ceux qui promettent de verser aux œuvres philanthropiques leur indemnité parlementaire éventuelle. Le précédent avait été créé par une élection dans le Pas-de-Calais où le candidat avait réussi à promettre la totalité de son indemnité à trois œuvres de bienfaisance différentes (101). Le dernier incident de ce genre est tout à fait récent : élection annulée en 1928 (102).

SERVICES PAYÉS

La corruption des électeurs étant punie par la loi, les candidats hésitent à acheter brutalement des votes : ils ont surtout à craindre les agents provocateurs du parti adverse qui envoie ses adhérents pour toucher de l'argent et pour pouvoir, ensuite, dénoncer la corruption. Mais il existe mille moyens de faire de la corruption dissimulée, indirecte, ne donnant pas prise au Procureur. Le plus simple de ces moyens consiste à faire des dépenses électorales exagérées.

Car rien n'est plus facile, pour un homme opulent, que de jeter dans la lutte électorale, sous des prétextes plus ou moins plausibles, des sommes d'argent tellement importantes que, du même coup, l'ac-

---

(101) *Journal Officiel*, 1902, p. 2179.

(102) *Journal Officiel*, 1928, p. 2331 : « L'examen du dossier nous montre que M. Valensi a fait une promesse bien en règle.

Dans le numéro de son journal. *La Démocratie Grayloise*, au milieu de la page, en caractères particulièrement gras, il a écrit :

« A Pins-l'Émagny. à Chargay-lès-Gray, à Oyrières, les électeurs m'ont demandé : que pensez-vous de l'indemnité parlementaire ? J'ai pris l'engagement formel, qu'à dessein je renouvelle ici solennellement, de ne pas toucher à l'indemnité parlementaire et d'en répartir tout le montant entre les nécessiteux de l'arrondissement ».

Il continue :

« Ce serment, je le tiendrai... »

tion des concurrents moins favorisés par la fortune se trouve anéantie (103).

Ces dépenses, en elles-mêmes, n'ont rien de répréhensible. Le candidat a bien le droit, par exemple, d'avoir des « permanences ». Mais que dire de cette élection de Saint-Denis où, pendant les trois mois précédant l'élection la totalité des électeurs sans emploi avait été mobilisée dans des permanences multipliées à dessein, avec 50 agents payés dans chacune d'elles ? (104).

Ensuite, de pair avec les agents « assis » des permanences, il y a des agents « debout » ; cabaleurs, colleurs d'affiches, distributeurs de tracts. Dans une commune des Côtes-du-Nord, en 1902, la moitié des électeurs étaient à la solde d'un concurrent aisé (105). « On finit par aboutir à ce résultat que les distributeurs de professions de foi ne peuvent les distribuer qu'à eux-mêmes » (106). La rémunération que touchent les agents électoraux est variable. Dans les colonies ils se contentent de petites bricoles distribuées par leur chef : M. Gérault Richard, à la Guadeloupe, en 1910, remettait aux bâtonnistes de petite envergure des médailles avec son effigie à l'avers et les mots « Député de la Guadeloupe » au revers ; mais les chefs de file recevaient une montre, « souvenir de Gérault Richard » (107). Dans la métropole, évidemment, on est plus exigeant ; le tarif avant la guerre était de 10 francs par jour, 15 francs la veille du scrutin (108) ; « pas cher », disait un des intéressés devant les enquêteurs : « le risque de se faire casser la gueule par

----

(103) *Journal Officiel*, 1902, p. 2088.
(104) *Journal Officiel*, 1902, p. 2088.
(105) *Journal Officiel*, 1902, p. 1903.
(106) *Journal Officiel*, 1885, p. 65. Conseil d'Eat, 1914, p. 1276.
(107) *Journal Officiel*, 1910, p. 2188.
(108) Prime en cas de succès : Conseil d'Etat, 1904, p. 791.

les adversaires est trop grand ; à Lille, en quelques jours, il y a eu 40 condamnations pour blessures faites à des gens d'une autre nuance politique » (109).

Cette pente des services payés est glissante. Il suffit de s'y engager une fois... Dans la Vienne, en 1889, un candidat, M. D..., avait l'habitude de tenir un carnet qui tombait par terre à chaque instant ; celui qui le ramassait obtenait de suite la somme de vingt francs. Les jeunes filles vont à l'encontre du futur député et lui offrent un bouquet : tant par jeune fille. Du reste, le lendemain, le même bouquet est offert, tout aussi spontanément, au candidat du parti adverse (110). Les jeunes gens arrangent un feu de joie : un louis d'or à chacun des jeunes gens (111). Si la population ne comprend pas ce qu'elle doit faire, on lui crée l'occasion de gagner les dix ou quinze francs ; telle, la fameuse chasse aux izards organisée par M. Fould dans les Hautes-Pyrénées en 1902, chasse où il y avait 115 rabatteurs et un bon déjeuner, mais où aucun izard n'a été ni incommodé, ni même entrevu (112). Si le pays manque de transports, tous les propriétaires de véhicules, quelle que soit leur vétusté, peuvent faire des affaires d'or : en une seule journée, M. de Castellane avait réquisitionné 20.000 francs de moyens de transport (113).

La corruption des électeurs

La corruption pure et simple des électeurs est un délit. On penserait donc que ce genre de tractations est rare et que plus rares encore sont les cas où la

(109) *Journal Officiel*, 1898, p. 1841.
(110) *Journal Officiel*, 1926, p. 2699.
(111) *Journal Officiel*, 1898, p. 1878.
(112) *Journal Officiel* 1902, p. 2770.
(113) *Journal Officiel*, 1902, p. 2253.

preuve matérielle du délit peut être apportée. Il n'en est rien.

Dans les archives de la Chambre il existe un nombre incommensurable de listes comme celle-ci :

> ...Olympe, agent de Golle, a donné à Collas 2 fr. et un bulletin marqué au nom de Golle; — le même Olympe aurait donné 10 fr. à Chapius.
>
> A Luxeuil, Baudanu, filateur, aurait donné 5 fr. à Delhotel pour que ce dernier vote pour Golle. A Luxeuil encore Auguste Py aurait reçu une offre de 30 fr. d'un agent de Golle. A Fougerolles, Tisserand a reçu 6 fr. d'un agent de Golle. A Citerz, Parisot (Alfred) a reçu 4 fr... A Brothe, Girardot a reçu la promesse de 50 fr. en vue du vote et a touché une partie de cette somme.

Il existe des preuves qu'un candidat très riche discutait avec son agent la question de savoir si on ne pouvait pas acheter la totalité des électeurs d'un arrondissement peu populeux :

> M. de Rothschild m'interroge et me dit : « Combien y a-t-il d'électeurs dans votre département? » Je ne lui répondis pas. « 40.000? » me dit-il. Je ne répondis pas davantage. « 35.000? 30.000? » Enfin, au bout d'un moment, je lui répondis : « Dans une élection partielle, il peut y avoir 20.000 votants ». Et se levant immédiatement de son siège, comme mû par un ressort, il s'écria en levant les deux bras en l'air : « Mais, c'est admirable! 20.000 votants seulement! » (*Journal Officiel*, 1925, p. 2035).

Les façons de payer les électeurs diffèrent selon les temps et les lieux. Naguère, on mettait devant la mairie un sac d'écus et on passait une pièce de 5 francs à chaque électeur qui, en sortant de la salle du scrutin, affirmait avoir voté pour le candidat du sac. Lors de la fameuse élection annulée des Hautes-Alpes on n'a pas procédé autrement.

M. Eymar, maire de Gap, se rendant où sa profession l'appelait, au village de Veynes, voit un rassemblement autour d'une voiture automobile arrêtée sur la route. Un homme est debout dans la voiture. Croyant que c'est un bonimenteur, un charlatan qui vend de la marchandise à bon marché, il s'avance. Il s'aperçoit que c'est M. de Rothschild, qui distribue des billets de banque à qui veut les prendre (*Journal Officiel*, 1926, p. 2694).

A Gap, un électeur des Basses-Alpes, voyant un jour qu'il y avait un rassemblement devant un hôtel, a voulu en connaître la raison. Il s'y est rendu et il a constaté que M. Cahen, au nom de M. de Rothschild, distribuait de l'argent à qui voulait en recevoir. Vous entendez bien qu'on ne demandait pas à ceux qui se présentaient s'ils étaient électeurs dans les Hautes-Alpes. Ce monsieur a reçu plus de 800 fr. en se présentant plusieurs fois au guichet de M. Cahen. Et il concluait : « D'autant plus que je ne risquais rien, n'étant pas électeur dans le département ». (*Journal Officiel*, 1926, p. 2691).

M. Cluzel nous indique que dans nombre de communes M. de Rothschild, en tournée de conférences et avant de prendre la parole, déposait sur la table son portefeuille ou une enveloppe contenant des billets de banque et procédait à une distribution de ces billets aux personnes lui en faisant la demande. Il nous déclare, en outre, que des mandats télégraphiques de 500 fr. ont été adressés à plusieurs personnes, et notamment au maire de la commune de Bosanson, la veille du scrutin. 800 lettres recommandées, timbrées à 85 centimes contenant chacune un billet de 50 fr. et adressées aux mutilés et pères de familles nombreuses ont été mises à la poste de Gap l'avant-veille du scrutin (*Journal Officiel*, 1925, p. 1823. — Cf. *Journal Officiel* ,1876, p. 2324).

A côté de ces payements à tout venant, il existe plusieurs méthodes de contrôler les électeurs soudoyés. La plus simple et la plus fréquemment usitée

consiste à faire remettre à chaque électeur ayant déposé le bulletin du candidat payant (pour les moyens
servant à l'établir, voir plus bas), un « bon », une
espèce de quittance contre la présentation de laquelle un compère paye la somme convenue. « Bons signés Roux, maire de la commune, payables le 31 mai,
à son domicile, avec recommandation de ne les présenter qu'à lui ou à sa dame » (114). « Les cartes
déchirées à droite ne reçoivent rien ; il faut que le
coin gauche en soit enlevé » (115).

Du reste, il est bien entendu que les contrôleurs
de ce genre en sont souvent pour leurs frais, car les
possibilités qui s'ouvrent devant un électeur décidé
à voler le candidat qui l'a payé, sont illimitées. Lors
de l'élection de M. de Rothschild les gens du pays
plaignaient « l'argent bien mal employé » ; ils expliquaient que dans les Hautes-Alpes « une libéralité ne fera pas changer d'opinion » à des électeurs
« qui touchent, mais qui, ensuite, savent bien pour
qui ils doivent voter » (116). Dans la Seine-et-Oise,
un spécialiste énumérait les noms de ceux « qui ont
touché et qui ont fait le contraire » (117). Plus rarement, c'est le candidat qui refuse de faire honneur aux engagements pris par lui envers les électeurs : il ne faut pas donner de l'argent — telles
sont les instructions d'un candidat à son agent électoral dans la Dordogne (118) — car cela ferait casser mon élection ; mais il faut « se promener partout
avec un billet de 500 francs dans la poche, le montrer à tout le monde et raconter que ce billet récom-
pensera les électeurs en cas de succès ».

Le tarif de la corruption varie, évidemment, selon
les ressources dont disposent les deux parties en pré-

---

(114) *Moniteur*, 1863, p. 1427.
(115) Ferry, p. 216.
(116) *Journal Officiel*, 1926, p. 2699.
(117) *Journal Officiel*, 1902, p. 1988.
(118) *Journal Officiel*, 1889, p. 288.

sence. Quand le candidat est archi-millionnaire et que l'électeur, lui aussi, manie des millions, des sommes de 300.000 francs, de 70.000 francs et de 50.000 francs sont citées comme tout à fait naturelles (119). Les libéralités de cette envergure couvrent non seulement le bulletin simplement jeté dans l'urne, mais aussi l'ensemble de l'influence dont dispose l'électeur en question.

A l'autre bout de l'échelle sociale nous constatons, avant la guerre, la somme de dix sous comme minimum d'allocation aux électeurs indélicats : dans le Finistère (*Journal Officiel*, 1910, page 2132), dans l'Ardèche (*Journal Officiel*, 1906, p. 2708), dans la Manche (*Journal Officiel*, 1889, p. 162), dans les Côtes-du-Nord (*Journal Officiel*, 1903, p. 1903), et ainsi de suite. Comme exception, on cite des pauvres hères qui se vendent pour deux sous : Doubs (*Journal Officiel*, 1906, p. 1864).

En s'apprêtant à se vendre, l'électeur cherche à trouver preneur à la meilleure cote qu'on puisse obtenir sur le marché. Les uns retardent leur apparition devant le bureau électoral de façon à pouvoir obtenir des conditions plus favorables ; comme à la Bourse, ils sèment la panique parmi les preneurs et propagent des bruits fantaisistes concernant les prix payés dans d'autres communes (120). Les autres provoquent des criées entre concurrents également disposés à payer : invention perpignanaise (121). Dans une élection dans les Basses-Alpes un électeur ayant reçu la promesse de se voir verser 400 francs par M. de Castellane, s'est rendu chez l'adversaire de celui-ci et essaya d'obtenir cent francs de plus (122). « Vous connaissez mes opinions et si je promets de les changer — écrivait un élec-

---

(119) *Journal Officiel*, Sénat, 1924, p. 710.
(121) *Journal Officiel*, 1848, p. 2124.
(120) *Journal Officiel*, 1902, p. 2252.
(122) *Journal Officiel*, 1906, p. 2141.

teur de bonne volonté à un agent de M. de Rothschild — il faut que ce soit l'intérêt ; je ne les changerai pas pour une minime somme » (123).

Bref, la corruption électorale est très répandue. Dans l'urne dépouillée à Constantine en 1898, le bureau a trouvé un « bon » de trois francs, signé du nom d'un des agents électoraux de M. T..., candidat : l'électeur s'était trompé de poche... On fulmine contre le millionnaire « qui s'est payé le luxe d'acheter toute une circonscription comme on achetait naguère une écurie de courses » (*Journal Officiel*, 1898, p. 1974). On dénonce ceux qui se vendent « comme à la foire aux bestiaux » (*Journal Officiel*, 1902, 2252).

Le côté le plus pénible de la corruption électorale réside dans l'atmosphère malsaine qui se forme autour des marchandages entre électeurs et candidats. Les électeurs achetés se vantent devant ceux qui n'ont pas trouvé preneur : « Nous sommes fiers d'avoir voté pour le comte ; d'avoir bien bu, bien mangé, bien braillé, de nous être vendus chacun selon son prix. » Ils traitent d'idiots et de bons à rien ceux « qui avaient une *marchandise* moins bonne que la leur », ceux qui ont voté « pour un candidat qui n'a rien su donner » (124).

Pire que cela. Les électeurs s'en vont trouver le candidat qui n'a pas fait de démarches pour les corrompre et lui posent des ultimatums ; dès que le candidat se montre récalcitrant, « toute la commune se détourne de lui » (125). Voici une lettre se rapportant aux élections dans les Hautes-Pyrénées :

> Ossau-les-Angles, le 18 avril 1902. — Monsieur Alicot, — Je suis forcé de vous écrire au sujet de la journée d'hier; on est venu me chercher pour me faire parler avec votre adversaire, dont on lui

---

123) *Journal Officiel*, 1926, p. 2698.
(124) *Journal Officiel*, 1902, p. 2253.
(125) *Journal Officiel*, 1902, p. 2551.

avait dit que toute ma famille était pour vous. Il
m'a offert 100 fr. si je voulais changer d'opinion.
Je lui ai dit que jamais personne n'avait pu savoir
mon opinion et que pour rien de ce monde je ne
vendrais pas ma voix. Il m'a dit : « Parlez-en avec
votre famille et si vous vous décidez venez me
trouver ». Et comme nous sommes en nécessité
d'argent, la famille est d'accord de prendre l'argent. Par conséquent, je vous donne toujours la
préférence, si vous faites ce que l'autre veut faire.
Je vous promets toujours sept voix et autrement
c'est presque probable que vous n'en aurez aucune.
Je vous avertis ainsi et si vous croyez d'arriver,
prenez vos mesures et je vous prie que cette lettre
soit au secret et si vous m'accordez ma demande,
faites-moi réponse à lettre vue. — Votre tout dévoué ami : L. Domac (*Journal Officiel*, 1902, p.
2771).

Le destinataire de cette lettre fit la sourde oreille,
et le jour du scrutin la totalité des voix de cette commune passa à son adversaire.

Il n'y aurait qu'un seul moyen de mettre fin à
des pratiques aussi honteuses. Il consisterait à obliger les candidats à tenir une comptabilité complète
de leurs dépenses électorales, comme cela se fait dans
les pays anglo-saxons. Cette procédure n'a jamais été
envisagée par le Parlement français. Une seule fois
un humble notaire de province avait proposé à son
adversaire de lui ouvrir, à condition de réciprocité,
toute sa comptabilité électorale. « Cette proposition
— explique le rapporteur de la Chambre — a été
repoussée d'enthousiasme » (126).

Ce genre de comptabilité aurait présenté un énorme intérêt. Actuellement, il est absolument impossible de dire à combien se chiffrent les dépenses
des députés à la main tant soit peu large. Des indications indirectes et non prouvées permettent de

---

(126) *Journal Officiel*, 1890, p. 579.

prétendre qu'il existe des cas (Narbonne, Débats Chambre, 1898, p. 1961), où *plusieurs centaines de mille francs or* avaient été dépensés dans une circonscription comptant dix-sept communes seulement. L'élection de M. de Rothschild a coûté encore plus cher.

> Si vous additionnez les sommes consignées au **rapport, vous constatez** que l'élection de M. de Rothschild lui a coûté 1.400.000 fr. (*Journal Officiel*, 1925, p. 2694).

LA CORRUPTION PAR L'ALCOOL

La distribution des boissons se fait, pendant les élections, sur une très grande échelle. Cela n'a rien d'étonnant. En province, et même à Paris, il n'existe presque plus de clubs politiques. Les petits meetings et les conversations particulières ne se font qu'au café. Les « permanences » qui fonctionnent quelques jours avant le vote et le jour du scrutin se tiennent presque sans exception dans les débits de boissons. Donc, l'endroit même invite à des libations. De plus, un usage, pour ainsi dire universel, prescrit à quiconque veut être agréable à celui avec qui il a affaire — de l'inviter chez le « bistro » et de commencer par un : « qu'est-ce que vous prenez ? » Comme l'a dit un témoin cité par les enquêteurs dans le Pas-de-Calais (*Journal Officiel*. 1903, p. 1401), « lorsqu'on dérange les gens, il est bien naturel qu'on leur paye à boire ».

Il n'est pas étonnant, dans ces conditions, que la période électorale, avec les relations multiples qui surgissent à chaque moment entre les agents du candidat et des tiers qu'ils connaissent à peine, soit une période bénie pour les limonadiers. « On offre une petite *bistouille;* on en paye à toutes les élections, aux élections municipales, législatives, séna-

toriales. Cela se fait dans toutes les communes »
(*Journal Officiel*, 1903, p. 1401).

De tous côtés, on affirme qu'il existe un *usage*
d'offrir du vin. En 1849, les sieurs Cazenave et Pa-
lingat expliquaient au Conseil d'Etat qu'on faisait
boire les électeurs « de tout temps » et que cet usage
ne pouvait exercer aucune influence sur le scrutin,
« vu que les béarnais sont assez polis pour accepter
un verre de vin, mais aussi, assez fiers pour ne jamais se vendre » (127).

En 1876, le duc de Feltre expliquait à la Chambre
qu'il « avait trouvé dans le pays un usage établi
et qu'il s'y est conformé » (128). En 1926, dans les
Hautes-Alpes, les électeurs parlaient dans un ton
de mépris d'un candidat qui ne leur avait pas payé
à boire : « il nous a passé à la brosse » (129).

La Chambre elle-même reconnaît et, pour ainsi
dire, approuve ces coutumes. Un rapporteur officiel
n'a-t-il pas mis le passage suivant dans un rapport
relatif à une élection dans le département de l'Ille-
et-Vilaine :

> Conformément aux coutumes électorales breton-
> nes, on a bu avec M. Brune et on a bu avec M. la
> Chambre ; il y a égalité qui intéressait particuliè-
> rement le 5 bureau. En effet, tout en blâmant
> l'intempérance, les membres de ce bureau ne croient
> pas avoir qualité pour réformer les mœurs du dé-
> partement d'Ille-et-Vilaine (*Journal Officiel*, 1889,
> p. 475).

Et le Conseil d'Etat de faire chorus : « Si des
libations ont eu lieu dans les auberges de la commune d'Affleville, les requérants ne justifient pas

---

(127) Conseil d'Etat, 1849, p. 599.
(128) *Journal Officiel*, 1876, p. 2324.
(129) *Journal Officiel*, 1926, p. 2699.

que ces faits aient porté atteinte à la liberté et à la
sincérité du vote » (130).

Alors, on boit. Le *canvassing* anglais se transforme en petits verres offerts, à droite et à gauche, au
candidat et par le candidat. En Corse « un usage
immémorial, constamment pratiqué dans toute
l'étendue de l'île, exige, chez le millionnaire, aussi
bien que chez le cultivateur, que celui qui entre
dans une maison y accepte un verre de vin », —
explique un candidat (*Officiel*, Chambre, 1890, p.
555). Et il ajoute que son métier n'est pas sans fatigue puisqu'il a dû faire une visite personnelle à
chacun des 5.500 électeurs de son arrondissement,
« ce qui représente autant de verres consommés ».
Et il fallut boire, boire, boire — raconte, dans ses
impressions, un journaliste qui accompagnait le candidat du XVIII° pendant ses pérégrinations à travers la Butte... « Et on en prit ! Deux heures après,
mon compagnon n'avait plus aucune allure pour
cathéchiser les populations ; il avait déjà pris trente
et un quinquinas. »

La corruption par l'alcool se fait ouvertement.
Dans une des communes, près de Pau, c'est le garde
champêtre, c'est-à-dire un fonctionnaire, qui annonce au son de tambour qu'on peut boire aux frais du
candidat (131). A Sarriac, dans les Hautes-Pyrénées,
le maire lui-même déclare à l'issue de la messe qu'on
peut boire et manger sans payer dans une auberge
déterminée et que, tous frais payés, il restera encore
assez d'argent pour organiser un grand banquet
après le scrutin (132). Dans le Pas-de-Calais, le
garde champêtre passait aux électeurs, en même

---

(130) Conseil d'Etat, 1904, p. 772 ; 1868, p. 1217 ; 1863,
p. 489 ; 1849, p. 221.
  (131) *Journal Officiel*, 1906, p. 2775.
  (132) *Journal Officiel*, 1893, p. 175.

temps, la carte d'identité et un bon de bistouille aux frais de la municipalité (133).

Les candidats suivent l'exemple donné d'en haut. Dans l'Orne, en 1906, M. L. M.. envoyait aux cabaretiers une circulaire imprimée indiquant le jour et l'heure de la réunion électorale qu'il allait faire dans le café en question et spécifiant que « pour éviter les pertes de temps le café arrosé d'alcool (bistouille) devait être préparé d'avance, les tasses étant placées sur les tables » (134). A Issoudun, en 1906, un candidat, M. D..., docteur en médecine, faisait afficher un placard invitant les électeurs à des réunions électorales contradictoires ; ce placard se terminait par le paragraphe suivant : « Un vin d'honneur à titre de déplacement sera offert gracieusement à tous les ouvriers pour boire à l'honneur et à l'avenir de la République démocratique et sociale, pour la paix et l'entente entre tous les citoyens. Tous les ouvriers auront droit à un litre de vin ; les pères de famille à un litre supplémentaire par deux enfants ; les veuves et les hommes ou femmes au-dessus de soixante ans à deux litres ; tous devront venir seulement pendant la conférence avec leur litre vide » (135).

La distribution d'alcool se fait sous toutes les formes. Pour les électeurs cossus on arrange des banquets. « Plus de 300 électeurs avaient répondu à l'invitation du châtelain qui a fait les honneurs de son home avec le charme et la cordialité qu'on lui connaît ; déjeuner exquis et admirablement servi » (136). Les gens de moindre importance se contentent de ce qu'on appelle des « tables ouvertes »

---

(133) *Journal Officiel*, 1903, p. 1405.
(134) *Journal Officiel*, 1906, p. 202.
(135) *Matin*, 13 avril 1906.
(136) *Journal Officiel*, 1913, p. 196.

chez les débitants (137) ; « c'est au milieu de véritables orgies qu'il était censé rendre compte de son mandat ; la multitude avinée et hurlante l'accompagnait ensuite, en brandissant de grandes bouteilles de vin mises en réserves, jusqu'aux limites de la commune voisine » (138). Pendant toute la conférence ils n'avaient qu'une seule idée : « Quand va-t-on boire la bistouille ? » (139).

Le jour même du scrutin, on boit à gorgées doubles. La distribution de vin chez les débitants est soigneusement organisée. Voici une lettre curieuse interceptée par les protestataires d'une élection dans la Loire-Inférieure :

> Mon cher Francheteau. — Je vous remercie de me dire que pour le jour de l'élection vous relèverez de l'ancienne auberge de Toucarme. Comme dans les mêmes circonstances, je vous autorise à

---

(137) En 1877, un député sortant, qui avait eu une bonne majorité aux élections précédentes, part sur son bidet pour faire sa tournée électorale. Il arrive au village de P..., un des bourgs pourris. Il n'y avait pas dans le village une vache ou un ânon qu'il n'eût soigné. (C'était un vétérinaire.) Il descend au *Cheval Blanc*, où il était ordinairement comme chez lui. C'était fête à la maison, quand on le voyait venir : Hé, bonjour, dit-il, Jean-Pierre. — Bonjour, M. K..., répond l'hôte, d'un air attristé. — Donnez un picotin à mon cheval et à moi une bolée de cidre en attendant le dîner. — Monsieur, dit l'hôte, je suis bien marri, mais tous les lits de mon auberge, tout le cidre de ma cave et toutes les provisions de ma cuisine sont achetés par votre concurrent pour toute la durée de la période électorale. — Ah, ah, dit l'autre. Je m'en vais à la *Croix-Verte*. — Allez-y, répond Jean-Pierre, en s'efforçant de rire. La *Croix-Verte* était vendue. Le concurrent avait acheté jusqu'au dernier cabaret dans tout le ressort. On faisait bombance à ses frais de tous côtés. Je m'asseyais sur une pierre, disait le pauvre vétérinaire, en racontant son odyssée. Je mangeais du pain et du cervelas en avalant une gorgée d'eau-de-vie, et quand j'avais fini de manger, je montais sur ma pierre pour haranguer mes électeurs. » (*Matin*, 25 septembre 1889.)

(138) *Journal Officiel*, 1902, p. **2253**.

139) *Journal Officiel*, 1903, p. **1402**.

offrir aux braves électeurs de la commune de Glion à boire et à manger jusqu'à concurrence de 50 fr. que je vous verserai quelques jours après le 27 avril. On fera de même chez Fouché, chez la veuve Guérint, la veuve Georgette. Je le leur ai dit. Croyez, Monsieur, à mon entier dévouement (*Journal officiel*, 1902, p. 2163).

On n'oublie pas même les invalides. « Les impotents n'avaient qu'à envoyer leurs récipients chez le maire, et on les leur remplissait de vin » (140).

Quand la quantité de vin à distribuer est trop grande, on installe des « barriques percées », aux deux bouts du village. A Châtillon, le candidat met une barrique de vin dans la salle précédant celle du vote (141). Dans les Hautes-Pyrénées, dans les communes de Pouy et de Barthe, la barrique arrive jusque dans la salle même du vote (142). Et le rapporteur de la Chambre d'absoudre paternellement, car on est « patriarcal » dans les montagnes et on y a l'habitude « de se distraire en famille » (143). Le Conseil d'Etat, lui aussi, estime que le fait d'avoir apporté le baril dans la salle de vote est « regrettable », mais ne constitue pas « une manœuvre en faveur de l'un des candidats en présence » (144). Dans un autre cas, le Conseil d'Etat absout le président du bureau pour cette raison que la quantité de bière apportée dans la salle du scrutin « était faible » (145). Enfin, le Conseil d'Etat n'annule pas les élections si les boissons avaient été offertes dans la salle de vote « sans provocation d'un vote spécial » (146).

(140) *Journal Officiel*, 1906, p. 2775.
(141) *Journal Officiel*, 1898, p. 1878.
(143) *Journal Officiel*, 1893, p. 175.
(142) En 1876, une de ces barriques était surmontée d'une pancarte : « Vive le maréchal de Mac Mahon! » (*Journal Officiel*, 1877, p. 8420.)
(144) Conseil d'Etat, 1908, p. 167.
(145) Conseil d'Etat, 1905, p. 1234.
(146) Conseil d'Etat, 1866, p. 485.

En fin de compte, tout le monde est ivre. « Les électeurs se présentaient au scrutin sinon complètement ivres, du moins manifestement avinés ; les libations se terminaient par une véritable bataille de verres et de bouteilles « (147). A la fin du scrutin, il devient impossible de trouver des scrutateurs, car chacun veut contribuer à vider les fûts jusqu'à la dernière goutte » (148).

Combien consomme-t-on d'alcool pendant les élections ? — Impossible de répondre tant soit peu exactement à cette question. Mais les indications ne manquent pas que certaines localités possèdent 909 cabarets pour 15.000 électeurs inscrits, c'est-à-dire environ un cabaret pour 15 électeurs (149). Des sommes très importantes sont dépensées pour satisfaire la soif des électeurs. « Un crédit illimité ouvert dans les cinq auberges de Kergrist » (150). « Si M. B. C. ne sacrifie pas au moins 10.000 francs dans notre canton et s'il ne marche pas à coup de bistouilles, il est perdu ; ces procédés sont écœurants, mais que voulez-vous ! » (151). Un calcul se rapportant à la circonscription de Montreuil (Pas-de-Calais) montre que, pendant les deux mois précédant les élections de 1902, il y a eu, pour les droits sur l'alcool, une plus value de 43.832 fr. comparativement aux mêmes deux mois de l'année précédente. A cette époque, le droit sur l'alcool *pur* était de 2 fr. 20 par litre. Donc, en deux mois, les quelques 4.000 électeurs de cette circonscription

<hr>

(147) *Journal Officiel,* 1907, p. 638.
(148) *Journal Officiel,* 1898, p. 1878.
(149) « Dans le but de ne pas susciter des jalousies » entre aubergistes, on est obligé d'allouer un crédit pour chaque débitant de la commune ; « souvent cet argent est remis au maire, même hostile au candidat, qui est chargé d'en faire la distribution » (*Journal Officiel,* 1906, p. 2566).
(150) *Journal Officiel,* 1876, p. 2323.
(151) *Journal Officiel,* 1903, p. 1403.

avaient augmenté leur consommation de plus de 19.000 litres d'alcool pur ; ce qui fait, à raison de 100 petits verres par litre d'alcool pur, environ 500 petits verres d'eau de vie par électeur, bus en plus de la consommation ordinaire (152).

La corruption organisée

La corruption s'étendant et impliquant un grand nombre d'électeurs, il est tout naturel de voir se créer des organisations, plus ou moins éphémères, dont le seul but est de servir d'intermédiaires entre le candidat et ceux qui désirent être corrompus.

La corruption organisée se présente sous les formes les plus variées. Le procédé le plus rudimentaire consiste à placer un agent dans les couloirs de la mairie à l'endroit même où les électeurs viennent retirer leurs cartes. Un électeur de Constantine raconte qu'il avait surpris un « acheteur de cartes » de ce genre et s'en fut se plaindre à l'agent de police, de planton, en le priant de faire respecter le suffrage universel. « Que voulez-vous que je fasse — répondit tranquillement le représentant de la force publique — faites-en autant » (153). L'envoi de courtiers à domicile était organisé sur une grande échelle à Alger : l'électeur remet la carte contre paiement de la moitié de la somme convenue ; le jour du scrutin, il se présente à la permanence ; les racoleurs forment des groupes de quatre, cinq clients, les emmènent voter à la mairie et paient le solde à la sortie (154).

---

(152) *Journal Officiel*, 1903, p. 1401.
(153) *Journal Officiel*, 1898, p. 2165.
(154) *Journal Officiel*, 1885, p. 71.

Voici le rapport d'un commissaire spécial de la sûreté de Constantine .

« D'abord en arrivant chez M. Beugin... (on l'avait fait venir chez M. Beugin, parce que c'est en face de l'habitation de cet électeur que se passent les fraudes)... quelques personnes qui regardaient par la croisée m'ont dit : « C'est dommage que vous ne soyez pas arrivé trois quarts d'heure plus tôt, car vous auriez vu sur le comptoir... des piles de monnaie d'argent ainsi que des individus recevant de l'argent; mais M. Machis étant arrivé, a fait signe de la main de passer dans le fond. Je me suis mis en observation derrière les lames de la persienne... j'ai vu un très grand nombre de gens, paraissant être des pêcheurs, des portefaix naturalisés, être amenés par des individus qui les faisaient entrer dans le fond du bureau de M. Bertagna. Au bout de quelques minutes, ces naturalisés sortaient le plus souvent, avec en main des bulletins de vote et des petits carrés de papier qu'ils comptaient et mettaient ensuite dans la poche ou dans leur béret. Ces carrés de papier portaient une sorte de cachet ovale et mon secrétaire, M. Carot, agent de sûreté, qui a vu aux mains d'un individu un de ces billets me dit qu'il portait les inscriptions suivantes : « 26 septembre. Bon pour une consommation de 10 centimes » (*Journal Officiel*, 1898, p. 2165).

Mais ce fut à Nice, en 1890, que la corruption fut organisée avec un soin et sur une échelle qui n'ont jamais été dépassés depuis.

Bien avant les élections, un comité se formait sous la présidence d'un certain M. Bouttan ; il prenait une vague dénomination de comité des électeurs ouvriers et il se mettait à l'œuvre avec le but avoué de centraliser un certain nombre d'électeurs.

L'organisation de ce comité était on ne peut plus moderne. Soixante-dix sections avec autant de chefs de section ; comité central présidé par M. Bouttan lui-même. Chaque chef de section prenait l'engagement de recueillir au moins vingt adhésions de citoyens prêts à aliéner leur bulletin de vote ; listes de ces citoyens avec leurs adresses, noms et numéros des cartes. Colonne spéciale dans le registre pour marquer le prix promis à chaque membre racolé.

En possession de 1.600 cartes, le comité s'en fut trouver un acquéreur disposé à payer en gros la marchandise de M. Bouttan. On trouva preneur dans la personne de M. Bichoffsheim, dont la fortune devait être considérable, puisqu'il ne se gênait pas pour parler de soi-même dans les termes suivants : « Je suis une colonne d'or ; il n'y a qu'à la gratter ». M. Bichoffsheim, étant resté le plus offrant, un contrat en bonne et due forme fut passé entre le comité Bouttan et le futur candidat des ouvriers niçois.

D'après ce contrat, le président du comité s'engageait à fournir à M. Bischoffsheim environ 1.600 voix; de son côté, l'acquéreur promettait de payer: 7.000 fr. comptant et 13.000 fr. le lendemain de l'élection. Pendant l'enquête, ordonnée par la Chambre, un des intéressés avait avoué que ce contrat « était dans sa serviette »; le procès-verbal n'indique pas les raisons qui l'ont empêché de produire ce document (155).

Le jour de l'élection, tout marcha à souhait. Les chefs de sections s'en allaient chercher les « membres ». On les amenait au siège du comité et là on leur remettait leurs cartes, laissées en dépôt. Puis, encadrés de deux membres du comité, ils se rendaient au scrutin et revenaient au siège du comité pour toucher.

Mais il paraît que les frais généraux de cette entreprise furent plus importants que ce qu'avait prévu M. Bouttan. Au moment du règlement, celui-ci réclama donc à M. Bischoffsheim, déjà élu, une somme supplémentaire de 8.000 francs. Il y eut du flot-

---

(155) *Journal Officiel,* 1890, p. 51.

tement. Pour calmer ses adhérents, M. Bouttan les réunit dans un local approprié et leur dit : « Si aujourd'hui, avant quatre heures, je n'ai pas reçu la somme demandée (13.000 plus 8.000 frs), je ferai annuler l'élection » (156).

Ce fut donc le comité Bouttan lui-même qui envoya à la Chambre le dossier contenant l'ensemble des documents que nous venons de citer. Et ce fut encore le comité Bouttan qui organisa une levée générale de boucliers au moment où la Chambre — l'adversaire de M. Bichoffsheim n'était guère plus intéressant — fit mine de passer outre aux irrégularités constatées et de valider quand même. Voici la lettre que reçut de l'un des membres les plus actifs du comité Bouttan le rapporteur de la Chambre :

> J'ai lu ce matin, Monsieur, dans un journal, que vous allez défendre l'élection de M. Bichoffsheim. Quelle mouche vous a piqué? Parlez plutôt contre ce juif hollandais qui nous a grugés... Je serais curieux de savoir où a passé son argent, car tout le monde ici se plaint. Il est vrai qu'il prétendra n'avoir rien dépensé; mais les dépenses n'en sont pas moins faites. Parlez-moi de son concurrent: il n'a pas fait tant d'esbrouffe, mais il payait rubis sur l'ongle. Aussi il a toute notre confiance (*Journal Officiel*, 1890, p. 55).

Et cette lettre était accompagnée de nouveaux documents : de plaintes signées par certains « membres » naïfs du comité Bouttan qui se disaient lésés par Bouttan (l'argent promis ne leur avait pas été versé...) et qui demandaient justice à la Chambre elle-même. Un allumeur de réverbères, Xavier Carlère, fut le plus explicite :

> Le mardi 24 septembre, je me présentais avec vingt-quatre de mes camarades au Kursaal, où avait lieu le payement. On nous avait dit d'y venir

---

(156) *Journal Officiel*, 1890, p. 56.

en secret : quand j'y arrivai, nous étions environ trois cents. Le sieur Robini (Charles) était le payeur et il remit, à raison de 25 francs par personne, tout l'argent de notre liste à un certain Luccio. Nous sortions dans la cour, et là je vis que Luccio remettait à chacun 10 fr. et en gardait 15. Quand mon tour arriva, *je suis un honnête homme, et je dis* : « *Luccio ça sera 25 fr. ou rien* ». *Il me répondit* : « Eh bien, ce ne sera rien ». Et je n'ai rien eu ». Carlère ajoute : « *Je proteste devant la Chambre* » (*Journal Officiel*, 1890, p. 55).

LA CORRUPTION DES CANDIDATS

La corruption des candidats — non punissable d'après la législation française (157) — est assez répandue.

Sa première forme est la mise à prix d'un désistement entre le premier tour et le second. C'est peut-être le cas où l'excuse est moins difficile à trouver : le premier tour ayant entraîné des frais assez considérables, on les rembourse à celui qui se désiste au profit de son co-contractant. En 1910, les journaux avaient publié un contrat « fait double entre les deux parties » sur papier timbré. M. Ch. se désistait en faveur de M. G. J. ; « de son côté, M. G. J. accepte le désistement de M. Ch., et, quoi qu'il arrive, dès à présent s'engage formellement à lui payer et rembourser la somme nette à forfait de 30.000 frs sur les frais qu'il a faits et exposés à ce jour, savoir, 20.000 frs à payer d'ici fin mai cou-

---

(157) Voici comment s'exprimait le procureur de la République à l'audience du tribunal de Clermont du 23 octobre 1902 : « Il est certain que M. Compère-Morel a été l'objet d'une tentative de marchandage électoral blessante pour lui, et si une ordonnance de non-lieu a été rendue contre l'agent auteur de cette manœuvre, c'est parce que la loi ne vise que la tentative de corruption faite sur l'électeur » (*Journal Officiel*, 1903, p. 52).

rant et le solde dans les deux mois qui suivront »
(158). En 1906, dans l'Hérault, M. Leroy--Beaulieu
traita avec un concurrent désirant se désister en sa
faveur pour la somme de 1.000 frs ; cette somme
fut versée en deux parties, ce mot étant employé
dans le sens littéral : la moitié d'un billet de 1.000
frs *avant* le scrutin et l'autre moitié du même billet
après le ballotage (159).

La deuxième forme est infiniment plus grave. A
coups de billets de banque, on provoque des candidatures fictives, n'ayant aucun autre but que de faire disperser les voix d'une nuance politique adverse.

Aux élections de 1906, dans la 1re circonscription
du XIIIe arrondissement, deux candidats étaient en
présence : M. L., droite, et M. Cardet, socialiste.
Quelques jours avant le deuxième tour du scrutin,
une candidature Carterond venait surgir inopiné-
ment, embrouillant toutes les cartes du candidat
socialiste, car M. Carterond, ouvrier gréviste, affichait des idées beaucoup plus extrémistes que celles
de M. Cardet. Or, plus tard, quand M. L., droite,
passa à une très faible majorité relative, le candidat
Carterond vint le dénoncer au comité de M. Cardet :
le solde de la somme de 500 frs, promise à M. Carterond par M. L., n'avait pas été payée par le bénéficiaire de l'éparpillement des voix ouvrières. Lors
de l'enquête, il a été établi que l'affiche la plus violente, dirigée contre le candidat socialiste, et signée
par M. Carterond, avait été rédigée par la femme de
M. L. Cette affiche portait le titre : « Où est le
drapeau rouge ? » (160).

La même situation s'était produite exactement
dans la première circonscription du Ve arrondisse-

---

(158) *Matin*, 22 juin 1910.
(159) *Journal Officiel*, 1906, p. 3458. Cf. les 5000 francs
de l'élection de Saint-Denis, en 1897 (*Journal Officiel*, p.
580).
(160) *Journal Officiel*, 1906, p. 2140.

ment, en 1906. Un fort des Halles, M. L. R., reçut la somme de 60 frs pour se porter candidat socialiste révolutionnaire dans un scrutin de ballottage entre M. Viviani et M. A., nationaliste. Le lendemain du marché, le fort des Halles, « comprenant la sale et répugnante besogne que l'on voulait lui faire faire », restitua les 60 frs aux pauvres de Paris et retira sa candidature éphémère (161).

Mentionnons encore la candidature de l'anarchiste E. V. Benard, dans l'Aisne, en 1907 (162), suscitée par la droite ; le cas du commandant B. qui avait obtenu la promesse d'être nommé inspecteur du pari mutuel s'il faisait échouer, par sa candidature fictive, celle de M. Guyot de Villeneuve, dans le Ve arrondissement de Paris, en 1903 (163). Enfin, dans le département de la Seine, en 1904, il y eut deux candidatures fictives de gauche, payées par la droite, et une candidature fictive de droite, avec cette circonstance aggravante que la différence entre le nom du candidat réel et celui du candidat payé par la gauche n'était que d'une seule lettre, ce qui créa une confusion bien naturelle (164). La tentative avortée d'acheter le désistement de M. B. (cent mille francs, plus une place d'inspecteur dans un syndicat agricole, plus une perception à Paris pour le gendre de M. B.), a fait beaucoup de bruit dans les journaux en 1898 (165).

Mais le cas le plus célèbre de corruption de candidat est celui qui s'est déroulé dans le Gers en 1924.

Deux listes devaient être, normalement, en présence : celle du cartel des gauches et celle du bloc national. La première devait comprendre les noms de

<hr />

(161) *Matin*, 20 mai 1906.
(162) *Journal Officiel*, 1907, p. 2441.
(163) *Journal Officiel*, 1903, p. 1616.
(164) *Journal Officiel*, 1904, p. 522 et 1126.
(165) Voir procès-verbal de constat, *Matin*, 12 mars 1898. Cf. *Matin*, 25 août 1893.

Ducaud, Sénac (radicaux socialistes), et Monthiès (socialiste). Pour la seconde, MM. Barthélemy, Gounouilhou et de Cassagnac étaient tout indiqués. Comme cela se fait d'habitude, les candidatures devaient être ratifiées par les congrès de partis locaux. c'est le 16 mars que se rassembla à Auch le congrès des radicaux socialistes, le seul qui nous intéresse ici. La position de MM. Ducaud et Sénac, députés sortants, était, pour ainsi dire, inexpugnable ; d'autant plus que M. Sénac proposait à son collègue de déclarer qu'il se solidarisait totalement avec lui, c'est-à-dire qu'il n'acceptait d'être candidat qu'avec M. Ducaud.

Quelle ne fut donc pas la surprise de M. Sénac d'abord, du congrès ensuite, quand on apprit que, pour des raisons inconnues, M. Ducaud refusait de reconnaître l'autorité du congrès. Rompant avec la discipline du parti, il déclara constituer une liste dissidente.

Ce ne fut que beaucoup plus tard qu'on apprit la raison de cette attitude si étrange d'un candidat auquel le siège au parlement est offert par l'organe le plus qualifié de son parti et qui, malgré cela, brûle tous ses vaisseaux. La veille du scrutin, M. Sénac faisait placarder la question suivante : « Pour quel service, pour quelle dette ou pour quel travail M. le député G. remit-il à M. le député Ducaud, le jeudi 24 février 1924, un chèque de 108.000 francs ? ».

Voici de quelle façon on a expliqué plus tard l'intérêt que M. G. pouvait avoir à engager M. Ducaud à constituer une liste dissidente. Il était de notoriété publique que M. Barthélemy était, sur la liste du bloc, le représentant des idées les plus avancées vers la gauche. On pouvait donc à bon droit supposer que certains radicaux, auxquels il répugnerait de voter pour le socialiste Monthiès, remplaceraient ce nom par celui de M. Barthélemy comme le plus rapproché à la conception des radicaux. M. Barthélemy pouvait donc, très facilement, se trouver à la tête de la liste et — une fois M. Monthiès battu — obtenir la troisième place disponible, en éliminant, par l'appoint des voix radicales, ses deux colistiers (G. en premier lieu). Il était donc essentiellement important pour M. G. que les voix des radicaux qui ne voteraient pas pour Monthiès ne se portassent point sur Barthélemy ; d'où la nécessité de constituer une liste intermédiaire, liste tampon, qui absorberait les voix des radicaux un peu tièdes (166).

La trahison d'un ami de M. Ducaud fit connaître les dessous du marché que M. Ducaud passa avec M. G. :

> « J'avais bien assisté à la levée des 108.000 fr. à la banque du Crédit Foncier d'Algérie et j'étais allé avec lui les déposer au nom de M. Borde (beau-père de M. Ducaud) à la Société Générale. On peut trouver le numéro du taxi, c'est un G 7. On voit à quel point tant d'argent à la fois émut M. Ducaud; il y a oublié son parapluie. Bien à toi, François. » (*Journal Officiel*, 1924, p. 4337).

Le montant de ce contrat était significatif : il représente exactement quatre fois la somme de 27.000 frs, qu'un député touchait par an de présence au Parlement. On avait aussi ajouté « de même qu'un boulanger ajoute un morceau de pain à la miche », que les frais électoraux de M. Ducaud seraient supportés par M. G.

L'impression produite par l'affiche de M. Sénac fut énorme. Celui qu'on accusait de s'être vendu d'une façon aussi grossière n'était pas le premier venu : docteur en droit de la faculté de Bordeaux, conseiller général, maire d'un gros chef-lieu de canton, député siégeant sur les bancs d'un grand parti historique.

---

(166) *Journal Officiel*, 1924, p. 4332.

On s'efforça donc de donner à M. Ducaud toutes les facilités pour se disculper. Par trois fois, le bureau de la Chambre somma M. G. de produire un relevé de son compte courant à la banque indiquée par le dénonciateur et d'établir qu'aucun chèque de 108.000 francs n'avait été tiré par lui vers le 21 février 1924. Ces sommations restèrent sans réponse. La Banque, elle, se cantonna derrière le secret professionnel, comme c'était, du reste, son devoir. Enfin, M. Ducaud, lui-même, invité à fournir ses explications, préféra ne point comparaître devant le bureau, ce qui permit à un député communiste de l'apostropher du haut de la tribune parlementaire : « S'il y a un endroit où M. Ducaud n'a pas le droit de faire défaut, c'est devant ceux qui ont à dire s'il est un honnête homme ou s'il est un coquin ».

Aspect extérieur de la campagne électorale

C'est l'aspect extérieur de la campagne électorale qui a le plus évolué depuis la guerre. Les campagnes de Boulanger, celles de « Panama » et des sécularisations n'étaient pas exemptes de violences. Actuellement, elles deviennent de plus en plus calmes, sauf, peut-être, dans les colonies. Ce n'est donc qu'à titre de réminiscences que nous donnerons les quelques détails qui vont suivre.

Une certaine mise en scène ne peut pas nuire au candidat. Aux colonies, cette mise en scène est parfois assez poussée, surtout si le candidat peut se prévaloir de l'appui de l'administration. C'est ainsi qu'en 1909, M. Gérault-Richard est arrivé à la Guadeloupe avec une escorte nombreuse de ses amis politiques. Débarquant du *Pérou,* il s'est rendu à son quartier général à pied, en costume un peu bizarre: redingote grise, chapeau mousquetaire assorti, avec une plume verte, la poitrine barrée de l'écharpe tricolore. Les troupes, rangées en double cordon sur tout son parcours, lui rendaient les honneurs. Quatre gendarmes se mettent de planton à la porte de son domicile dès qu'il y est entré (167).

Le premier soin du candidat est d'organiser son état-major. Plus la suite du candidat, faisant ses tournées, est nombreuse, plus grandes sont ses chances de réussir. Dès l'ouverture de la période électorale (à la Guadeloupe), « les bonnes laissent leurs enfants, les cuisinières abandonnent la cuisine et les hommes désertent l'atelier ou les champs ; on voyage ainsi de commune en commune » (168). Une fanfare est organisée pour corser les réunions; si la majorité des membres de la fanfare se trouve appartenir à la classe des fonctionnaires publics, le gouvernement les laisse obtenir un congé indéfini (169).

Dans le Pas-de-Calais, en 1902, chaque réunion du candidat de la droite était accompagnée de processions burlesques : les chevaux de labour se transformaient en destriers de parade, les cavaliers tirant des coups de fusil à droite et à gauche, et de gracieuses personnes offrant des bouquets de fleurs à l'entrée de la commune (170). Lors des élections de la même année, M. de Castellane, dans les Basses-Alpes, recrutait à prix d'or une brigade de plusieurs centaines d'électeurs et les chargeait de se rendre dans toutes les parties de l'arrondissement pour manifester en faveur de leur patron (171).

Les troupes électorales se procurent des armes. Dans le Morbihan, en 1898, un des candidats avait raflé dans les bazars la totalité du stock de sifflets à

____

(167) *Journal Officiel*, 1910, p. 2188.
(168) *Journal Officiel*, 1910, p. 2192.
(169) *Journal Officiel*, 1910, p. 2189.
(170) *Journal Officiel*, 1902, p. 2528.
(171) *Journal Officiel*, 1902, p. 2253. Même genre d'embrigadement signalé dans le Cantal (*Journal Officiel*, 1902, p. 2195).

roulettes (172). Les casse-tête, les cannes à épée, les cannes à poignée de plomb figurent dans la plupart des élections. Dans les colonies, les « amis du candidat » portent le nom de « bâtonnistes », et « je pourrais — disait un journaliste compétent — citer les noms des hommes politiques tant à la Martinique qu'à la Guadeloupe, qui ont sur la conscience un ou plusieurs meurtres » (173).

En Corse, ce sont les fameux « bandits » qui forment le principal appoint des candidats. Un candidat sénatorial a exposé de la façon suivante son entrevue avec Romanetti :

> Dès mon arrivée, par l'intermédiaire d'un parent de Romanetti, je demandai à le rencontrer personnellement. Notre entrevue fut brève et nos propos concis : « Je viens à vous, lui dis-je, en toute confiance, pour être fixé sur les intentions que vous prêtent mes adversaires. Ils disent que votre concours leur est assuré contre moi, que vous employerez même la violence pour combattre ma candidature et que vous vous opposerez à mes courses à travers la Corse. Est-ce exact ? Et si c'est vrai, quelles sont vos raisons ? » Romanetti me répondit qu'on l'avait sollicité à diverses reprises d'empêcher mon débarquement, mais il s'empressa d'ajouter que de telles mœurs lui répugnaient, qu'il avait signifié aux émissaires de M. Landry un refus catégorique et qu'il était résolu à ne pas se mêler de l'élection sénatoriale. « Vous avez, ajouta-t-il, envoyé au président du conseil un télégramme réclamant mon arrestation. Je vous en ai voulu d'abord ; mais j'ai compris le sentiment qui vous a fait agir ; je l'ai estimé légitime, puisque vous défendez votre parent. Je ne veux être mêlé en rien à cette élection. Croyez-moi, M. Coty, vous pouvez circuler sur les routes de Corse : ce n'est pas Romanetti qui vous en empêchera. » Là-des-

---

(172) *Journal Officiel*, 1898, p. 1814.
(173) *Matin*, 20 août 1925.

ssu, nous choquâmes nos verres (*Journal Officiel,*
Sénat, 1924, p. 699).

En 1876, les choses se passaient moins paisible-
ment :

> Lorsque cette assemblée électorale s'est ouverte,
> on a vu, en face de la salle du vote, en armes, me-
> naçant, un sieur Perretti qui avait une vendetta à
> exercer et qui annonçait que si quatre électeurs —
> on les nomme et ils ont affirmé le fait devant no-
> taire — que si ces quatre électeurs partisans de
> M. Abbatucci se présentaient pour voter, il ferait
> feu sur eux (*Journal Officiel,* 1876, p. 2440).

Les populations, chauffées à blanc, par les énergumènes qui forment la garde personnelle du candidat,
perdent toute notion des réalités. On se croirait
sous le règne de Charles IX quand on lit des des-
criptions comme celle-ci :

> En diverses localités du canton de Saint-Agrève,
> des cris de mort ont été proférés contre les pro-
> testants. Des mannequins représentant soit la Ré-
> publique, soit le candidat républicain ont été brû-
> lés en certains endroits et notamment dans la com-
> mune de Nosières. On parle aussi de chèvres en-
> duites de pétrole, symbolisant la République et des-
> tinées à être brûlées vives... Le même jour, le tocsin
> a été sonné, à Rochepaule, par ordre du curé. A la
> suite de ce tocsin, une centaine d'individus armés
> de fusils, de fourches et de bâtons se portèrent
> dans les communes environnantes en tirant des
> coups de fusil au grand émoi des populations pro-
> testantes qui croyaient au retour de la Terreur
> blanche... Se croyant les maîtres partout, les réac-
> tionnaires ont brûlé des berceaux, proféré des me-
> naces de mort contre les républicains et, le soir,
> de grands feux ont été allumés un peu dans toutes
> les directions du côté de Molière, la Fare et sur
> les ruines du château de Rocheblaine, de l'autre
> côté du Doubs. Des décharges de fusil ont éclaté
> un peu sur tous les points et des cris hostiles ont

été hurlés de tous les côtés, mêlés à des chants de cantiques, tellement que les républicains de la Bâtie et de Rochepaule, effrayés, n'osaient plus dormir chez eux (*Journal Officiel*, 1903, p. 59).

Dans ces conditions, les réunions électorales ne seront trop souvent que des prétextes à bagarres et à violences. La description suivante, faite par un candidat, n'est pas dépourvue d'humour :

C'était très amusant. On s'en allait dans les bourgs faire des réunions publiques. Le local était ordinairement la salle de bal, et la tribune, l'estrade des musiciens. Cette estrade se composait invariablement d'une planche large de cinquante centimètres, fixée contre le mur à deux mètres de hauteur. On y montait par une échelle. Il n'y avait pas de garde-fou. De sorte qu'on y était à peu près aussi à l'aise que sur un trapèze.

Je me hissais là-dessus avec les membres du comité. Nous nous rangions en file sur la planche, le dos appuyé contre la muraille blanche et nous ressemblions à un jeu de massacre.

Le président me donnait la parole et, bien calé sur mes talons pour ne pas piquer une tête dans le suffrage universel, je commençais ma petite affaire : « Mes chers concitoyens »... Aussitôt « mes chers concitoyens », me répondaient par des cris d'animaux. Puis une voix entonnait la Marseillaise. Les chers concitoyens faisaient chorus. Le président déclarait la séance levée et je dégringolais par l'échelle en me disant : « Quel métier ! Mon Dieu, mon Dieu ! Quel métier ! »

La veille de l'élection, dans une des villes de l'arrondissement, après une réunion publique où jamais je n'avais été si bien écouté, vers onze heures du soir, nous fûmes assaillis par un millier d'électeurs qui nous envoyaient des pierres grosses comme le poing. Nous dûmes traverser, pour nous en aller, une haie double d'aimables citoyens dont les uns piquaient à coups de canne les chevaux de notre landau, dont les autres brisaient à coup de pierres les vitres de la voiture. On nous tira des coups de revolver et la capote du landau fut traversée par plusieurs balles. De sa fenêtre, le maire de la ville regardait, imperturbable, la bonne plaisanterie de ses administrés (*Matin*, 6 août 1893).

Dans l'Hérault, en 1908, M. Leroy-Beaulieu faisait une conférence publique. Il est attaqué et doit se retirer par une porte dérobée ; un coup de matraque l'étourdit ; en rentrant chez lui il est blessé au bras d'une balle tirée presqu'à bout portant ; le meurtrier, néanmoins, n'est pas retrouvé (174).

Autres rapports. « M. Laur n'avait pas fini sa phrase que M. Lissagaray lui allonge deux gifles ». « Un homme, Brulet, a été frappé de plusieurs coups de couteau qui mettent ses jours en danger ; quatre autres personnes sont blessées ». « M. Farcioli s'armant alors de son parapluie en frappa violemment à la tête M. Daly qui tomba étourdi ». « Accablé de coups de cannes et blessé au visage, piétiné, M. Maujan fut enlevé à la fureur de ses adversaires par plusieurs de ses amis ». « M. Bernard, candidat socialiste, a reçu un coup de pied dans l'aîne ; il a été transporté chez lui sans connaissance ; son état est grave ». « Les contradicteurs, s'armant de pierres les lancèrent dans les vitres qui volèrent en éclats ; on escalade les fenêtres ; plusieurs grilles furent descellées et la salle envahie ». La boucherie de la rue Damrémont est encore à la mémoire de tout le monde.

Il paraît incroyable, mais il est bien établi que pendant la campagne électorale de 1898, Jaurès lui-même n'a pas pu prendre *une seule fois* la parole devant ses électeurs du Tarn (*Journal Officiel*, 1898, p. 1754).

Mais, comme nous l'avons déjà dit, tout ceci est rétrospectif. Les deux dernières campagnes ont été

____

(174) *Journal Officiel*, 1908, p. 2825.

des plus paisibles. En 1928, des désordres n'ont été
signalés qu'à Drancy : et encore, n'ont-ils été que
de peu d'importance (175).

D'énormes progrès ont été aussi acquis dans le
domaine de l'affichage électoral. Avant la guerre
les candidats se payaient le luxe de véritables délu-
ges de papier électoral. Cela procurait aux candidats opulents de grands avantages sur les concurrents moins fortunés. Lors de l'élection du 27 janvier 1889 à Paris, le général Boulanger — et ceux
qui étaient derrière lui — avaient fait coller dans
le VIIe arrondissement plus de 1.300.000 énormes
placards. Pour avoir « le papier égal », M. Jacques,
le concurrent de Boulanger, avait été obligé de commander 500.000 affiches de grand format. Rien
qu'en frais d'impression, cette élection avait coûté
400.000 francs. Evidemment, il n'y avait pas moyen
de trouver dans le VIIe arrondissement assez d'espace libre, même en utilisant tous les murs de tous
les immeubles, pour placer ce papier sans empiéter
sur les affiches déjà collées. Mais, justement, ces
affiches n'étaient point destinées à être lues : le but
principal des colleurs était de recouvrir les affiches
de l'adversaire. C'est à cet effet qu'ils se livraient
à des luttes homériques, à force d'énormes échelles
et de pinceaux barbus : c'était à qui monterait plus
haut, à qui ferait passer le plus vite la vague de
ses colleurs après celle de l'ennemi. Il en résultait
un enlaidissement, sans exemple, des grandes villes.
Les monuments publics étaient dégradés (l'architecte
du nouvel Opéra-Comique avait, en 1898, en vain
essayé de protéger son immeuble en érigeant autour de lui d'immenses palissades dont le seul but
était d'arrêter le zèle des colleurs) ; les colleurs se
battaient dans les rues ; des équipes entières étaient
séquestrées par des candidats à poigne (*Journal Of-*

---

(175) *Journal Officiel,* 6 juillet 1928.

ficiel, 1898, p. 1991). Mais le danger politique résidait, comme nous l'avons dit, dans l'inégalité des conditions de lutte entre les candidats riches et les candidats pauvres. Tandis que le fameux Robinet, candidat des « journalistes » (illettré, il a eu son heure de gloire parisienne en 1893), était obligé de porter, en homme sandwich, ses deux affiches sur le dos et sur le ventre, en circulant dans « son » arrondissement à la grande joie des badauds, — le candidat opulent réussissait à détruire, pour ses adversaires, toute possibilité d'en appeler aux électeurs, comme le cas s'est produit à Roubaix lors de la candidature de M. Motte. « L'affichage en temps d'élection est devenu une véritable plaie, un abus intolérable » — écrivait en 1898 M. de Cassagnac qui, pour une fois, se trouva être d'accord avec M. Millerand, dont le discours à la Chambre fut fort remarqué (au sujet d'une élection à Lille) (176).

Tout ceci est actuellement devenu de l'histoire ancienne. La loi du 20 mars 1914 est venue réglementer d'une façon bureaucratique les fantaisies des barbouilleurs de murs. Très sagement elle a subordonné l'affichage à un nivellement monotone ; tout le pittoresque a disparu d'un seul coup et actuellement cette forme de propagande se réduit à une formalité ennuyeuse et presque inutile, car personne ne lit les placards enrégimentés qui ornent les abords des mairies.

La loi de 1914 a introduit des « emplacements spéciaux » pour l'apposition des affiches électorales. Tristes cadres de bois mal ajustés, d'un mètre carré chacun, ces palissades sont mises, en nombre égal, à la disposition de chacun des candidats enregistrés. L'affichage, même par affiches timbrées, est interdit en dehors des cadres municipaux. Tout est donc rentré dans l'ordre.

---

(176) *Journal Officiel*, Chambre, p. 1898, p. 1837.

C'est à peine si les candidats fantaisistes, qui ne manquent jamais, réussissent à dérider ceux qui sont pressés de passer devant l'urne. Tantôt c'est le cabaretier du Chat Noir, Rodolphe Salis, qui demande la séparation de Montmartre et de l'Etat ; tantôt, c'est Lisbonne, ancien forçat de la Commune, qui s'engage à ne jamais trafiquer son mandat pour moins de 500 francs. A Toulon, en 1914, M. Siméon Gueit annonce la formation d'un comité électoral qui défendra sa candidature avec, comme programme, ce seul mot : la Beauté. A Bordeaux, en 1910, trois candidatures surgissent à la fois ; le républicain hygiéniste, le candidat sanitaire et le futur député républicain aquatique, champion d'une eau minérale déterminée.

Actuellement l'arme la plus dangereuse est l'affiche de dernière heure. L'exemple classique est fourni par Issoudun : « M. Chaput est devenu fou et il a même tenté de se suicider » (*Journal Officiel*, 1928, p. 2335). Ses partisans se rendent en masse à son domicile pour constater de *visu* où on en est : dans deux cantons on réussit à démentir et M. Chaput y obtient 1.400 et 1.410 voix ; dans deux autres, le temps matériel manque, et le nombre de voix tombe à 113 et à 150. En 1893, à Toulon, M. Cluseret, qui avait à lutter, comme aux élections précédentes de 1889, contre M. Vivien, fit placarder, à la dernière heure, le désistement que M. Vivien avait fait en sa faveur en 1889 : le texte était composé en gros caractères, mais la date du document était à peine visible (177). A Paris, lors de ces mêmes élections de 1893, M. Rollin se désistait en faveur de M. Camélinat ; or, des afficheurs qui sont restés introuvables passèrent après les colleurs de M. Rollin et fixèrent sur l'affiche de désistement une bande

---

(177) *Journal Officiel*, 1893, p. 138.

étroite de papier qui recouvrait le nom de Camélinat par celui de Dejeante, son adversaire (178).

L'affiche de dernière heure est tellement ancrée dans les mœurs électorales que les candidats ont l'habitude de faire préparer d'avance une réponse pour ainsi dire en blanc : « Tout ce qui est dit dans l'affiche publiée ce matin par mon adversaire n'est que calomnie et mensonge ». Il arrive parfois que cette protestation préventive paraît sur les murs à un moment où l'adversaire n'a pas encore placardé ses accusations (*Moniteur*, p. 1558 ; *Journal Officiel*, 1902, p. 520).

Reste enfin la propagande faite par la presse. Les relations entre la presse et les grands partis politiques forment un ensemble de problèmes complexes qu'il est impossible d'étudier dans un ouvrage consacré plus spécialement aux élections : nous comptons entreprendre ce travail dans un autre ouvrage (179). Quelques mots suffiront ici.

Les grands quotidiens ne participent à la campagne électorale que dans une forme impersonnelle et didactique. Cela est bien naturel. Tous ces quotidiens à grand tirage ont, chacun, une clientèle se chiffrant par centaines de milles et par millions ; une réserve extrême leur est donc imposée par la force même des choses. On connaît que tel grand journal préconise une politique un peu plus à droite que tel autre de ses confrères ; pendant les élections, cette ligne générale de conduite est maintenue. Mais on chercherait en vain dans ces journaux des articles visant une candidature déterminée ; d'abord, la place manquerait, ensuite, le fait de mettre un de ces « canons de quarante-deux » au service d'un homme ou même d'un parti ne présenterait aucun avantage. Force est donc, pour les

____

(178) *Journal Officiel*, 1893, p. 138.
(179) *Les partis politiques en France*, en préparation.

candidats désireux de préconiser leurs candidatures personnelles, de se rabattre sur des feuilles d'importance secondaire.

Tout se réduit donc à une question d'argent. Pour disposer d'un journal qui ne couvre pas ses frais, le candidat doit payer. S'il est très riche, il peut se permettre le luxe de s'assurer les services de tous les journaux de l'arrondissement ; le fait s'est produit à Saint-Flour en 1902, l'ensemble des feuilles s'étant mis « sous la gouttière » de M. de Castellane (180). S'il est pauvre, il s'arrange selon les possibilités de son budget. Un sénateur ayant « loué » pour la période électorale la première page d'une feuille dans les Côtes-du-Nord, il eut la désagréable surprise de constater que la deuxième page de ce journal passait entre les mains de son adversaire. On vit les idées réactionnaires étalées sur le recto du *Journal de Tréguier* et le principe républicain défendu vigoureusement au verso (181). Tout ceci, très régulièrement, en conformité avec des contrats passés en bonne et due forme. Si les journaux existants ne veulent pas se prêter à ce genre de combinaisons, on en crée de nouveaux pour durer ce que dure la période électorale : n'a-t-on pas vu paraître, en 1890, un organe toulousain qui portait le nom de *Toulouse Maritime* et qui était dirigé par un individu sortant des bancs de la police correctionnelle (182).

---

(180) *Journal Officiel*, 1902, p. 2209.
(181) *Matin*, 30 octobre 1901.
(182) *Journal Officiel*, 1890, p. 228.

CHAPITRE II

Le Scrutin

LE BUREAU ÉLECTORAL

C'est le préfet qui indique d'avance le lieu où se dérouleront les opérations électorales. La constitution du bureau lui-même est réglée par la loi du 5 avril 1884 : deux électeurs, les plus jeunes et deux autres, les plus âgés, présents dans la salle de vote au moment de l'ouverture du scrutin. La présidence appartient de droit au maire.

Le maire n'est pas toujours la personne la mieux qualifiée pour diriger les opérations électorales. Citons les cas de ce maire de la ville de Saint-Affrique qui « était né sous une mauvaise étoile » et qui « a une malchance extraordinaire comme président du bureau électoral » : sur quatre élections auxquelles il a présidé, trois ont été cassées par le Conseil d'Etat et la quatrième annulée par la Chambre (1).

Le maire peut aussi donner « un coup de pouce » à la constitution du bureau. C'est ainsi qu'en 1876 l'enquête faite par la Chambre avait établi qu'un bureau d'une commune assez importante (en Corse) avait été constitué avec, seuls, les parents du président du bureau : un assesseur précédemment condamné par la Cour d'appel de Bastia à un mois de prison pour fraudes électorales ; un autre asses-

(1) *Journal Officiel,* 1909, p. 1602.

seur, condamné par la même Cour et pour le même délit à trois mois de prison ; enfin, un troisième assesseur condamné quatre fois pour menaces, violences, substitutions en matière de recrutement militaire et fraudes électorales (2). On comprend aisément qu'avec un tel bureau les droits des électeurs ont peu de chance d'être pleinement sauvegardés.

Le bureau « composé d'avance », c'est-à-dire un bureau qui s'installe avant même que les portes soient ouvertes au public et qui passe, s'il y a lieu, outre à toutes les réclamations des électeurs — figure dans un très grand nombre de cas soumis à l'annulation, surtout dans les élections municipales où l'on se gêne un peu moins (3).

Voici dans quels termes le rapporteur de la Chambre décrit les procédés employés pour la constitution du bureau :

> Une demi-heure avant l'heure fixée pour l'ouverture du scrutin, ces forces armées envahissent les salles de vote ; sous leur protection, les bureaux sont constitués par les hommes à tout faire que leurs présidents ont pris la précaution d'introduire à l'avance — souvent à la faveur de la nuit — dans les locaux affectés aux opérations électorales. Quand, à l'heure de l'ouverture du scrutin, les citoyens opposés aux candidats officiels se présentent pour réclamer la constitution régulière des bureaux et l'accomplissement des autres formalités légales, il leur est invariablement déclaré que le bureau est constitué, que le scrutin est ouvert, et, sous prétexte que, par leurs seules observations, ils troublent les opérations électorales, ils sont brutalement chassés de la salle de vote par les gendarmes et les soldats,

(2) *Journal Officiel*, 1876, p. 2439.
(3) Conseil d'Etat, 1909, p. 286, p. 419, p. 452, p. 750; 1886, p. 521, p. 771, p. 456, etc.

exécuteurs aveugles des réquisitions du président du bureau (*Documents parlementaires*, 1925, p. 385).

Si l'administration (dans les colonies) estime que le maire ne se prêtera pas aux malversations nécessaires pour faire passer un candidat déterminé, on procède à la dissolution du conseil municipal dont la place est prise par une « délégation municipale » ; un des membres de cette délégation devient *ipso facto* président du bureau électoral. De cette façon, un « receveur de l'enregistrement sans gestion » est appelé à présider les élections de la commune du Petit Canal « afin de garantir l'absolue sincérité des opérations électorales » ; après le dépouillement, on trouve dans l'urne 136 bulletins de plus que d'électeurs émargés, et le Conseil d'Etat annule les opérations. L'administration récidive avec le même succès ; le Conseil d'Etat est obligé de réinvalider ; et ainsi de suite (4).

Pour suppléer à la carence du législateur, avant 1913, les candidats en présence se voyaient obligés de signer des « trèves de Dieu ». C'est ainsi qu'à Montpellier, en 1910, les partis qui se combattaient dans l'Hérault conclurent un véritable traité de paix : « Tous les candidats auront, dans chaque bureau de vote, droit à deux délégués qui pourront être remplacés... » Le même genre de traité a été signalé, lors de ces élections, à Roubaix : « Les comités politiques des divers candidats en présence, également désireux d'assurer dans la ville de Roubaix des élections calmes et dignes, ont d'un commun accord pris une entente... (suivent sept paragraphes, dont voici

____

(4) *Documents parlementaires*, 1923, p. 434 ; selon la loi du 5 avril 1884, le gouverneur d'une colonie peut dissoudre tout conseil municipal ou conseil général par simple arrêté qui n'a même pas besoin d'être motivé ; *ibidem*, p. 385.

le dernier) : « Chaque table de dépouillement comportera un représentant de chaque parti en présence ».

Le bureau s'installe dans le local, désigné d'avance par le préfet. Les mœurs patriarcales, quand le maire estime qu'il est inutile de se déranger pour si peu de chose et quand il fait voter dans sa cuisine (5) ou dans sa chambre à coucher (6) deviennent de plus en plus rares. Notons en passant que dans le second cas le maire avait oublié de prévenir les électeurs du parti adverse que le scrutin n'aurait pas lieu dans la mairie, de sorte que les partisans de M. Luce de Casabianca « errèrent dans le village jusqu'à 11 heures sans pouvoir découvrir l'endroit où le vote avait lieu ».

On peut aussi signaler des cas où le maire, désespérant d'obtenir le résultat voulu, recourt à la grève, purement et simplement : « dans la commune de Sinceny, malgré les réclamations des électeurs, aucun bureau de vote n'a été constitué » (7). Parfois, le cas de grève électorale s'aggrave par des ordres venus d'en haut. Aux Indes françaises, en 1907, tous les maires d'un arrondissement reçurent une invitation mystérieuse de ne pas « marcher ». Les électeurs durent se substituer aux maires défaillants et voter sur des places publiques, en se servant de copies de listes électorales (8).

L'URNE ÉLECTORALE

Actuellement, la question de l'urne est méticuleusement réglée par l'article 5 de la loi de 1914. L'urne ne doit avoir qu'une ouverture ; elle doit

---

(5) *Moniteur*, 1869, p. 1477.
(6) *Journal Officiel*, 1898, p. 1913.
(7) *Journal Officiel*, 1919, p. 5283.
(8) *Journal Officiel*, 1907, p. 564.

être fermée avec deux clefs dissemblables de forme dont l'une reste entre les mains du président du bureau et l'autre est remise à l'assesseur le plus âgé.

Ces dispositions qui semblent si simples et tellement naturelles n'ont été acquises au suffrage universel qu'après des luttes longues et passionnées. En 1864, M. Rouher, ministre d'Etat, fit lui-même un discours contre « cette société qui a encore dans ses bas-fonds des passions, des haines et des violences prêtes à éclater le jour où la main de l'autorité s'affaiblirait » (9). Motif de ce courroux — les « révélations » qui avaient été faites par certains préfets... L'opposition osait vouloir que les « boîtes de scrutin » fussent mieux surveillées, « un droit que la loi ne donne pas et qu'on invoquait cependant » ; « des ingérences dans la conservation de boîtes de scrutin ; la demande audacieuse de l'apposition d'un sceau personnel sur les urnes, comme si les autorités à qui la loi en avait confié la garde ne présentaient aucune garantie » ... « Je dois reconnaître que dans certains endroits, certains présidents ont eu la faiblesse d'accepter des appositions de scellés par des individus non mandatés ».

Chacun des éléments qui constitue la notion de l'urne a fait l'objet de discussions à peu près semblables.

L'urne doit-elle avoir une ouverture ? — L'affirmative paraît s'imposer. Or, dans maints et maints endroits, les maires faisaient voter dans les soupières avec un couvercle que l'on soulevait pour chaque électeur (et dans les entr'actes aussi) (10).

L'urne doit-elle être fermée ? — Pas nécessairement, répondait le Conseil d'Etat en 1866 : « Si la boîte n'est pas fermée à double serrure pendant

____

(9) *Moniteur*, 1864, p. 68.
(10) Noceta, Corse, *Journal Officiel*, 1886, p. 749.

toute la durée du scrutin, c'est parce qu'aucune ouverture n'était pratiquée dans son couvercle, qu'il était nécessaire de soulever pour introduire chaque bulletin ». (Rejet de l'invalidation, 1866, p. 357).

L'urne peut-elle avoir plus d'un compartiment et une ouverture séparée par chacun de ces compartiments? — En Vendée, en 1877, un maire tenait à vérifier si tous les électeurs suspects avaient bien voté (11). Il introduisait donc les bulletins des électeurs de cette catégorie dans « un petit compartiment à côté ». Le Conseil d'Etat n'avait-il pas jugé en 1860 que cette façon de procéder était parfaitement justifiée ? (12). En 1882, une urne à deux compartiments reparaît dans la Sarthe, avec le régisseur du château en qualité de président du bureau. Celui-ci connaissait si bien tous les suspects, qu'au moment du dépouillement on avait trouvé à gauche les 31 bulletins du candidat de l'opposition et à droite les 130 votes conformes aux désirs du châtelain. Du reste, à cette occasion, un des électeurs, avant de remettre son bulletin au président, avait lui-même demandé de quel côté on mettait les bulletins des bien pensants (13).

Les électeurs ont-ils le droit, avant le commencement du scrutin, de s'assurer que l'urne est vide? — Une demande dans ce sens, adressée au maire d'Entrechaux est, purement et simplement, rejetée par lui, car elle « constitue une suprême inconvenance ». Portant « la main à la poche de sa redingote », le maire ajoute : « Si des paroles ne suffisent pas, j'ai là ce qu'il faut pour vous répondre » (14).

L'urne doit-elle être sans double fond ? — « J'ai vu M. le marquis d'A..., président du bureau, faire

---

(11) *Journal Officiel*, 1878, p. 10157.
(12) Conseil d'Etat, 1870, p. 647.
(13) *Journal Officiel*, 1882, p. 446.
(14) *Journal Officiel*, 1878, p. 1218.

mouvoir le double fond dans l'urne et sortir plusieurs fois les mains de l'urne pour les introduire dans ses poches et réciproquement » (15).

L'urne doit-elle être placée de telle façon que son couvercle soit visible aux électeurs et qu'ils puissent, par conséquent, constater *de visu* que c'est bien leur bulletin que le président remet dans la boîte ? — Dans l'Orne, en 1906, le maire, « dès l'ouverture du scrutin, a tourné l'orifice de l'urne en dessous en face de lui ; il s'était muni de journaux qu'il avait également placés en face de l'urne, et sous ces journaux-là, il y avait des bulletins de M. de L. M... » (16).

Le bulletin, une fois placé dans l'urne, doit-il être intangible ? — Lors de la discussion de la même élection dans l'Orne, il a été établi qu'une urne avait une ouverture « très large, par où on pouvait couler plusieurs doigts ; les scrutateurs étaient munis d'un crochet, permettant de retirer les bulletins ». Des pêcheurs à la ligne... (17).

Le scrutin une fois terminé, l'urne doit-elle être ou bien immédiatement dépouillée, ou bien mise en sûreté ? — « Les urnes, expliquait-on dans l'Hérault, ont une tendance extraordinaire à s'envoler, à se transformer, à se substituer les unes aux autres, dès qu'on les perd de vue ; quand une urne se transforme, elle est toujours beaucoup moins bonne pour l'opposition après la métamorphose » (18).

Enfin, si tous ces procédés ne donnent pas le résultat voulu, il ne reste plus au président du bureau que de provoquer une bagarre, pendant laquelle on démolit l'urne avec tout ce qu'elle contient. Voici le rapport des gendarmes qui avaient dû intervenir dans un incident de cette espèce : « Nous avons

---

(15) *Journal Officiel*, 1878, p. 2772.
(16) *Journal Officiel*, 1906, p. 2101.
(17) *Journal Officiel*, 1906, p. 2101.
(18) *Journal Officiel*, 1906, p. 3452.

allumé des allumettes et cherché l'urne ; mais nous n'avons pas pu la découvrir, on ne voyait qu'un amas de débris de bois et de papier » (19).

A Sainte-Marie, en prévision des incidents de ce genre, le maire avait fait sceller l'urne à la table. Mais les « envahisseurs » de la salle de vote avaient apporté de gros gourdins, ce qui leur permit de venir à bout du suffrage universel (20).

LES LISTES ÉLECTORALES

Le scrutin ne peut être régulier que s'il repose sur une liste électorale conforme à la vérité. De nombreuses dispositions législatives ont pour but d'assurer la régularité des listes électorales. Six instances administratives et judiciaires interviennent, selon les cas, pour statuer sur les recours des intéressés ; en commençant par une commission administrative auprès de chaque préfecture et en finissant par la Cour de cassation.

Malgré toutes les précautions prises par la loi, les listes électorales ne sont pas exemptes de défauts, et des surprises se produisent fréquemment. C'est ainsi qu'à Lille, grand centre industriel et siège de nombreuses instances de contrôle administratif — ce qui rendait les fraudes assez difficiles — les listes électorales ont commencé à s'enfler à vue d'œil à partir de 1901, date où le sous-chef de bureau électoral de la préfecture est devenu secrétaire d'un des partis politiques constitués dans cette ville. En 1901 la population de Lille étant de 215.000, le nombre des électeurs inscrits ne dépassait pas 42.824, ce qui fait 19,88 % de la population totale. En 1906, le nombre d'habitants diminua de 10.000 âmes ; le nombre des électeurs inscrits

(19) *Journal Officiel*, 1910, p. 2189.
(20) *Journal Officiel*, 1914, p. 2444.

se trouva porté à plus de 49.000. En 1911, on constata une augmentation de 2.000 habitants et de 5,722 électeurs ; en 1914, 1.296 nouveaux électeurs encore furent portés sur les listes. Finalement, le pot aux roses fut découvert.

Si tel est l'état des choses dans de grands centres comme Lille, il est facile de se figurer à quels abus peuvent donner lieu les listes électorales dans des régions éloignées où le contrôle de la population est rendu plus difficile par des circonstances locales. Tel est par exemple le cas de l'Algérie où la situation juridique de certains israélites est des plus complexes : naturalisés en bloc par un décret du 23 octobre 1870 (Crémieux), dénaturalisés, dans certaines conditions mal définies et difficilement applicables le 4 octobre 1871 (Thiers), tolérés comme électeurs jusqu'en 1896, rayés en véritables hécatombes en 1896, réinscrits en masse par un ministère qui leur fut plus favorable, ces israélites forment un « fond de sable mouvant » sur lequel rien de stable et de juridiquement certain ne peut être construit. Leur idendité, du reste, est excessivement difficile à établir. En 1902, un essai de vérification systématique fut entrepris par un groupe des amis politiques de M. Morineau : rien qu'à Constantine on trouva 92 électeurs au nom de Zerbin, 34 au nom de Atlouche, 105 Guejd, 52 Baldini et ainsi de suite (21). A Bône, une grande partie des listes électorales est constituée par des noms de pêcheurs napolitains, dont la nationalité est encore plus incertaine que le domicile. Leur demeure, c'est leur barque avec laquelle ils se déplacent constamment : « On ne les connaît pas, les habitants de la localité ne peuvent pas les distinguer l'un de l'autre, on ne sait pas s'ils existent ou s'ils sont morts, s'ils sont à Bône ou en Italie » ... « Ils portent tous le même

---

(21) *Journal Officiel*, 1902, p. 1945.

costume, ils parlent un patois que personne ne comprend, ils sont tous également malheureux » (22).

Aux colonies, le gâchis est souverain. Au Sénégal, le corps électoral se compose de 700 blancs, 400 mulâtres, et 8.000 noirs. Ces noirs sont absolument illettrés et ne parlent, ni comprennent le français ; les opérations électorales les laissent tout à fait indifférents ; ils ne songent jamais à réclamer leur inscription sur les listes électorales ; quoi de plus naturel, que « d'autres habitants de la colonie, plus diligents et plus intéressés à exercer leur action sur les élections, les *suppléent*, selon l'euphémisme d'un rapport officiel, dans toutes les phases de·leur vie de citoyen ? » (23).

Rien ne garantit donc l'exactitude de la liste électorale, si les employés qui en sont chargés abusent de leurs fonctions. Deux procès retentissants (à Nice et à Toulouse) ont démontré que les fonctionnaires municipaux les plus hauts placés succombent au désir de favoriser les chances d'un groupement dont ils sont membres. Mais la situation devient tout à fait désespérée quand les juges de paix se mettent aussi de la partie. Le juge de paix a le droit — et cela jusqu'au dernier moment — de faire délivrer une carte d'électeur à celui qui, pour une raison ou une autre, ne figure pas sur la liste électorale. « Aux dernières élections cantonales, la liste électorale de la commune de Schœlcher comprenait à l'ouverture du scrutin 927 électeurs inscrits. Savez-vous combien ils étaient, en arrivant au chef-lieu de canton ? — Six mille. Le plus charmant de l'histoire, c'est que les électeurs fantômes étaient régulièrement inscrits. Une décision du juge de paix ordonnait l'inscription de 5.282 citoyens imaginai-

---

(22) *Journal Officiel*, 1898, p. 2164.
(23) *Journal Officiel*, 1898, p. 1960.

res sur la liste électorale d'une commune qui comprend seulement 3.602 habitants » (24).

Théoriquement, les électeurs ont le droit d'en appeler à des instances supérieures si la liste électorale n'est pas exacte. En pratique, ce droit se réduit à fort peu de chose. D'abord il n'est pas toujours facile d'obtenir communication de la liste. « L'employé chargé de ce service, sommé de communiquer les listes à des électeurs accompagnés d'un huissier, a répondu : « Je n'ai pas de communication à vous faire, ce sont les ordres de M. le maire. Dites-moi qui vous êtes, et je vous répondrai oralement si vous êtes oui ou non, inscrit ». « Ces électeurs étaient maintenus derrière une barrière et il leur a été impossible de constater par eux-mêmes s'ils étaient inscrits » (25).

Admettons que les électeurs ne se sont pas vu refuser la communication de la liste. La vérification n'en est pas chose aisée. Dans les villes d'une certaine importance, la liste contient plusieurs dizaines de milliers de noms. Combien de temps faut-il mettre pour aller vérifier à domicile toutes ces inscriptions ? A Nîmes, en 1902, un comité protestataire fit envoyer une lettre particulière à chacun des électeurs inscrits ; plus de deux mille de ces lettres furent retournées par la poste avec mention « décédé » ; « inconnu », « parti sans laisser d'adresse » ; combien d'autres furent perdues en cours de route ? (26). A Lille en 1914, les radicaux communiquèrent au juge d'instruction deux listes d'électeurs se rapportant à la Faculté catholique et à un établissement de piété : 48 et 72 noms. Après vérification, il fut établi que chacune de ces listes contenait 30 noms fictifs. On fit surveiller le scrutin ; plusieurs séminaristes furent arrêtés sous in-

(24) *Matin*, 7 mai 1925.
(25) *Journal Officiel*, 1902, p. 1969.
(26) *Journal Officiel*, 1902, p. 1970,

culpation de double vote ; la préméditation ne pouvait pas être contestée.

> On a trouvé sur eux des itinéraires... avec des indications de tous les bureaux de vote, des rues à suivre, des tramways à emprunter... A côté de chaque bureau, on indiquait l'église la plus proche, dans le cas où un remords de conscience aurait poussé les congréganistes à aller demander l'absolution. Chacun des congréganistes arrêté fut trouvé porteur d'un grand nombre de cartes, huit au moins (*Journal Officiel*, 1914, p. 2665).

La police du scrutin

Pour que les opérations du scrutin puissent se dérouler normalement, il faut que l'ordre soit assuré tant dans la salle qu'aux abords de l'endroit où l'on vote.

La police de la rue est réglée, le jour du scrutin, par les dispositions de droit commun. Cela n'est pas toujours facile. Nous pourrions citer des centaines de récits comme celui qui va suivre et qui se rapporte aux élections de Piedicroce. C'est le maire de cette commune qui écrit au ministre de l'Intérieur :

> Don Vincent Battesti alors poussait son adhérence en leur criant : « Allez et faites feu, et que le premier à tomber soit le curé » (mon oncle, âgé de 84 ans, qui se trouvait dans ce moment-là près de la porte d'entrée du presbytère, accompagné du gendarme Angelini). Les premiers à se détacher du groupe des adhérents de Battesti furent les nommés Gramitti de Verdese et Battisti Antoine. Angelini, qui s'aperçut du mouvement, fit entrer mon oncle dans la maison et voulut s'opposer à l'entrée de ces forcenés. Un premier coup tiré par Gramitti blessa mortellement le malheureux Angelini et un second coup fut dirigé sur mon vieil oncle. Angelini, quoique blessé, fit feu de ses deux coups et il étendit par terre, raide-mort, le susdit Gramitti.

Tous les partisans du juge de paix se dirigè-
rent alors du côté de la salle avec leurs armes
montées et dirigées contre les gendarmes. Ceux
ci fermèrent la porte, et ces misérables, voyant
qu'ils ne pouvaient pas arriver ni à mon oncle,
ni à mon frère, ni à moi, qui étions sous la garde de la force publique, firent une décharge de
plusieurs coups d'armes à feu contre quelques-
uns des habitants de la commune de Piedicroce,
qui se trouvaient à l'extrémité de la place de
l'Eglise, et que l'on présumait être de nos adhérents. Fort heureusement que le ciel n'a pas permis qu'un grand attentat s'accomplît selon leurs
barbares projets. J'ignore si quelque coup a été
riposté ; je ne sache pas qu'il y ait d'autres blessés
que Gramitti, duquel a été fait mention, et qui
expira à l'instant même (*Archives Nationales*, Corse, 29 septembre 1848).

Dans le Morbihan, en 1903, à Plougoumelen et à
Bietz, des bandes de marins gorgés d'alcool s'ins-
tallent à l'entrée de la mairie ; ils se font montrer
les bulletins des électeurs qui passent et si ces bulletins sont au nom de M. G..., ils les arrachent, en
frappant et en menaçant de mort ceux qui en sont
détenteurs. Le procureur de la République se voit
obligé d'intervenir d'office, et huit forcenés passent
en correctionnelle (27).

Les maires se font parfois complices des perturbateurs. Celui de Sainte-Marie avait avoué qu'il
avait refusé de remettre au maréchal des logis de
gendarmerie une réquisition générale, pour cette
raison qu'il « possédait à fond la psychologie de
ses adversaires » et qu'il était persuadé que les maires appartenant au parti adverse, soit ne suivraient
pas son exemple, soit retireraient la réquisition donnée au moment de l'ouverture du scrutin (28).

La carence de l'administration se fait tellement

(27) *Journal Officiel*, 1903, p. 1165.
(27) *Journal Officiel*, 1903, p. 1165.
(28) *Journal Officiel*, 1920, p. 864.

sentir que les intéressés sont obligés de conclure des accords particuliers les protégeant contre les perturbateurs de paix publique. Tel, le contrat signé à Lille en 1910 : « Les comités politiques des divers candidats ont pris une entente... d'apaiser, dès qu'elle se produirait aux abords des bureaux de vote, toute discussion politique susceptible de dégénérer en rixe ; de rappeler, chaque fois qu'il y a lieu, ses partisans à l'observation de l'engagement mutuel contracté par son parti ; de faire au besoin éloigner de concert tout perturbateur qui se livrerait à une agression contre un adversaire » (29).

Dans les colonies, les désordres prennent, très souvent, un caractère très grave. Aux Indes françaises, en 1910, une bande de forbans armés, au nombre de 2.000 environ, envahit, bien avant le scrutin, les environs de Pondichéry. La veille du scrutin, ils se portent chez les présidents des bureaux, leur arrachent les urnes et les imprimés préparés pour l'élection. Le jour du scrutin, ils détruisent complètement le gros village de Calvatchéry, dont les habitants sont obligés de s'enfuir, ayant perdu tout leur patrimoine. Les populations des communes d'Oulgaret et de Villenour ainsi que de trois communes voisines sont « bloquées dans leurs maisons et empêchées de se rendre au scrutin » (30). En 1924 des excès du même genre sont signalés : seuls, les électeurs favorables à un parti déterminé peuvent accéder aux bureaux de vote ; les autres sont maintenus à distance par des « bâtonnistes » payés, placés à proximité de la mairie (31).

A la Guadeloupe, un candidat se fait photographier au milieu de sa « garde prétorienne » et signe

<hr>

(29) *Matin*, 12 avril 1910.
(30) *Journal Officiel*, 1910, p. 2418.
(31) *Journal Officiel*, 1924, p. 2914.

une des épreuves : « Nous serons de la matraque et nous le leur apprendrons à vivre » (*sic*) (32).

La police de la salle de vote

La police de la salle de vote est assurée exclusivement par le président du bureau. Ceci permet au maire de prendre des mesures vexatoires pour ses adversaires. Avant de procéder au scrutin, le maire fait sortir tous les électeurs. En 1868, dans la commune de Racines, le maire « avait donné l'ordre de ne laisser les électeurs entrer que un à un, avec défense de stationner dans la salle de vote après avoir déposé le bulletin ». Le Conseil d'Etat a validé (33). Même procédé en 1909 : élections de Boisseron et de Saint-Frichoux (34). Aux colonies l'évacuation de la salle est une règle généralement appliquée.

> Or, il se passait le phénomène suivant, — d'ailleurs, je dis cela pour tous les partis, sans distinction : le président d'un bureau de vote, qu'il fût d'un parti ou d'un autre, s'arrangeait de façon à mettre à la porte ses adversaires *manu militari*. J'ai fait cette besogne, moi-même, à mon corps défendant ; mais j'étais obligé de marcher réquisition en main, parce que nous devons obéir, même quand nous avons des observations à faire. On met les adversaires à la porte : le bureau formé reste composé de personnes de même parti ; et, naturellement, il fait de l'urne ce qu'il veut. D'ailleurs, on met les gendarmes à la porte aussitôt après les adversaires politiques, de sorte que la gendarmerie ne peut s'apercevoir de rien (*Documents parlementaires*, 1923, p. 432).

(32) *Journal Officiel*, 1910, p. 2189.
(33) Conseil d'Etat, 1868, p. 980.
(34) Conseil d'Etat, 1909, p. 525 et 178.

A Grand-Bourg. les seules personnes qui pou
vaient circuler dans la salle de vote, autour du
bureau, étaient celles qui avaient un permis de
circulation signé de M. Garel, maire, président du
bureau, et portant le sceau de la mairie. Au moment du dépouillement, les seuls amis de M. Gérault Richard, en tout petit nombre, triés sur le
volet, avaient accès dans la salle de vote et pouvaient circuler autour des scrutateurs, qui étaient
tous des amis de M. Gérault Richard (*Ibid.*).

Dans la ville de Nîmes en 1914, le maire avait
fait quitter la salle même au député sortant qui
prétend n'avoir fait « ni bruit, ni gestes, ni quoi
que ce soit qui pût troubler l'ordre » (35). En 1878,
à Roaix, le maire fit afficher l'arrêté suivant :

> « Afin d'assurer la liberté du vote du 14 octo-
> bre, il est expressément défendu aux électeurs de
> stationner, soit dans la salle du vote, soit aux
> abords de la porte de la mairie » (*Journal Offi-
> ciel*, 1878, p. 1213).

Dans le Tarn en 1906, le président du bureau
avait carrément annoncé à ses adversaires que surveiller les votes équivalait à faire de l'espionnage,
dont il ne se ferait pas complice (36). « Mouchard »
— criait-on à un agriculteur du Finistère qui s'obs-
tinait à ne pas quitter la salle (37).

LE SECRET DU VOTE

Actuellement, le secret du vote est garanti par la
disposition de la loi de 1913 : « ayant pour objet
d'assurer le secret et la liberté du vote, ainsi que

---

(35) *Journal Officiel*, 1914, p. 1299. De même, dans
l'Aude en 1906, *Journal Officiel*, 1906, p. 1855; dans le
Tarn, *Journal Officiel*, 1910, p. 2133.
(36) *Journal Officiel*, 1906, p. 2115.
(37) *Journal Officiel*, 1902, p. 1852.

la sincérité des opérations électorales ». Cette loi a puissamment contribué à assainir les mœurs électorales en France ; elle marque une des étapes les plus importantes dans le développement du suffrage universel dans le pays.

Une lutte formidable et de très longue haleine a précédé le vote de cette loi bienfaisante. Des influences puissantes avaient cherché, depuis les débuts de la Restauration, à ne pas rendre le vote libre et sincère ; les députés élus grâce à des manœuvres inavouables n'avaient aucun intérêt à rendre eux-mêmes impraticables les procédés auxquels ils devaient leurs mandats.

Deux tendances sont à signaler dans le camp des adversaires de la loi du 31 mars 1913.

La première, moins importante, ne présente qu'un intérêt local. Elle s'est régulièrement manifestée en Corse. Les fières populations de cette île, mues par un esprit moyenâgeux de clan, ont toujours considéré que le vote est un acte de responsabilité personnelle dont on annulerait la valeur et le sens en le recouvrant du voile du secret. « Pour le Corse, le vote est un acte solennel : il tient à l'accomplir publiquement et à donner ouvertement au candidat de son choix une preuve évidente de confiance et d'estime » (38). C'est pour ces raisons qu'en Corse, le vote se fait « à la porte » : les candidats et les chefs des clans (appelés partis) se tiennent à l'entrée des mairies et remettent les bulletins à chaque électeur qui se présente ; l'électeur, d'une façon démonstrative, ne prend qu'un seul bulletin et le porte à l'urne. Il n'y a presque pas besoin de faire le dépouillement, car le pointage à la porte y supplée (39). Parfois, ce vote ostensible est entouré de complications assez inattendues. C'est ainsi

(38) *Journal Officiel*, 1904, p. 1586.
(39) *Journal Officiel*, 1911, p. 4326.

qu'en 1868, dans la commune de Cattoli, les partisans de M. Cunéo d'Ornano avaient été chercher le notaire Melgrani qui fut invité à se placer « près de la porte, derrière une table munie de tout ce qui était nécessaire pour écrire ». Tous les électeurs passaient devant le notaire et lui annonçaient à haute voix dans quel sens ils entendaient voter ; « le notaire consignait leurs déclarations sur papier timbré » (40). En 1885, dans la commune de Campile, le notaire avait été remplacé par un huissier chargé de faire « le constat » (41).

Certaines colonies se vantent d'appliquer le même procédé, par esprit de fierté chevaleresque, sinon par intérêt. Au Sénégal, les chefs de Gueb-N-Dar annoncèrent au candidat de leur choix : « Mets-toi au haut de l'escalier ; tu verras que nos hommes ont tes bulletins, et tu diras s'ils sont corrects » (42).

La deuxième tendance n'a rien d'avouable. On « dispose » d'un certain nombre de voix ; de votes achetés à prix d'argent, promis en échange de certains avantages promis par le candidat ou l'administration, ou imposés par suite de la dépendance économique dans laquelle se trouve l'électeur vis-à-vis du candidat. On tient donc à savoir si l'électeur en question a rempli son « engagement ».

Dans le bon vieux temps on employait des procédés naïfs pour obtenir ce résultat. Le préfet de la Haute-Marne se plaignait en 1850 au ministre de l'Intérieur (43) que les « électeurs faibles se laissent entraîner à accepter de mauvais bulletins ». Pour pallier à cet abus, le préfet proposait de mettre dans la loi « que le bulletin doit être écrit dans la salle même du vote et au moment du scrutin ».

---

(40) Conseil d'Etat, 1868, p. 116.
(41) Conseil d'Etat, 1885, p. 621.
(42) *Journal Officiel*, 1898, p. 1961.
(43) Archives Nationales, 23 mai 1850.

« L'électeur illettré et faible, placé dans l'alternative de révéler son vote par le choix du secrétaire qu'il prendra, n'hésitera plus, je le pense, à suivre ses bonnes intentions ; les exceptions seront, du moins, en minorité ».

Actuellement, il existe trois procédés principaux permettant de s'assurer de « l'honnêteté » de l'électeur acheté : la surveillance au moment du vote, les bulletins extérieurement reconnaissables et les bulletins à clef.

LES ÉLECTEURS SURVEILLÉS

En août 1912, le *Matin* avait publié trois photos avec ce titre : « Mœurs électorales algériennes. Petit reportage photographique en trois tableaux ». Ces trois photographies représentent le bureau de vote, avec deux portes : plus loin, « le bureau où l'on distribue les bulletins de vote pour une liste électorale déterminée et les récompenses aux électeurs favorables à cette liste ». La deuxième épreuve représente un électeur n'offrant pas assez de garanties : « l'agent électoral du candidat lui tient solidement le bras gauche pour être bien sûr que dans le trajet jusqu'à l'urne il ne changera pas le bulletin imposé ». Enfin, la troisième photo montre un électeur qui est un sage et un bon garçon : celui-ci « brandit de lui-même de très loin le bulletin qu'il tient à la main, afin de bien montrer qu'il vote comme il a été convenu d'avance ». Quatre jours après, le maire de cette localité (Tebessa) fit publier dans le même journal une lettre qui ne conteste aucunement la parfaite exactitude de reportage photographique : son seul but est de préciser que les faits en question s'étaient passés sous un autre maire et que, de plus, « si l'objectif avait eu un champ plus étendu, vous auriez pu constater que la maison située en face du bureau (d'où sortent les électeurs surveillés) est le commissariat de police » (44).

Lors des enquêtes ordonnées par la Chambre, le candidat de Constantine expliquait ingénument pourquoi et comment il surveille ses électeurs. « Parmi eux il y a des illettrés qui, en route, se laissent changer le bulletin ». Alors, quand ils sont cinq ou six, je les fais accompagner par un ami auquel je dis : « Prenez garde, ce sont des électeurs dont on peut changer le bulletin en route » (4). Ces procédés n'avaient rien de spécifiquement algérien. Dans le Morbihan en 1903, les paysans votaient « par quartiers et chaque bande avait son chef ». Le chef remettait des bulletins dont le pliage était des plus élaborés : « Il était plié d'abord en deux ; puis les quatre coins étaient pliés vers le milieu de telle façon que le bulletin formait un carré qui était ensuite plié d'un angle à l'autre de façon à former un triangle ». Les paysans auraient pu substituer, malgré l'embrigadement, un autre bulletin qu'ils avaient apporté, « mais, ayant été surpris par la forme du bulletin et ne pouvant donner cette forme à celui qu'ils auraient préféré déposer dans l'urne », ils furent tous obligés de voter conformément aux désirs de leurs maîtres (46). A Lille, en 1898, tous les ouvriers d'une grande usine furent convoqués dans un débit en face de la mairie. Là, après appel nominal, ils reçurent, chacun, un bulletin Masurel et furent envoyés voter, « par groupes de cinq, escortés de contremaîtres et d'employés de l'usine » (47). Dans l'Hérault, en 1906, ce furent les fonctionnaires publics qui durent se soumettre à une surveillance de leurs préposés.

---

(44) *Matin*, 8 août 1912.
(45) *Journal Officiel*, 1899, p. 638.
(46) *Journal Officiel*, 1903, p. 1166.
(47) *Journal Officiel*, 1898, p. 2144.

Dans une mairie, la chance pour ces messieurs, la malchance pour nous, voulait qu'il y eût un grand escalier disposé de telle sorte que, du palier d'en haut, on voyait admirablement tout ce qui se passait en bas. On avait placé en bas une petite table où tous les fonctionnaires devaient venir prendre leurs bulletins, et du haut de l'escalier un homme sûr les surveillait, les suivait des yeux jusqu'à ce qu'ils eussent versé leur bulletin dans l'urne. Que voulez-vous faire à cela? C'est la monnaie courante! (*Journal Officiel*, 1906, p. 3454).

En 1877, à Espérausse, le maire-notaire faisait voter dans son bureau. Ce bureau, servant en même temps d'étude, n'a qu'une seule entrée. par un corridor, où se tenaient en permanence les filles et la femme de M. le notaire. Au moment où deux électeurs passaient devant cette garde et refusaient les bulletins offerts par les dames, celles-ci dirent à haute voix : « Papa, ceux-ci ne votent pas comme tu veux » (48).

LES BULLETINS EXTÉRIEUREMENT RECONNAISSABLES

Le deuxième procédé est le bulletin extérieurement reconnaissable.

La période de la candidature officielle ne pouvait pas se passer de bulletins préparés de telle façon que le président du bureau pût les reconnaître à première vue. Le papier de couleur constituait le procédé le plus simple à appliquer. L'opposition avait donc un intérêt primordial à se procurer d'avance les informations nécessaires pour pouvoir confectionner ses propres bulletins sur le même papier. On assistait donc à des luttes d'expédients qui duraient jusqu'au dernier moment du vote. En 1869,

---

(48) *Journal Officiel*, 1878, p. 11723.

à Aurignac, la veille du vote l'opposition possédait un jeu complet de bulletins en tous points semblables à ceux de M. C..., candidat officiel. Vers midi le maire faisait distribuer des bulletins d'un autre modèle : « sur papier très mince, tout à fait transparent et portant 5 lignes imprimées ». M. de Rémusat, faisant grande diligence, réussit à faire tirer des bulletins « pareils par le nombre de lignes, la contexture, la dimension et l'apparence du papier ». Alors, dans la nuit, le maire convoqua ses scribes et fit confectionner à la main un troisième jeu de bulletins sur du papier à lettre tout à fait différent de celui du deuxième jeu.

> Après la messe de 7 heures, les tenants de M. de Rémusat apprennent ce qui a été fait dans la nuit. Que faire pour déjouer cette manœuvre? Imiter ces nouveaux bulletins? Le scrutin va s'ouvrir, disent-ils ; il ne nous reste qu'une demi-heure! Vite, allons chez nous écrire des bulletins semblables au nom de M. Rémusat. Le maire d'Aurignac comprend le danger. Que fait-il? On est sorti de la messe à 7 h. 35. Il reste encore 25 minutes avant l'ouverture du scrutin. Les tenants de M de Rémusat sont déjà à écrire les nouveaux bulletins. Le maire se dit : « Il faut en empêcher la distribution. Mais comment? » Quelqu'un dit : « Il n'y a qu'une chose à faire, c'est d'avancer l'horloge ». Et, en effet, on avance l'horloge de 25 minutes, et c'est à ce moment-là que le vote est ouvert (*Moniteur*, 1869, p. 1510).

Ces pratiques ont été reprises après la disparition des candidatures officielles. On pourrait citer des exemples de tous genres. Papier filigrané, papier buvard (49), carton de grandes dimensions « comme des cartes de loto » que les électeurs « avaient de la peine à introduire dans l'urne » (50). Des

------

(49) *Journal Officiel*, 1901, p. 2778.
(50) *Journal Officiel*, 1901, p. 2779.

bulletins enfermés dans une enveloppe paraphée que les électeurs « sortaient de cette enveloppe en la déchirant devant les membres du bureau » (51). Et ainsi de suite. Un maire (La Fouillouse) avouait dans une commission d'enquête :

> On finit bien par reconnaître les bulletins : nous savons bien pour qui les électeurs votent. Les candidats ont beau chercher par tous les moyens à prendre la forme, la couleur, l'épaisseur des bulletins de leurs adversaires, ils ne peuvent pas toujours y parvenir. On arrive toujours à tout savoir (*Journal Officiel*, 1898, p. 2095).

Du reste, en 1865, E. Picard citait du haut de la tribune le cas du maire d'une commune assez importante du Gard qui avait réussi à télégraphier au ministre de l'Intérieur le résultat d'un scrutin et cela à un moment où l'urne, sous scellés, n'avait pas encore été ouverte. Or, les rayons Rœntgen n'étaient pas connus à cette époque (52).

LE BULLETIN A CLEF

Enfin il y a le bulletin à clef. Le bulletin à clef est un bulletin qui contient, dans son texte même, un signe particulier permettant d'établir, quel a été l'électeur individuel qui a déposé ce bulletin dans l'urne.

L'honneur d'avoir mis en pratique le bulletin à clef revient au juge de paix de la commune de Claret, en 1848 (53). Comme il l'a reconnu lui-même aux enquêteurs, il avait voulu être sûr « que les personnes auxquelles je remettais les bulletins et qui me déclaraient vouloir voter pour M. Laissac,

(51) *Journal Officiel*, 1911, p. 4325.
(52) *Journal Officiel*, 1901, p. 2745.
(53) *Moniteur*, 1848, p. 2124.

tenaient leur parole ». Il avait donc tout simplement numéroté lesdits bulletins. En 1856, le maire de la commune de Veys eut recours au même procédé (54) ; un autre exemple remonte à 1861, dans la commune de Garmençon (55). Les bulletins numérotés figurent dans toutes les élections y compris celle de 1909 (Conseil d'Etat, 1909, p. 126).

Mais ce procédé fut trop grossier pour pouvoir durer. On s'ingénia donc à le perfectionner. Il est absolument impossible d'énumérer toutes les ruses qui ont été prodiguées dans ce domaine ; mentionnons les plus caractéristiques.

L'électeur met à côté du candidat un paraphe personnel, presque illisible, mais suffisant pour les yeux exercés des scrutateurs (Conseil d'Etat, 1909, p. 1259).

Le bulletin contient, en plus du nom du ou des candidats à élire, un nom — différent pour chaque bulletin — de personnes étrangères au scrutin et par conséquent inéligibles : Grévy, Decazes, le duc de Nemours, etc. Procédé employé surtout en Corse. Lors du dépouillement du scrutin de 1885, l'agent électoral Lecax qui avait probablement une très bonne mémoire annonçait à haute voix, au fur et à mesure du dépouillement : « Mention Wilson. Ça, c'est le bulletin du cantonnier ; c'est moi qui le lui ai remis » (56).

Le bulletin ne contient que les noms des éligibles. La clef est formée par l'adjonction de certains qualificatifs très exacts, mais parfaitement inutiles, sauf pour la surveillance du vote. Ainsi, à Belfort, en 1885, le candidat Fréry était indiqué comme « Louis Fréry », « Fréry, docteur », « Fréry, conseiller municipal », « Fréry, conseiller général », et ainsi

---

(54) Conseil d'Etat, 1856, p. 294.
(55) Conseil d'Etat, 1861, p. 559.
(56) *Journal Officiel*, 1886, p. 750.

de suite (57). Dans les Landes, lors des mêmes élections, on ajoutait le ou les prénoms, écrit tantôt en entier, tantôt en abréviations de fantaisie ; l'adresse peut être aussi variée à l'infini tout en restant exacte (58). Si les indications additionnelles ne suffisent pas pour procurer au fraudeur le nombre nécessaire de variations, on intercale, à dessein, des lettres majuscules dans le corps des mots employés (59).

Le bulletin contient des signes conventionnels qui sont ajoutés au texte : des dessins (Conseil d'Etat, 1909, p. 266), des quadrillages savants (Conseil d'Etat, 1909, p. 574), des trous ou des découpures (Conseil d'Etat, 1909, p. 418 et 414), des défauts typographiques intentionnels, caractères omis ou rendus défectueux (*Journal Officiel*, 1914, p. 2639).

On peut créer la clef en employant des bulletins absolument indentiques mais en variant le mode de pliage à l'intérieur de l'enveloppe.

> Ils remettaient aux ouvriers placés sous leur dépendance, en ayant bien soin de le leur faire remarquer, des bulletins pliés de différente manière, les uns en forme de triangle, d'autres en forme de losange, de chapeau ou d'accordéon, ou cornés à l'un des coins, etc... Naturellement, on ne manquait pas de dire à ces électeurs qu'au dépouillement ou aurait l'œil ouvert et qu'il faudrait retrouver ces bulletins (Lille, IX, Débats Chambre, 1914, p. 2639).

Enfin, la clef peut être constituée par n'importe quel objet de petite dimension que l'électeur surveillé est tenu d'introduire dans l'enveloppe ministérielle. On a trouvé, ainsi, dans les urnes austères, des fleurs (Conseil d'Etat, 1909, p. 255), des brins de mousse (*Ibid.*, p. 240), des feuilles de laurier, etc...

---

(57) *Journal Officiel*, 1886, p. 79. Voir *Journal Officiel*, 1878, p. 4649 : « Cavini, député sortant ». « Cavini, ex-préfet », etc.

(58) *Journal Officiel*, 1886, p. 642.

(59) Conseil d'Etat, 1872, p. 121.

Le bulletin à clef, savamment organisé, défie toutes les sévérités des lois qu'on a faites jusqu'à présent ; plus particulièrement, ni l'enveloppe, ni l'isoloir ne sont des armes suffisantes contre le bulletin à clef. « C'est une des plaies, peut être la plus grande plaie de nos élections « (60).

LE BULLETIN SURCHARGÉ OU GOMMÉ

Pendant de longues années, l'opposition ne disposa, comme parade aux coups qu'on lui portait par les bulletins extérieurement reconnaissables, — car contre le bulletin à clef on est sans défense. — que le bulletin surchargé ou gommé. Le bulletin gommé est une application de la fable : « Car c'est un double plaisir de tromper un trompeur. »

L'électeur accepte docilement le bulletin extérieurement reconnaissable qu'on lui impose. Puis, en cachette, il biffe d'un coup de crayon aussi léger que possible (61) le nom du candidat du gouvernement et il le remplace par le nom du républicain. Le président du bureau n'a aucun moyen de deviner que le bulletin qu'il accepte et qu'il considère comme bon a trahi celui en faveur de qui il avait été préparé. Le tour est joué : c'est l'origine des bulletins gommés qui ne sont qu'un perfectionnement du procédé que nous venons de décrire.

On commença par passer à la « presse autographique » les bulletins imposés par l'administration ; le nom du candidat officiel, de cette façon, « était légèrement biffé de plusieurs raies verticales et horizontales, ainsi qu'on le ferait à la main », et le nom du candidat de l'opposition était ajouté en bas « en lettres dites anglaises » (62).

---

(60) *Journal Officiel*, 1898, p. 2098.
(61) *Journal Officiel*, 1869, p. 1869.
(62) *Moniteur*, 1869, p. 1487.

Puis, cette application du machinisme aux fraudes électorales étant trop compliquée, on finit par n'imprimer que le nom du candidat voulu sur une bande de papier très mince et gommé (d'où le terme). L'électeur n'avait qu'à prendre le bulletin de l'administration et qu'à recouvrir de la bande toute prête le nom de celui qu'il ne voulait pas élire.

Lors des élections de 1876, les préfets avaient essayé de mettre les bulletins gommés sous le coup de la législation pénale. Le préfet du Cantal mettait tous les maires « en garde contre une fraude électorale qui est pratiquée en forme de bulletins gommés... Ce fait constitue une manœuvre fraudulense punie d'un emprisonnement qui peut s'élever jusqu'à une année et d'une amende de deux mille francs » (63). Il fallut que l'opposition déployât toute son énergie coutumière pour faire triompher, devant la Chambre, cette thèse, que « le bulletin gommé ne constitue pas, par son usage, une escroquerie, mais bien au contraire, le moyen le plus réfléchi, le meilleur d'établir quelle est la volonté nette et précise de l'électeur » (64).

Les bulletins gommés se maintinrent comme moyen d'action de l'opposition jusqu'aux dernières années avant la guerre. En 1905, le Conseil d'Etat eut à s'occuper, à plusieurs reprises, de la colle électorale. « Ne doivent pas être considérés comme portant des signes de reconnaissance les bulletins sur lesquels les noms des candidats ont été recouverts par une bande gommée, contenant les noms des candidats de la liste opposée » (Conseil d'Etat, 1905, p. 12 et 260).

------

(63) *Journal Officiel*, 1877, p. 7714. Voir dans le même sens la circulaire du préfet d'Ille-et-Vilaine, *Journal Officiel*, 1877, p. 7684.

(64) *Journal Officiel*, 1877, p. 7585.

L'ENVELOPPE ET L'ISOLOIR

La loi du 31 mars 1914 exige que « dans toutes les élections le vote ait lieu sous enveloppe ». Elle institue aussi l'isoloir, c'est-à-dire « une partie de la salle aménagée pour soustraire l'électeur aux regards pendant qu'il met son bulletin dans l'enveloppe ».

On peut affirmer, sans exagération aucune, que la réforme inaugurée par la loi de 1914 a passé, au Parlement, par plus de vicissitudes que n'importe quelle autre loi française. Quelques dates pour justifier cette assertion :

M. Picard, en 1865, dépose un amendement au budget : un crédit sera inscrit pour couvrir les frais d'achat d'enveloppes uniformes pour toutes les élections. Repoussé.

En 1866, l'opposition reprend l'amendement Picard, sans plus de succès.

30 novembre 1875. M. Marcel Barthe veut introduire dans la nouvelle loi électorale le principe de l'enveloppe. Repoussé. M. Corne reprend l'amendement et le fait adopter en première lecture. Lors de la troisième lecture la Chambre se ravise et repousse l'enveloppe.

Législature de 1877. Proposition de MM. Malézieux et Lepommelec. Non examinées par la Chambre.

Législature de 1877. Proposition de MM. Reyneau, Gilliot et Alfred Girard. Adoptée par la Chambre, repoussée par le Sénat le 25 janvier 1881.

Législature de 1881. Proposition de M. Corentin Guyho. Non examinée par la Chambre.

Législature de 1885. Proposition de M. G. Laporte ; rapport favorable de M. Gaussorgues (enveloppe et isoloir, pour la première fois). Rejetée.

Législature de 1889. Proposition de MM. Boissy-

d'Anglas, Trouillot et Laporte. Rejetée par la Chambre.

Législature de 1893. Proposition de MM. J. Guesdes, G. Desville et Defontaine. Rejeté par la Chambre le 1er avril 1898.

Législature de 1899. Proposition de MM. Defontaine et ses collègues qui contenait déjà toutes les dispositions matérielles de la loi de 1914. Cette proposition, sous diverses formes, fut l'objet de dix rapports et de neuf discussions (dont une au Sénat de douze séances), avec navette sept fois entre la Chambre et le Sénat.

C'est donc pendant quarante-neuf ans que les républicains honnêtes ont eu à lutter pour faire aboutir cette réforme si simple et si nécessaire d'une modeste enveloppe dans laquelle le bulletin est mis afin qu'il ne puisse pas être reconnu par le président du bureau.

Tous les meillfeurs orateurs de la République ont prononcé de longs discours soit pour soit contre l'enveloppe et l'isoloir. Des trésors d'esprit et d'éloquence ont été dépensés pour attaquer l'innovation dans laquelle certains députés voyaient ni plus ni moins qu'une « atteinte au suffrage universel dans ses œuvres les plus vives » (65), un moyen sûr de « détourner les masses du scrutin » (66), une insulte gratuite à tous les maires de France (67), un procédé qui rendrait le vote impossible pour la plupart des communes (68), « le meilleur moyen d'arriver à discréditer davantage le suffrage universel et de préparer en quelque sorte le nœud coulant qui tôt ou tard servirait à l'étrangler » (69). Pour l'isoloir, un des adversaires se demandait très sérieusement

---

(65) Ch. Ferry, *Journal Officiel*, 1901, p. 2718.
(66) *Ibidem*.
(67) De Boury, *Journal Officiel*, 1901, p. 2719.
(68) De l'Estourbaillon, *Journal Officiel*, 1901, p. 2740.
(69) *Journal Officiel*, 1901, p. 2740.

si le maire de Dieppe et de Trouville aurait la faculté de louer pour la circonstance deux ou trois cabines de baigneuses, et ainsi de suite.

La loi de 1914 a fait ses preuves et on peut dire qu'elle fonctionne à la satisfaction de tout le monde. De temps à autre des plaintes sont portées à la connaissance de la Chambre, mais leur nombre est tellement infime qu'il n'y a pas besoin de les reproduire (Finistère, *Officiel*, 1914, p. 2443 ; Cambrai, *Officiel*, 1914, p. 2484 ; Haute-Loire, *Officiel*, 1914, p. 2443).

LE DÉPOUILLEMENT

Le dépouillement doit être entouré de précautions multiples. Il est assuré par des scrutateurs spécialement désignés à cet effet ; les bulletins doivent être lus à haute voix ; des feuilles de pointage servent à vérifier le nombre des votes qui doivent se trouver dans l'urne ; le public doit pouvoir circuler autour des tables de dépouillement.

Tout ceci est de la théorie. En pratique, le président peut rendre les choses bien différentes. Dans les colonies, des cas ont été constatés où le maire rédige le procès-verbal sans avoir procédé à aucune espèce de dépouillement : voir, par exemple, les cas constatés aux Indes Françaises en 1907 (70). Pour ne pas trop énerver l'opposition on lui alloue parfois le nombre de bulletins qui ne pourrait pas nuire au succès du candidat patronné par le maire : « proportionnellement au nombre des membres du bureau en majeure partie hostile à M. le Maire » (71). C'est par suite de ces manœuvres que les majorités consignées dans les rapports coloniaux sont toujours écrasantes : M. Alype, en 1893, aux Indes Françaises, avait obtenu plus de 30.000 voix ; aux

---

(70) *Journal Officiel*, 1907, p. 564.
(71) *Journal Officiel*, 1907, p. 564.

élections suivantes, il perd les sympathies de ceux qui détiennent l'urne et n'obtient, en tout et pour tout, que 9 voix ; deux bulletins lui sont crédités aux élections de 1902 (72).

Dans la métropole, on procède avec un peu plus de circonspection. Le public doit pouvoir assister au dépouillement ? Qu'à cela ne tienne. « A l'approche de l'heure du dépouillement, les membres du cercle catholique arrivent dans la salle et forment un triple cordon autour des scrutateurs ; les électeurs de M. Gambetta ne peuvent pas le rompre ; ...l'un d'eux, M. Tourel, peut se glisser à travers ce cordon, mais le garde du canal Rovoir place un large chapeau devant sa figure et il faut quitter la salle pour éviter une collision » (73).

C'est dans le cabinet du maire et dans celui de son secrétaire que les personnes triées sur le volet se rassemblent quelques instants avant l'ouverture du dépouillement ; c'est de là qu'ils se précipitent dans la salle pour occuper les places des premiers rangs (74). Dans la commune de Mouriez, le fameux lutteur Costo Doublo avait été en retard ; « comme il ne pouvait pas entrer par la porte déjà encombrée, il pénétra bruyamment par la fenêtre ; cela fit du tumulte ; mais le lutteur vint se placer au poste qui lui était assigné, et le maire, le reconnaissant lui dit : « C'est bien » (75).

Le cordon peut être utilement remplacé par des gendarmes réquisitionnés par le maire. Lors d'une élection en 1878, le président du bureau, au moment où il déclare le scrutin clos, demande au brigadier si ses hommes sont prêts et il fait refouler les élec-

---

(72) *Journal Officiel*, 1898, p. 2039 et 1902, p. 2920.
(73) *Journal Officiel*, 1876, p. 3488.
(74) Parfois, on agit d'une façon plus simple : « Le dépouillement a été fait à huis-clos » (Conseil d'Etat, 1909, p. 1257.
(75) *Journal Officiel*, 1878, p. 731.

teurs à quatre mètres des scrutateurs. « Remarquez bien, annonce le brigadier à ses subordonnés, où vous êtes placés ; si on vous pousse, si on vous fait reculer d'un centimètre, vous savez ce que vous avez à faire » (76). Quelques instants après, M. Geoffroy, conseiller général du canton, se permet de protester en termes « fort calmes et mesurés ».

> A peine a-t-il achevé que le président s'écrie : « Gendarmes, croisez la baïonnette! » Les gendarmes se portent sur la foule ; plusieurs électeurs sentent la pression des armes sur leur poitrine, et le brigadier, sabre au poing, prend son revolver et le dirige vers les électeurs. Ceux-ci veulent sortir mais la porte avait été fermée du dehors à double tour (*Journal Officiel*, 1878, p. 1214).

Mais supposons que les électeurs ont obtenu le droit de circuler autour de la table des scrutateurs, comme cela est indiqué par la loi. Alors le maire peut employer une autre chicane.

> A Maubec, le maire fait entrer les gendarmes et les gardes, puis il prononce cet ordre à haute voix : « Faites circuler ». Les gendarmes font alors exécuter aux électeurs autour des tables de scrutin une véritable ronde électorale. Suivant le caprice du maire ou du gendarme, la ronde s'accélère ou se ralentit, ou passe du pas au trot. Pas de révolte possible contre la consigne : « Circulez, circulez! » Bientôt, tous ces gens, heurtés, écrasés, murmurent et crient ; alors, on les expulse tous et l'on devient ainsi maître des urnes et de leur contenu, dont le vainqueur peut disposer suivant son bon plaisir (*Journal Officiel*, 1876, p. 3488).

Le dépouillement lui-même doit être fait par le président qui lit « à haute voix » les noms marqués sur les bulletins. A Sartène, en 1876, le maire —

---

(76) *Journal Officiel*, 1878, p. 1214.

raconte un observateur bénévole, qui avait réussi à se placer « derrière le bureau » — plaçait les lampes de façon à faire l'obscurité de mon côté et « lisait Bartoli sur les bulletins portant le nom Abbatucci, malgré mes vives protestations » (77). A Barbentane, le maire avait déjà, après avoir lu les bulletins, préparé deux paquets, l'un pour M. Cadillau et l'autre pour son adversaire, M. Tardieu ; tumulte dans la salle ; intervention du gendarme qui veut prouver aux républicains qu'ils ont tort de soupçonner la bonne foi du maire ; le gendarme recompte un paquet de cinquante bulletins Cadillau et y trouve 8 bulletins qui portaient, bel et bien, le nom de M. Tardieu (78).

Le cas échéant, le maire remplace les bulletins de ses adversaires par ceux de son candidat ; les condamnations pour ce genre de malversations ne se comptent pas (79). Il peut aussi, pendant les opérations du scrutin, glisser dans les bulletins pliés de ses adversaires des bulletins supplémentaires portant le nom de son favori : pour faciliter ce genre d'opération, les bulletins supplémentaires se font de dimensions très exiguës, pas plus de 4 centimètres sur deux (80) ; au moment de procéder au dépouillement, le maire enfonce la main dans l'urne et se met à brasser son contenu en disant : « Si nous les remuions un peu ? » Les petits bulletins se détachent des grands, et le tour est joué (81).

Dans les colonies l'opération qui consiste à ajouter dans l'urne un nombre quelconque de bulletins de son parti, suivie d'émargements fantaisistes, porte le nom de « garnir l'urne ». Les paquets de bulle-

---

(77) *Journal Officiel*, 1876, p. 4252.
(78) *Journal Officiel*, 1878, p. 731.
262.
(79) Par exemple, Conseil d'Etat, 1905, p. 684.
(80) *Journal Officiel*, 1878, p. 1215.
(81) *Ibidem,*

tins de ce genre s'appellent, nous ne savons pourquoi, « maman-cochon » (82). « Peu d'instants avant
le dépouillement nous avons jeté dans l'urne plus
de cinq cents bulletins au nom de M. L... »

Il existe des moyens grossiers pour fausser le dépouillement. L'article 9 de la loi du 31 mars spéci-
fie que tous les bulletins qui portent des signes de
reconnaissance extérieure ou intérieure, ou qui contiennent des mentions injurieuses pour le candidat,
ou qui ne donnent pas une désignation suffisante de
ce dernier, doivent être annulés. Dispositions sages
et nécessaires, mais se prêtant à des chicanes infi-
nies. En 1898, le sort d'une élection dans les Deux-
Sèvres dépendait d'un seul bulletin. D'un côté, on
affirmait que le paraphe dont était orné ce bulletin était un mot absolument illisible ; de l'autre, on
prétendait qu'en prenant « une loupe » on pouvait
facilement distinguer le mot « cornichon », inju-
rieux pour le candidat. La Chambre a dû se prononcer sur ce cornichon (83).

Pour satisfaire aux dispositions de l'article 9 de
la loi du 31 mars 1904, le bureau doit donc statuer,
lors du dépouillement, sur toute la gamme des problèmes que soulèvent les bulletins extérieurement
reconnaissables, les bulletins à clef et les bulletins
surchargés et gommés : nous avons montré plus haut
(voir p. 268) combien de discussions extrêmement
délicates peuvent surgir dans ce domaine, par suite
de l'astuce des candidats. Le tact dont doit faire
preuve le bureau est d'autant plus grand que les
fraudes et les contrefraudes s'entremêlent, lors du
scrutin, d'une façon tout à fait déconcertante. Par
exemple, le bulletin surchargé est certainement valable. Mais que dire des bulletins surchargés de telle
façon que les électeurs ruraux, auxquels on distri-

<hr>

(82) *Journal Officiel*, 1910, p. 2191 et 1920, p. 864.
(83) *Journal Officiel*, 1898, p. 1858.

buait ces bulletins, ne pouvaient pas remarquer la surcharge peu apparente, car elle ne pouvait être constatée qu'à la loupe ? (84). Le bulletin extérieurement reconnaissable est certainement nul. Mais, dans le Midi, il existe des divisions séculaires auxquelles on paie un tribut régulier. Ce tribut ne comporte aucune malice électorale, mais il repose sur l'emploi de bulletins parfaitement reconnaissables pour le président du bureau. Cela paraît très compliqué ; mais la vie politique, sous le soleil ardent de l'Ariège, ne l'est pas moins.

> Il y a « le parti » et le « contre-parti », qui ne fusionnent jamais. Toutefois, comme les méridionaux aiment la République, lorsqu'une élection politique se présente, ils consentent non pas à oublier leurs querelles de village, mais à faire planer au-dessus d'elles leur amour de la République et des réformes. Ils s'unissent donc dans un effort commun en faveur du candidat de leur choix, mais ils n'abdiquent pas, et, pour se compter, chaque parti vote pour un même candidat avec un bulletin différent. Le grand bulletin doit représenter « le parti ». Il a l'allure calme et majestueuse de triomphe. Le petit bulletin représente assurément « le contre-parti » ; il est réduit comme une minorité ; mais son papier est fort et dénote la ténacité qui mène à la victoire (*Journal Officiel*, 1902, p. 2194).

On peut citer un autre exemple de bulletins extérieurement reconnaissables que le bureau doit bien se garder d'annuler. Ce sont ceux qui ne deviennent extérieurement reconnaissables qu'au moment où le président du bureau les touche et le sont exclusivement par la faute de celui-ci. Aussi, un peu compliqué. Mais le procédé existe. Dans les petites communes où les opinions politiques des élections ne sont pas un secret pour le président du bureau, il

---

(84) *Journal Officiel*, 1910, p. 2507.

lui est loisible de dissimuler un bon morceau de graisse : en le touchant avec le pouce et en appuyant le pouce sur l'enveloppe remise par l'électeur du parti opposé, le maire rend nul l'ensemble des votes adverses à son parti (85).

Pour contrôler les libertés que le bureau peut prendre avec les bulletins annulables, la loi exige que soient annexés au procès-verbal tous les bulletins non attribués à un des candidats. Or, certains bureaux passent outre à cette prescription de la loi : « Les membres du bureau ont jugé inutile d'annexer les bulletins blancs, la production en paraissant inutile comme ne devant amener aucun changement des opérations » (86). Quand on exécute la loi, on fraude tout de même. Dans l'Hérault, en 1890, le maire avait mis de côté un paquet de bulletins désagréables à son parti ; au moment de les annexer au procès-verbal, ignorant qu'un adversaire se trouvait dans la salle, ce maire dit tranquillement : « Maintenant, nous allons les tacher » (87).

Le résultat du scrutin doit être proclamé, séance tenante, par le maire. Cela ne se fait pas toujours sans difficulté. Parfois, le maire attend le moment où les autres résultats lui seront communiqués, de façon à pouvoir modifier de quelques dizaines son procès-verbal, si la situation générale exige le recours à un procédé radical de ce genre (88). Parfois, le maire essaie de transiger avec ses électeurs et d'obtenir d'eux une autorisation de modifier le résultat obtenu :

A Corsacia, M. de Casabianca, à la grande surprise du maire, se trouva en majorité d'une trentaine de voix. Le digne fonctionnaire municipal

---

(85) *Journal Officiel*, 1890, p. 184.
(86) *Journal Officiel*, 1912, p. 1184.
(87) *Journal Officiel*, 1890, p. 184. Autres fraudes de ce genre : *Journal Officiel*, 1889, p. 504 et 1914, p. 2444.
(88) *Journal Officiel*, 1898, p. 1913.

perdit la sienne du même coup et refusa de proclamer le vote. Les électeurs attendent avec patience. Le maire se décide enfin et dit : « Messieurs, je regrette vivement, mais il m'est impossible de proclamer un pareil scrutin ». On insiste, il refuse et dit : « Mais non, messieurs, je ne puis pas ; en mon âme et conscience, cela m'est impossible ; j'ai promis la majorité à M. le Préfet ». Des rumeurs s'élèvent ; le maire propose une transaction : « Donnez-moi une voix de majorité, une seule voix, et je proclame ». Les autres maintiennent leur droit ; le maire s'empare alors des listes des émargements et prend la fuite (*Journal Officiel*, 1898, p. 1913).

Dans les colonies, les procédés employés sont plus rudimentaires.

C'est ainsi qu'au Gros-Morne (Martinique), l'on avait d'abord, dans le dépouillement, reconnu 529 voix à M. Saint-Luce et 413 à M. Lagrosillière, soit une majorité de 116 à M. Saint-Luce. Et, tout à coup, après le résultat envoyé au gouvernement, l'on a, par une altération manifeste du procès-verbal et de la liste d'émargement, modifié les chiffres et attribué, en ajoutant un 1 devant 529, 1.529 voix à M. Saint-Luce, soit 1.116 voix de majorité sur 2.346 électeurs inscrits, M. Lagrosillière restant toujours avec son chiffre primitif de 413 voix (*Journal Officiel*, 1914, p. 2445).

Les incidents de l'élection de M. Bartissol à Narbonne sont du même ordre. Le jour de l'élection, à huit heures du soir, après le dépouillement, le maire annonçait que le candidat de gauche, M. Ferroul, avait obtenu, dans la ville même, 3.101 voix, et que ce nombre de voix, ajouté aux résultats des communes rurales qui votent avec la ville, donnait à M. Ferroul une majorité de 82 voix sur son concurrent de droite, M. Bartissol (lequel avait obtenu, à l'intérieur de la ville, 3.580 voix). M. Ferroul reçut les félicitations de ses amis et des dépêches furent envoyées aux journaux de Paris pour annoncer sa victoire. Or, deux heures plus tard, le maire, en communiquant officiellement à la préfecture le résultat des élections, annonçait qu'il s'était produit une erreur dans le décompte des bulletins de la section de Boucq et que, notamment, un paquet de cinquante bulletins avait été attribué à M. Ferroul au lieu de M. Bartissol. En rectifiant cette erreur, le résultat définitif s'établissait de la façon suivante : dans la ville, Bartissol 3.630 voix ; Ferroul 3.051 voix ; dans la circonscription entière, majorité pour M. Bartissol.

Certains détails des agissements du maire avaient paru suspects à la Chambre qui ordonna une enquête. Dès l'arrivée des députés enquêteurs à Narbonne, ils apprenaient que le maire avait fait venir dans son bureau les deux commissaires de police qui avaient été de planton dans la salle de scrutin et qu'il leur avait demandé ce qu'ils allaient déposer devant la commission, sous prétexte qu'il avait le droit « de les entendre, avant la commission ». Mise en éveil par ce procédé étrange, la commission fit venir les scrutateurs et les mit en présence des procès-verbaux de la section de Boucq, tels qu'ils avaient été envoyés par le maire à la préfecture. Tous les scrutateurs furent unanimes à déclarer que les procès-verbaux constituaient des faux. On avait « tripatouillé ». La soi-disant erreur n'en était pas une : voyant que son ami, Bartissol, était battu, le maire avait tout simplement déplacé cinquante voix en faveur de son protégé.

Le fait en lui-même n'est que banal. Ce qui donne à cet incident une signification de symptôme, ce sont les agissements du maire qui furent employés par ce premier magistrat d'une ville importante pour obtenir gain de cause devant le parlement ; ce sont aussi les complicités qui vinrent le seconder dans sa besogne de faussaire.

Les faux procès-verbaux étaient signés : par qui ? Par MM. Campisto, Valant et Borix, employés de la mairie, qui savaient que, n'étant pas scrutateurs, ils n'avaient rien à signer ; ils apposèrent tout de même leurs signatures au bas du document. Ensuite, il faut signaler l'incident de la lettre du procureur de la République Comte. Pour se couvrir devant la Chambre, le maire avait demandé à ce magistrat, qui avait été présent à la proclamation du premier résultat, que celui-ci avait été conforme aux données, communiquées à la préfecture, c'est-à-dire que dès ce moment Fessoul n'avait que 3.051 voix. Le procureur, homme prudent, s'esquiva :

> Il ne m'est pas possible de fournir des renseignements. Je suis entré, il est vrai, pendant quelques instants dans la salle du tribunal de commerce, où se tenait le bureau, mais je n'ai pas assisté à la proclamation du résultat (*Journal Officiel*, 1898, p. 2258).

Après avoir remis cette lettre au maire, le procureur se ravisa. Il lui parut que sa situation officielle ne lui permettait pas de se mêler aux luttes politiques même dans la forme si anodine d'une déclaration évasive. Il alla donc chez le maire et le pria de lui restituer la lettre. Le maire s'exécuta. Mais plus tard, le procureur apprit qu'une copie de cette lettre était en circulation et que le maire allait déclarer à droite et à gauche que le procureur lui-même certifiait par écrit la régularité des opérations électorales. Ce n'est que devant la commission d'enquête que le procureur put obtenir la communication de cette copie, faite par M. Dauphin, un autre employé de la mairie, et quelle ne fut sa stupéfaction quand il vit que cette copie lui attribuait une déclaration contraire à ce qu'il avait écrit : « Je considère M. Bartissol comme valablement et loyalement élu. » Heureusement, pour le procureur, il tenait un registre de toutes ses lettres et il n'avait pas détruit l'original. Un deuxième faux fut de cette façon établi.

Bref, la commission termine son rapport par la constatation suivante :

> Comment M. C... (le maire) répond-il sur ce point devant la commission? Par des explications tellement confuses et contraires à toutes les autres dépositions, qu'il est vraiment pénible pour le rapporteur d'avoir à constater que le premier magistrat d'une ville n'a pas hésité à descendre jusqu'au mensonge pour tromper la commission d'enquête (*Journal Officiel*, 1898, p. 2258).

Grâce à l'ensemble de ces procédés, les cas sont très fréquents où, dans une commune, n'ayant que 150 électeurs inscrits, le nombre de bulletins retirés de l'urne se monte à 155, et le dépouillement en donne un total de 170 voix attribués aux candidats en présence (89). La jurisprudence constante, tant du Conseil d'Etat que de la Chambre et du Sénat, impose aux scrutateurs le devoir d'enlever à chacun des candidats autant de voix qu'il existe de bulletins en plus des émargements. Mais même cette mesure, paraissant si simple et si conforme au bon sens commun, peut produire un effet contraire à celui que recherchent les organes de vérification. Voici le manège inattendu auquel a eu recours le maire d'une petite commune corse lors de l'élection d'un délégué sénatorial en 1848 (Canari) :

> Le conseil municipal était divisé en deux fractions égales : d'un côté, six républicains, de l'autre, six bonapartistes, parmi lesquels le maire de la commune. On vote. Au premier tour du scrutin, naturellement, il y a six voix pour le candidat républicain, six voix pour le candidat bonapartiste. Il faut recommencer. Au deuxième tour,

---

(89) *Journal Officiel*, 1906, p. 2064.

même résultat ; au troisième tour, c'est le républicain qui sera élu, car il est le plus âgé. Que se passe-t-il alors? On dépouille et il sort de l'urne 13 bulletins : 7 pour le candidat bonapartiste et toujours 6, hélas! pour le candidat républicain. « Messieurs, déclare alors le maire, la jurisprudence du Conseil de l'Etat est constante. Quand il y a plus de bulletins que de votants, on enlève à chacun des candidats autant de bulletins qu'il y en a de plus. J'enlève donc une voix à chacun des candidats, ce qui donne 6 voix au bonapartiste et 5 au républicain » (*Journal Officiel*, 1898, p. 2097).

Les électeurs sont donc obligés de recourir à des procédés extra-légaux pour établir la vérité. C'est ainsi qu'en 1869 les électeurs de Montbéraud, au nombre de 41, firent établir un acte notarié, établissant que, tous, ils avaient voté pour le candidat libéral ; or, le dépouillement n'avait donné que cinq bulletins à celui sur qui ils avaient porté leurs voix (90).

Incidents analogues dans la commune de Sainte-Radegonde : le ministre de l'Intérieur se contenta de déclarer que le procédé employé par ces républicains était « contraire au secret du scrutin » (91). Les mêmes cas se reproduisent sous la IIIe République. En 1906, dans la Haute-Garonne, cinquante électeurs avaient juré avoir voté pour M. Bepmale ; or, le procès-verbal n'accordait à celui-ci que 14 voix (92). En Corse, à Venaco, au premier tour des élections du 20 août 1893, M. Casabianca n'avait obtenu que 7 suffrages, tandis que 76 électeurs avaient déposé des bulletins avec son nom ; au second tour, ces électeurs s'abstinrent en masse et notifièrent leur abstention au maire, par ministère d'huissier, « afin que leurs suffrages ne viennent pas majorer le nom-

---

(90) *Moniteur*, 1869, p. 1609.
(91) *Moniteur*, 1869, p. 1510.
(92) *Journal Officiel*, 1906, p. 2065.

bre de voix attribuées au concurrent de M. de Casabianca » (93). Dans la Guyane on a l'habitude de
rassembler les cartes non écornées des électeurs qui
s'étaient abstenu et de les envoyer à Paris de façon
qu'il soit possible d'établir que le nombre des émargements additionné au nombre de ces cartes donne
une somme supérieure au nombre total des électeurs
inscrits (94).

-----

(93) *Journal Officiel*, 1893, p. 140.
(94) *Journal Officiel*, 6 juillet 1928.

CHAPITRE TROISIEME

L'Invalidation

Les preuves

Pour pouvoir demander l'annulation d'une élection, il faut commencer par rassembler les preuves des malversations commises. En dehors des frais qu'encourt le protestataire, obligé de parcourir, une à une, les communes d'un arrondissement, l'enquête à laquelle il procède présente de grosses difficultés. L'aversion des paysans français pour tout ce qui a trait aux témoignages et aux procès, engagés par des tiers, est indéracinable. « Cela ne me regarde point » — est la réponse que reçoit quiconque veut s'assurer la déposition la plus simple et la plus indispensable pour faire triompher la vérité. « Les habitants du département de la Manche sont de braves gens, qui ont le cœur sur la main, qui donnent très volontiers la main à qui la leur tend. Mais ils sont très rebelles lorsqu'on leur demande leur signature pour certifier que tels faits se sont passés dans telles conditions ; ils sont alors timides, irrésolus ; ils craignent de blesser celui-ci ou celui-là » (1).

Cette aversion pour toute déposition défavorable à qui que ce soit est tellement enracinée dans les

____

(1) *Journal Officiel*, 1889, p. 161.

mœurs des paysans français que les spécialistes des invalidations se contentent de faire signer aux électeurs des papiers en blanc : chose plus facile à obtenir qu'une déposition. Sur ces papiers signés en blanc on « fait ensuite figurer toutes les divagations insensées qu'une imagination peut inventer » (2). Dans la commune de Pontivy, en 1898, on avait même essayé de légaliser des signatures apposées sur des feuilles blanches (3).

On est donc obligé de recourir à des témoignages extrêmement suspects. Les élections contestées deviennent une nouvelle source de revenus pour ceux qui vendent leurs bulletins ; il a été maintes fois constaté que les « corrompus » sont les premiers à se plaindre et à demander l'invalidation : cela leur permet de recommencer leur odieux trafic. On peut citer des cas où des *feux de joie* avaient été allumés par les faussaires au moment où ils apprenaient que « leur » candidat était invalidé (4).

Nulle part ailleurs la fameuse maxime latine ne doit être appliquée aussi souvent que dans les invalidations : « *nemo creditur suam propriam turpitudinem allegans.* » « On a assisté à un spectacle unique dans les fastes judiciaires : on a vu quatre pauvres malheureux courant héroïquement au-devant des condamnations, se déclarant des avariés politiques et réclamant énergiquement une condamnation » (5).

Les incidents les plus inattendus se produisent au moment où les prétendus « témoins » sont appelés à déposer devant le bureau enquêteur :

> Au moment où M. T. avait terminé sa déposition, alors que nous rendions hommage à sa loyau-

---

(2) *Journal Officiel*, 1906, p...
(3) *Journal Officiel*, 1898, p. 2091.
(4) Basses-Alpes, *Journal Officiel*, 1906, p. 2141.
(5) Morbihan, *Journal Officiel*, 1903, p. 1164.

té, dont nous ne doutions pas, M. Guyot de Villeneuve demande à être entendu contradictoirement avec lui. Le président, M. Dauzon, lui donne accès dans la salle. Le fait se passait à la Chambre même. M. Guyot de Villeneuve déclara : « Tout ce que vient de dire cet homme est faux, c'est un imposteur, il m'a écrit des lettres pour me demander de l'argent, je m'inscris en faux contre ses déclarations ». Or, M. T. a fait un éloge immodéré de M. Guyot de Villeneuve dont il avait tenté de justifier la candidature. M. Guyot de Villeneuve nous dit : « Je verse au dossier seize lettres de M. T. » Stupéfaction des membres de la commission, confrontation avec M. T. Ces lettres de M. T. étaient adressées à un membre du comité de M. Guyot de Villeneuve qui dirigeait l'une de ses permanences. Or, M. T., dans ces lettres se faisait fort de vendre et le comité et le candidat socialiste, sauf rémunération (*Journal Officiel*, 1903, p. 1614).

En 1889, lors d'une invalidation d'une élection dans les Alpes-Maritimes, le principal protestataire, M. Raiberti, reconnaissait lui-même que « les personnages dont les témoignages constituent le principal élément du dossier sont des gens absolument méprisables, la lie de la population niçoise et que lui, M. Raiberti, ne serrerait la main à aucun des individus » dont les signatures étaient la clef de voûte de toute sa protestation (6). En 1925, le rapporteur d'une invalidation dans les Hautes-Alpes avait établi que le principal témoin de M. de Rothschild avait vendu à ce dernier, quelques jours après l'élection en question, un bien qui fut payé 120.000 francs, tandis qu'avant le scrutin il était estimé à 70.000 francs (7).

Toute invalidation est une aubaine pour les maîtres chanteurs. La même élection des Hautes-Alpes avait donné lieu à la conversation suivante entre le

---

(6) *Journal Officiel*, **1889, p. 428.**
(7) *Journal Officiel*, **1925, p. 2029.**

député dont le mandat était contesté et un des agents électoraux :

> Il me déclara : « Il y a un lièvre que je ne soulève pas auprès des membres de la sous-commission et du bureau ; c'est celui de votre dossier judiciaire, qui dort à la chancellerie, et auquel personne ne pense. Il pourrait modifier l'opinion de nos collègues. Vous ne savez pas ce que des adversaires malveillants ont pu dire à nos braves gendarmes ». Puis, changeant subitement de conversation, il déclara : « J'ai besoin de 200.000 fr. pour monter une imprimerie à Gap. Pouvez-vous me les donner ? » Je fis la sourde oreille : et je constatais, quelques jours après, qu'il partait en campagne contre moi (*Journal Officiel*, 1925, p. 2036).

Evidemment, les sommes demandées par les maîtres chanteurs ne sont pas toujours aussi importantes que celles de l'imprimerie de Gap ; mais le mal n'en est que plus étendu. En 1894, un certain M. M... avait fait devant la commission de la Chambre une déposition accablante pour le député élu à Loches, M. Wilson. Ensuite, il demanda un délai pour se rendre sur les lieux et se procurer d'autres témoignages, ce qui lui fut accordé. Arrivé à Loches, M. M... se rendit chez un agent de M. Wilson et lui vendit la totalité de son dossier pour la somme de 20.000 francs : le fait fut confirmé, plus tard, devant la Cour d'assises (8).

Dans la Gironde, en 1902, un « témoin » du parti adverse ne demandait au candidat contesté que 150 francs pour se taire (9). Lors d'une enquête faite par le candidat évincé dans le Tarn-et-Garonne, en 1889, il fut spécifiquement indiqué aux enquêteurs qu'il ne fallait à aucun prix ébruiter l'affaire pour que les partisans du député élu « n'eus-

---

(8) *Journal Officiel*, **1894**, p. **347**.
(9) *Journal Officiel*, 1902, p. **2099**.

sent pas le temps d'acheter les témoins à charge et de leur fermer la bouche » (10).

Mais, même en dehors des professionnels du chantage, les invalidations donnent lieu aux trafics les plus odieux. Dans le Morbihan, en 1898, un maire vint reconnaître qu'il avait signé un faux témoignage parce que sa fille était mariée avec un employé du député qui cherchait à se faire valider et que cet employé était menacé de perdre sa place si son beau-père, le maire, ne signait pas une attestation favorable au député en question (11).

Le dossier constitué est envoyé à la questure de la Chambre. Pour garder l'élection le plus longtemps en suspens on emploie, pour ces envois, une méthode qu'un intéressé décrit dans les termes suivants :

> Le procédé n'est, peut-être, pas assez connu du pays et c'est pour cela que je me permets de le décrire. On n'envoie pas d'abord tout à la questure. Non, on se borne à lui adresser des pièces de médiocre importance pourvu qu'elles soient de nature à retenir les élections contestées. Il y a même un mot technique pour exprimer la chose : « accrocher l'élection ». Puis, sans se presser, un mois, six semaines, quelquefois deux mois après l'élection, on expédie les pièces les plus importantes en les gardant avec soin, comme si la valeur d'une protestation n'était pas dans sa spontanéité même ! Et quand ce travail est terminé on les fait porter ici par ceux des candidats malheureux qui connaissent le mieux vos couloirs et qui savent le mieux attendrir vos cœurs. Vous les voyez ici tous les jours à toute heure, partout attachés à vos pas comme les plaideurs d'autrefois, qui s'installent au palais, guettant l'arrivée et la sortie des juges... se précipitant sur leur passage en quête d'un regard ou d'un sourire, d'un mot ou d'une promesse (*Journal Officiel*, 1885, p 294).

---

(10) *Journal Officiel*, 1889, **p. 186.**
(11) *Journal Officiel*, 1898, p. 2091.

La procédure devant les bureaux

Enfin, le dossier arrive à la Chambre. Puisque nous nous occupons de mœurs électorales, nous sommes obligés de constater, sans trop appuyer sur ce détail, qu'une « tradition constante », comme l'a déclaré M. Marcel Habert à la séance du 9 juillet 1898, *interdit* de communiquer ces dossiers aux intéressés, en *dehors du bureau*. Il existe toutefois des cas où les pièces les plus importantes disparurent du dossier.

C'est, du reste, pour cette raison que les protestataires prennent leurs précautions.

> *M. Camille Pelletan.* — On dit que les protestations sont arrivées bien tard. Effectivement, elles ne sont arrivées qu'au début de votre réunion. Je ne crois pas avoir à insister sur cette considération : chacun sait qu'il est sage de n'apporter les protestations qu'au dernier moment, ne serait-ce que pour éviter les accidents qui peuvent se produire (*Journal Officiel*, 1893, p. 143).

On prend des précautions contre la personne visée par le dossier. Mais le protestataire lui-même est-il maître des documents qu'il a déposés à la Chambre ? Peut-il attaquer le député, annoncer avec éclat les accusations les plus déshonorantes et puis, quand il juge le moment opportun, retirer sa protestation et l'ensemble du dossier ? Ce fait s'est produit en 1911. M. C... avait déposé, avec ses amis, un certain nombre de protestations « portant gravement atteinte à l'honneur et à la dignité de l'élu ». Dès la première séance du bureau, chargé d'examiner ces protestations, M. C... manifeste le désir de retirer sa plainte, purement et simplement. Les membres du bureau s'empressèrent de le prévenir que cette décision « pourrait donner lieu à des interprétations et à des commentaires peu favorables « (Débats Chambre, 1911, p. 4398). M. C... prit donc part à la discussion et, après la fin de la séance, demanda à reprendre son dossier pour le classer et le parapher, en promettant de revenir avec le dossier régulièrement constitué « le lendemain ou le surlendemain ». Le bureau n'a plus jamais revu ce dossier, et le rapporteur a dû déclarer, en pleine séance de la Chambre, que ce dossier avait été « cambriolé », que « c'était le terme qu'il fallait employer dans la circonstance ». On ignore les motifs qui ont poussé M. C... à retirer le dossier dans les conditions que nous venons d'exposer. Mais nous pouvons constater que M. Q..., un des amis et coprotestataires de M. M. C... fut l'objet, dans la Chambre, d'une attaque directe, ainsi rapportée dans le procès-verbal sténographique :

> *M. Lauche.* — ...Je veux poser une simple question à M. Q. qui a retiré sa protestation après l'avoir formulée. N'a-t-il pas été nommé, aux appointements de 15.000 fr. par an, directeur de la succursale de la Mutuelle des colonies à Milan ? (*Journal Officiel*, 1911, p. 4400).

Nanti de son dossier, le bureau procède à l'examen des pièces produites par les plaignants. Notons à ce sujet, une fois pour toutes, que, par une fausse application du principe des preuves produites contradictoirement, la Chambre n'examine que les élections *contestées*. Le scrutin a pu donner lieu aux scandales les plus affligeants : s'il ne se trouve pas un citoyen qui veuille protester, la Chambre se considérera — on ne sait trop pourquoi — comme désarmée : c'est-à-dire, elle se désistera comme s'il s'agissait d'un procès civil. Elle interrompra — par l'application de la même théorie — l'examen d'une élection, si, comme nous l'avons vu, le dossier venait à être retiré ou « cambriolé ».

L'examen d'une élection contestée peut aboutir à trois conclusions : *a*) validation ; *b*) invalidation; *c*) demande d'enquête.

Depuis 1876, la Chambre n'a voté, en tout, que 33 enquêtes. C'est dans les considérations d'ordre pratique qu'il faut chercher les raisons du peu de sympathie dont jouit la procédure des enquêtes. La validation et l'invalidation sont des solutions définitives : à tort ou à raison, la Chambre se prononce pour un résultat qui devient acquis. L'enquête, par contre, ne fait que rallumer toutes les controverses d'une campagne électorale déjà terminée. Il faudra faire venir des témoins et leur demander si, vraiment, un des candidats avait prononcé telles ou telles paroles injurieuses, si ses accusations étaient fondées, si des subterfuges non autorisés par la loi avaient été employés, etc... De plus, il faut déplacer un grand nombre de députés qui sont obligés de se rendre dans le département en question, éventuellement au delà des mers. Or, en attendant — parfois pendant de longs et de longs mois — le député « enquêté » se trouve dans une situation des plus fausses, ne pouvant ni se retirer, ni travailler utilement à la Chambre où on ne lui accorde pas le droit de prendre part aux votes.

Les bureaux ne se montrent donc nullement enclins à proposer les enquêtes. Voici dans quels termes la validation avait été proposée pour une élection qui avait eu lieu dans l'arrondissement de Sartène (Corse), pour remplacer un député invalidé précédemment, après un débat des plus sensationnels :

> Il apparaît que l'arrondissement de Sartène, très arriéré, où les abstentions sont nombreuses, ne possède pas dans son ensemble une éducation politique digne de citoyens capables de pratiquer le suffrage universel en toute liberté et en toute indépendance. Le huitième bureau conclut à la vali-

dation. Il ne croit pas, surtout après l'expérience
de cette procédure dans l'élection Balesi, qu'une
enquête ait plus de chances de jeter plus de lumière sur cette élection. Il estime que ce serait
livrer à nouveau l'arrondissement de Sartène à une
agitation aussi vaine que stérile (*Journal Officiel*,
1912, p. 2004).

Parfois, de véritables cris de désespoir se font
entendre dans les bureaux :

> Je crois que l'enquête ne signifierait rien,
> n'aboutirait à rien. Je ne comurends pas très bien
> quelle serait la situation d'un certain nombre de
> nos collègues assez dévoués pour s'exiler pendant
> trois· mois en allant aux Indes au milieu d'une
> population qui ne parle presque pas le français,
> obligés de se faire suivre d'interprètes qui la piu-
> part du temps ne seraient pas des interprètes bien
> sincères ; dans ces conditions je crois bien qu'une
> enquête, en supposant qu'elle soit possible, n'abou-
> tirait à rien et ne nous éclairerait pas sur les réels
> détails des élections de cette colonie (*Journal Offi-
> ciel*, 1898, p. 2039).

Restent donc les deux solutions définitives.
Le bureau penche presque toujours pour la validation. « La Chambre est en mal de validation »,
comme l'a dit un jour Rousse (Débats, Chambre,
1893, p. 142). Il faut que le dossier contienne des
choses énormes pour que l'invalidation soit envisagée. C'est encore la tendance de l'oubli du passé qui
préside aux préoccupations des membres du bureau.
Le jeu en vaut-il la chandelle ? Une nouvelle campagne électorale serait-elle de nature à offrir plus
de garanties ? N'équivaudrait-elle pas à un renou-
vellement des mêmes pratiques ?
Pour les élections coloniales, la validation est de
rigueur, quels que soient les abus constatés. Ces élections sont presque toujours contestées, mais la Chambre a établi ce qu'un rapporteur appelle « la ju-

risprudence créée par les validations précédentes »
(12). On met tranquillement dans les rapports officiels que les malversations au Sénégal sont « les
conditions normales du scrutin » et qu'aucun candidat ne peut être rendu responsable de mœurs
électorales qu'il n'a pas créées (13). Quand on cherche à justifier cette « jurisprudence » désastreuse
pour la moralité politique des colonies, on le fait
dans des termes poétiques qui ne sont là que pour
masquer l'impuissance totale du parlement :

> Nous pensons que dans ce pays ensoleillé où la
> nature possède une puissance de fécondité incom
> parable, les êtres humains, à l'instar de la végé-
> tation qui les entoure, sont animés d'une vitalité
> plus active ; le sang coule dans leurs veines avec
> une force plus grande, les passions s'enflamment
> avec plus d'ardeur. Il n'est pas étonnant qu'un
> acte de vie sociale, qui sous nos climats doux et
> tempérés irrite déjà les esprits et les fait sortir
> de leur calme habituel, provoque, dans ces contrées
> prédestinées, des crises d'une grande violence... Re-
> nouveler l'agitation précédente, provoquer de nou-
> veau des faits infiniment regrettables, risquer de
> voir ce pays se transformer, une fois de plus, en
> un champ de bataille meurtrier, ne serait-ce pas as-
> sumer une formidable responsabilité ? (*Journal
> Officiel*, 1914, p. 2735).

Du reste, le scandale a atteint de telles proportions que des voix très autorisées se sont plusieurs
fois élevées au Parlement pour demander, au nom
de la morale, que les élections coloniales soient sup-
primées purement et simplement (*Journal Officiel*,
1898, p. 2010 et 1914, p. 2559) (14).

---

(12) *Journal Officiel*, 1920, p. 411.
(13) *Journal Officiel*, 1898, p. 1961.
(14) Les élections coloniales devraient être l'objet d'une
étude spéciale et très étendue, car les malversations qui
ont lieu hors de la métropole ont un caractère tout particulier. Toutes les fraudes imaginables s'y pratiquent ou-

La validation est toujours préférable ; telle est la doctrine. Donc on cherche à arranger les choses.

vertement ; nous sortirions certainement du cadre de cet ouvrage si nous nous engagions dans cette voie.

Quelques extraits supplémentaires suffiront, pour donner au lecteur une idée de l'étendue du mal.

« La corruption est organisée administrativement » : M. Sévère, *Journal Officiel*, Documents parlementaires, 1923, p. 433.

« Les dispositions des lois et règlements électoraux en vigueur sont telles que l'Administration est, à la Guadeloupe, absolument impuissante à empêcher la fraude et ne peut, en conséquence, assurer la sincérité du suffrage universel ». Rapport de M. Ballot, gouverneur de la Guadeloupe, *Journal Officiel*, Documents parlementaires, 1923, p. 433.

Les nominations des fonctionnaires se font selon les besoins électoraux des candidats : « Il est temps que je sois secondé par ceux qui me doivent leur concours par principe, sinon par reconnaissance », écrit un des candidats en annonçant la destitution de certains fonctionnaires récalcitrants, et leur remplacement par des jeunes gens « pressés d'arriver » ; *Journal Officiel*, Documents parlementaires, 1923, p. 437. Les gouverneurs eux-mêmes reçoivent des candidats des lettres leur disant que « s'il ne change pas d'attitude (vis-à-vis du signataire de la lettre), il ne fera pas de vieux os là-bas ». *Journal Officiel*, Documents parlementaires, 1923, p. 436. Les gouverneurs, de leur côté, font envoyer à Paris, aux frais du candidat, des dépêches : « Si B... (le gouverneur) parti situation politique perdue Guadeloupe » *Journal Officiel*, Documents parlementaires, 1923, p. 435.

Les maires reçoivent, de la part du gouverneur, des instructions « pour la révision des listes électorales » : ces instructions, comme l'annonce au candidat le gouverneur lui-même, « les feront réfléchir » *Ibidem*. Conformément à ces instructions, comme le dit un rapport officiel, « le caractéristique des élections fut l'inutilité et, au besoin, la suppression de l'électeur ». « Personne ne vote, écrit un gouverneur de bonne foi : aucun électeur ne paraît devant les bureaux gravement assemblés ; après la clôture des opérations, l'unanimité des suffrages est acquise à un seul candidat, l'ami du bureau ». « Il y a 60.000 électeurs inscrits — dit M. d'Estournelles — sur le papier ; mais en fait il n'y a qu'un seul votant » (un roitelet local). « De pareilles élections tiennent à la fois de la farce et du crime ; elles sont grotesques, lamentables et odieuses. »

Des écarts de langage sont allégués par les protestataires : la première pensée du bureau est de rechercher s'il n'est pas possible de liquider cette question par le procédé de la *compensation*. On applique aux campagnes électorales le principe des injures mutuelles, principe dont l'application est naturelle dans les querelles entre particuliers, mais qui, dans les questions électorales, aboutit à ce résultat paradoxal que la validation couronne les élections où l'on s'est doublement injurié. « De part et d'autre, la polémique a été des plus violentes ; elle a même dépassé toute mesure. Il s'ensuit qu'aucun des candidats ne peut tirer argument du ton de cette polémique pour prétendre que ses intérêts électoraux en aient souffert plus que ceux de son concurrent » (15).

L'application de ce principe amène les bureaux — logiquement — à cette conclusion que si le candidat battu a été plus violent que son adversaire victorieux, c'est-à-dire que si le candidat élu a fait un peu moins usage de mots orduriers que son concurrent, la validation est de droit. « Il résulte de l'examen du dossier que les attaques les plus violentes sont incontestablement à la charge des adversaires du candidat élu » (16). Les considérations de ce genre — il faut l'avouer — sont totalement étrangères aux intérêts du droit public.

Si ces procédés ne donnent pas de solution désirable, on passe à l'examen de la majorité obtenue par le candidat victorieux. Le raisonnement qui est à la base de ces calculs de majorité est le suivant : la majorité a été — supposons — de 2.000 voix ; les fraudes alléguées par les protestataires ont-elles la gravité suffisante pour avoir pu déplacer 2 000 voix ? On sent tout de suite quel champ est ouvert à l'ar-

---

(15) *Journal Officiel*, 1897, p. 1523.
(16) *Journal Officiel*, 1898, p. 1902.

bitraire par ces raisonnements (17). La fraude peut être patente, indiscutable, reconnue par les intéressés. Mais le bureau prétend que les électeurs de l'arrondissement en question sont assez intelligents pour avoir pu surmonter l'influence qui avait dû être produite par la manœuvre du délinquant : et l'on valide. Lors des interminables débats sur les invalidations de 1878, on était arrivé à dire, du haut de la tribune, que la pression administrative en faveur des candidats officiels « valait » 1.000 voix et que, par conséquent, toute élection acquise à plus de 1.000 voix de majorité devait être considérée comme valable (18). Cette façon de raisonner — toute politique — amène les candidats à se permettre les audaces les plus déplorables : car, en somme, il s'agit non pas de ne pas frauder, mais de frauder tant et si bien que la majorité soit énorme. « Il suffit de pousser la fraude à un certain degré d'audace pour obtenir l'absolution du délit : le succès justifierait tout » (19).

La procédure devant les bureaux mêmes donne lieu à des tractations que les intéressés appellent « marchandages ». Il est très difficile de donner des précisions sur des sujets aussi délicats que celui-ci, mais nous pouvons tout de même citer les paroles suivantes qui ont été prononcées en séance publique (M. J.-L. Breton) :

> Après avoir demandé l'invalidation, il y a eu certains marchandages ; c'est le mot exact que je dois employer.

> *Le Président.* Ce n'est pas à des collègues, je

---

(17) M. Le Provost de Launay fils : « Expliquez-vous, comment vous nous proposez d'invalider une élection qui a été faite à 6.000 voix de majorité ? » *Journal Officiel,* 1878, p. 10586.

(18) *Journal Officiel,* 1878, p. 1272.

(19) *Journal Officiel,* 1898, p. 1835.

pense, que vous avez voulu appliquer cette expression ?

M. Jules Louis-Breton. C'est à l'opération elle-même. Voici ce que j'ai voulu désigner par le mot « marchandage ». On est venu demander à certains membres du bureau. de revenir sur leur vote en validant l'élection de M. d'Arenberg, et en revanche, on leur promettait que, si la chose était faite, on leur accorderait d'autres invalidations. Je puis assurer le fait à cette tribune (Bourges, Débats, Chambre, 1898, p. 1907).

Ces marchandages ont été signalés, aussi, après les élections générales de 1902.

M. Gauthier (de Glagny). Nous savons tous que la liste des invalidations est faite et on pourrait voter en bloc. Cela nous épargnerait la comédie d'une discussion.

Le Président. M. Gauthier (de Glagny), vous n'avez pas la parole.

M. d'Estourbillon. Qu'il vous suffise de désigner vos victimes ! Cela sera plus net.

M. le baron Amédée Reille. On n'a même pas écouté M. Guieysse, tout-à-l'heure et nos collègues ont voté l'invalidation comme un seul homme.

M. Gauthier (de Glagny). Demandez donc à M. Guieysse si d'autres candidats n'ont pas négocié leur validation dans leurs bureaux.

M. Marcel Sembat. Ce sont là des marchandages qu'on devrait dénoncer (*Journal Officiel*, 1902, p. 1904).

LE DÉBAT PUBLIC

C'est la Chambre elle-même qui forme la dernière étape de toute la procédure de validation. Le dossier constitué par le bureau et le rapport y relatif passent donc en séance plénière. Si un député demande la parole pour contester les conclusions du rapport, le débat public est de droit.

Les débats publics sur les invalidations constituent une des plaies les plus terribles du parlementarisme français. En somme, chaque législature commence par « une lessive générale de linge... douteux », opération qui attire sur les députés « les regards railleurs des badauds ». Ces débats sont surtout pénibles quand la controverse tourne autour non pas de défauts de forme du scrutin ou de la campagne électorale, mais — les cas se sont malheureusement présentés tant au Sénat (*Journal Officiel*, 1923, p. 1341 et suivantes) qu'à la Chambre, où on a dû casser l'élection d'un maître chanteur avéré — autour de l'indignité personnelle du candidat : on s'imagine aisément à quels débats donnent lieu les invalidations de ce genre. « Nous n'avons pas le droit de nous élire, mais nous avons le droit de nous choisir », aurait dit un rapporteur au Corps législatif).

Les débats publics prennent un temps énorme au Parlement et, ce qui est surtout affligeant, ils le prennent au début de chaque nouvelle session, où les illusions du public au sujet des nouveaux députés sont encore toutes fraîches. Le discours de M. de Cassagnac pour l'élection du Gers en 1876 a duré deux séances ; il occupe 123 colonnes du *Journal Officiel!* Le discours de M. Estignard (Doubs, 1878), a pris 46 colonnes, celui de Cadillau (Arles) se traîne sur 36 colonnes. L'invalidation de Dunkerque en 1877 a occupé la Chambre pendant trois séances consécutives.

Quels sont les pouvoirs de la Chambre en matière de validation ? Chaque fois qu'un grand débat s'engage sur une question de validation, il se trouve un député qui rappelle à ses collègues qu'ils siègent en qualité de « juges », qu'aucune considération politique ne doit peser sur la décision toute juridique qu'ils auront à prononcer et que toutes les garanties judiciaires doivent être assurées à celui qui défend son élection ou celle d'un ami politique.

Ceci, en théorie. En pratique, nous enregistrons des dialogues comme celui-ci, il y a huit ans à peine.

> *M. Guibal.* Quels sont donc les pouvoirs de la Chambre ?
>
> *M. Marcel Habert.* Ils sont absolus.
>
> *M. Guibal.* Ils le sont, si j'en crois la doctrine, que le supplément au traité des lois politiques m'a permis de relire, il y a quelques minutes à peine. Ils sont absolus. La Chambre peut faire ce qu'il lui convient de faire : elle peut ne tenir aucun compte...
>
> *M. Archimbaud.* Elle peut même violer la loi.
>
> *M. le Président.* N'en donnez pas le conseil.
>
> *M. Guibal.* Elle peut, comme vient de le dire un de nos collègues, abroger des lois.
>
> *M. Marcel Habert.* En matière d'élections la Chambre est souveraine. Ce n'est pas discutable.
>
> *M. Archimbaud.* En matière d'élections la Chambre a plusieurs fois violé la loi.
>
> *M. le Président.* Oublions-le
>
> (*Journal Officiel*, 1921, p. 1613).

Nous constatons aussi qu'un rapporteur de bureau a été obligé, en 1902, de se montrer fort dur vis-à-vis de collègues de la Chambre.

> *Le rapporteur.* Oui, messieurs. Il est absolument incontestable que nous sommes des hommes politiques sur lesquels ont prise les passions politiques ; il est absolument indéniable que nous n'échappons, pas plus à gauche qu'à droite, à leur influence ; mais de là à ne tenir compte que des opinions politiques des candidats il y a loin, il serait vraiment excessif de pousser le parti pris jusqu'à déclarer qu'il suffit qu'un candidat nous soit politiquement antipathique pour que nous validions son concurrent quels que soient ses actes. Non, je n'ad-

mets pas cette thèse et je crois qu'il serait décent de mettre en ces questions délicates tout au moins une certaine honnêteté.

M. de l'Estourbillon. « Certaine » est très joli.

M. le marquis de Dion. Le mot sera au *Journal Officiel*.

M. Théodore Denis (Landes). Vous avez raison ; mais il ne faut rien exagérer.

(*Journal Officiel*, 1902, p. 2182).

D'autres orateurs ont été encore plus explicites :

M. Aynard. Je vous déclare que si j'ai été pour ainsi dire un validateur — si le mot n'est pas français, je m'en excuse — systématiquement, c'est parce que j'ai horreur de la fonction que nous accomplissons en ce moment. Nous rendons une justice abominable.

M. le Président. Monsieur Aynard...

M. Aynard. Je regrette le mot « abominable » et je le remplace par le mot « aveugle ».

M. le Président. Messieurs, le mot est retiré. Veuillez écouter l'orateur en silence.

M. Aynard. Nous rendons, dis-je, une justice de fantaisie, variable suivant les jours, suivant les heures, suivant les moments, suivant les caprices...

(Gironde, Débats, Chambre, 1902, p. 2099.)

On aboutit donc à ce résultat, constaté du haut de la tribune parlementaire, *qu'aucun membre de la majorité n'a jamais été invalidé en France* (20).

---

(20) M. Estancelin : « La Chambre me permettra peut-être de lui dire qu'en fait de matière électorale elle a la conscience large ». *Moniteur*, 1869, p. 1559. *Lanterne*, 12 juillet 1898 : « La Chambre n'a aucune notion du fonctionnement régulier et probe du suffrage universel, et cela suffit pour me faire augurer d'elle une série de décisions singulièrement fâcheuses » (Rouanet). *Figaro*, 9 février 1902 : « L'histoire proclame que la justice des assemblées politiques ne peut pas être juste ».

> Je croirai à la justice électorale quand vous me montrerez qu'un membre de la majorité a été invalidé. Je n'en connais qu'un cas, il est à l'honneur de l'homme qui n'est plus, qui a laissé dans cette Chambre les meilleurs souvenirs, l'honorable Ménard Dorian... Savez-vous, pourquoi il a été invalidé ? C'est que, dans sa probité, il a reconnu que l'invalidation était motivée et il l'a acceptée loyalement (*Journal Officiel*, 1909, p. 1602).

Pour obtenir ce résultat, la Chambre n'hésite pas à valider les élections de députés appartenant à la majorité, même si, dans le cas identique, elle avait, quelques moments auparavant, invalidé un député de l'opposition.

> *M. Louis Puech.* Je voudrais demander à l'honorable M. Guibal ce qu'il fait de la jurisprudence de la Chambre, qui paraît bien désormais fixée par la validation des élections du Lot-et-Garonne et de la Seine, dans lesquelles la situation de fait était identique à celle de la Haute-Savoie dont il s'agit aujourd'hui...
>
> *M. Marcel Habert.* Qu'appelez-vous la jurisprudence de la Chambre.
>
> *M. Louis Puech.* ...et commet M. Guibal comprend au point de vue de l'équité, que la Chambre puisse changer cette jurisprudence suivant les personnes et la couleur politique des élus dont on demande la validation ? Je demande, si M. Guibal, dont l'esprit de justice est bien connu, peut concilier avec le sentiment de la justice le fait de traiter différemment les élus suivant leurs opinions politiques (*Journal Officiel*, 1921, p. 1614).

Dans ces conditions, il n'est pas surprenant que des esprits éclairés aient, à plusieurs reprises, essayé de débarrasser la Chambre de toutes les invalidations. Un projet d'en saisir la Cour de cassation, toutes chambres réunies, a été écarté, en 1876, comme « inconstitutionnel » (21) et « outrageant »

---

(21) *Journal Officiel*, 1876, p. 2398.

pour les députés. Le Conseil d'Etat aurait aussi pu être envisagé, mais il est coupable d'une telle lenteur même pour des affaires électorales de moindre importance (municipales), « trois ou quatre ans à la date du dépôt de dossiers à son secrétariat » (Documents parlementaires, 1925, p. 386), que la vie d'un parlement ne peut vraiment pas s'y accorder.

Pour terminer, nous croyons utile de donner ici quelques précisions statistiques. Voici le nombre d'enquêtes ordonnées et d'invalidations prononcées par chacune des législatures depuis 1876 :

Législature	Nombre d'enquêtes ordonnées	Nombre d'invalidations prononcées
I	4	19
II	4 (*)	68
III	5	10
IV	—	6
V	4	25
VI	4	3
VII	2	6
VIII	6	12
IX	3	3
X	—	2
XI	—	2
XII	—	—
XIII	1	2

Il résulte de ce tableau que le nombre des invalidations va en diminuant. Si on met à part les invalidations de 1876 et de 1877 (candidatures officielles), on voit que le nombre total des invalidations, non empreintes de tendance politique presque avouée, ne dépasse pas 71, ce qui fait une moyenne de 6,5 par législature, ou par environ 500 députés validés.

(*) Plus une grande enquête générale sur les candidatures officielles.

CONCLUSION

« Si la majorité du pays s'imaginait que le but
exclusif ou principal de l'exercice du suffrage universel consiste dans la nomination d'un bon député,
je considérerais cette erreur comme une calamité
publique ! Il serait dans ce cas préférable de mettre
cette fonction au concours : le but serait plus sûrement atteint. Elever le citoyen, l'habituer à prendre
part à la chose publique, former son jugement, lui
apprendre à connaître les hommes, à peser leur valeur, le faire passer de l'état de vile multitude à
l'état de peuple intelligent et juste, le préparer par
là à suivre sans bouleversement la route d'un progrès indéfini : tel est le but capital du suffrage universel » (Delattre).

Très profondes, les observations de ce publiciste
obscur. Les mœurs politiques d'un pays ne peuvent
progresser que par l'exercice d'un suffrage qui impose des responsabilités à la totalité des citoyens.

Notre étude a-t-elle confirmé ce fait que l'éducation civique des citoyens français a progressé depuis l'introduction du suffrage universel ? Nous
croyons pouvoir répondre par l'affirmative.

Il suffirait de relire le chapitre premier de ce
volume pour voir quels énormes progrès ont été acquis dans la mentalité des électeurs : ignorants, en
1848, des premiers éléments de la technique électorale, ils accomplissent actuellement leur devoir de
maîtres du scrutin avec un sentiment réfléchi et

conscient qui ferait honneur à n'importe quel autre pays parlementaire.

La candidature officielle, cette plaie des scrutins, a presque totalement disparu, mettant fin à toutes les pratiques déshonorantes dont nous avons donné tant d'exemples dans le chapitre II.

Les listes électorales que les régimes censitaires soumettaient à des tripotages voulus sont actuellement à peu près régulières.

Le secret du vote, inexistant sous les deux monarchies et jusqu'à la dictature du maréchal Mac Mahon, est actuellement garanti par une loi qui ne laisse rien à désirer.

Les promesses électorales ont aussi reçu un coup presque mortel.

Toutes les libertés politiques dont les électeurs ne peuvent pas se passer dans l'exercice de leur droit sont suffisamment garanties par des lois et des institutions fonctionnant à souhait.

Trois points sombres obscurcissent, seuls, les horizons qui s'ouvrent devant la République parlementaire : ce sont les élections coloniales, où tout est encore à faire, le « mur d'argent » et la procédure de l'invalidation.

Sous tous les autres rapports, les élections françaises deviennent, de plus en plus, chose saine, honnête et sincère.

Répertoire des noms géographiques

cités dans cet ouvrage

(Les noms marqués d'un (?) ne figurent pas dans le Dictionnaire des Postes, 1913)

TABLE DES MATIÈRES

CHOISY-LE-ROI. — ATELIERS S. A. I. D. — 2075